叢書パルマコン・ミクロス m 09
pharmakon micros

インドの八月十五日

帝国の儀式と記念日から見たインド近現代史

本田毅彦

創元社

インドの八月十五日

帝国の儀式と記念日から見たインド近現代史

目次

地図1　1945年後半のアジア（Bayly, Forgotten Warsに基づいて作成）

序　章　一九四五年と一九四七年の八月十五日

現在のインド共和国、パキスタン・イスラーム共和国、バングラデシュ人民共和国、ミャンマー連邦共和国を含む地域には、十九世紀半ばから二十世紀半ばまでほぼ一世紀の間、巨大な帝国が存在した。その名は、英領インド帝国である。

インド亜大陸は十九世紀初頭頃までにイギリス東インド会社によってほぼ征服され、十九世紀半ばまで、同会社によって支配されていた。しかし一八五七年に起こったインド大反乱を契機として、東インド会社に代わってイギリス政府がインド亜大陸を直接支配するようになり、インド植民地は、イギリス国王を君主とする一つの国家となった。とりわけ一八七六年に、時のイギリス国王だったヴィクトリア女王が、イギリス国王であると同時に「インド女帝」でもあることを宣言したことにより、それ以降、「ムガール帝国の後継者としての英領インド帝国」というイメージが明確に意識されるようになった。

英領インド帝国は、海を越えてインド亜大陸にやって来る、限られた数のイギリス人たちが支配する官僚制国家だった。そしてイギリス人たちは、基本的にインドに土着化しようとせず、官僚や軍人としての任期が終

図0-1　ムガール皇帝シャージャハーンの戴冠ダルバール。1629～30年頃。

わると帰英した。

その間、イギリス人たちは、インド社会で長年にわたって行われてきた慣習的な政治イベントについての情報を集め、自らの支配形態に都合のよい形へとそれらを改変した上で、活用した。そうしたイベントの中でも彼らが最も力を込めて、大規模に行ったのが、英領インド帝国において都合三度実施された、イギリス国王兼インド皇帝を主役とするインペリアル・ダーバーだった。これらはデリーで行われたため、デリー・ダーバーとも呼ばれた。ただし来印してイベントを自ら主宰したイギリス国王は、史上ただ一人、ジョージ五世だけだった。

「ダーバー」は英語での発音に基づく表記であり、インドの言語に基づいて表記すれば「ダルバール」となる。元来は「〇〇家」的に、支配的な王朝や宮廷を意味した。しかし、やがて「ダルバール」はインド社会の支配エリートたちが行う政治儀礼も意味するようにもなった。それは基本的に、多数が見守る中で、従属的な地位にある権力者たちが君主に対して忠誠を誓うイベントだった。とりわけ、君主が代替わりした際に、新たな君主の即位に正統性を与えることを目的として行われるダルバールが重要だった（図0－1）。

十八世紀後半以降、イギリス東インド会社がインド亜大陸の統治権力の一部を担うようになると、同会社の従業員であるイギリス人たちは、ムガール皇帝の宮廷などで、その皇帝が主宰するダルバールに参加し、忠誠を誓うようになった。しかし、十九世紀に入ってイギリス東インド会社が逆にインド社会の事実上の支配者となった後には、イギリス人たちを主役としてダーバーが行われるようになる。

イギリス人たちは当初、こうした儀礼が時代遅れで馬鹿げていると考え、自分たちがそれに参加しなければならないことに嫌悪感を抱いていた。しかし十九世紀半ばのインド大反乱が、イギリス人たちの統治姿勢を大きく変化させた。インド大反乱を鎮圧した後、イギリス人たちはインド社会の政治儀礼をむしろ積極的に利用しようとし始めた。そして、「インド女帝宣言」翌年の一八七七年に行われたインペリアル・ダーバーは、まさしく、イギリス国王であるヴィクトリア女王がインド女帝を称するようになったことを、インド社会に遍《あまね》く告知するためのイベントだった。ただしこの時点では、イギリス人たちはインペリアル・ダーバーのことをインペリアル・アセンブリッジ（アセンブリッジは「集会」を意味する）と称していた。

次いで、一九〇三年のインペリアル・ダーバーは、ヴィクトリア女王亡き後、エドワード七世がイギリス国王兼インド皇帝に即位したことをインド社会に告げるために行われた。そして一九一一年のインペリアル・ダーバーでは、エドワード七世の逝去を受けて、ジョージ五世がイギリス国王兼インド皇帝に即位したことがインド社会に告知された。さらに、一九三〇年代後半には、ジョージ五世の逝去とエドワード八世の退位により、二度にわたってインペリアル・ダーバーを行う機会が生じたが、エドワード八世、ジョージ六世はともに、それを回避している。

ほぼ一世紀にわたって存続した英領インド帝国は、第二次世界大戦を主な要因として解体し、その後継国家として、インドとパキスタンが誕生した。当初、両国はイギリス連邦内の自治領だったが、ともに数年後には

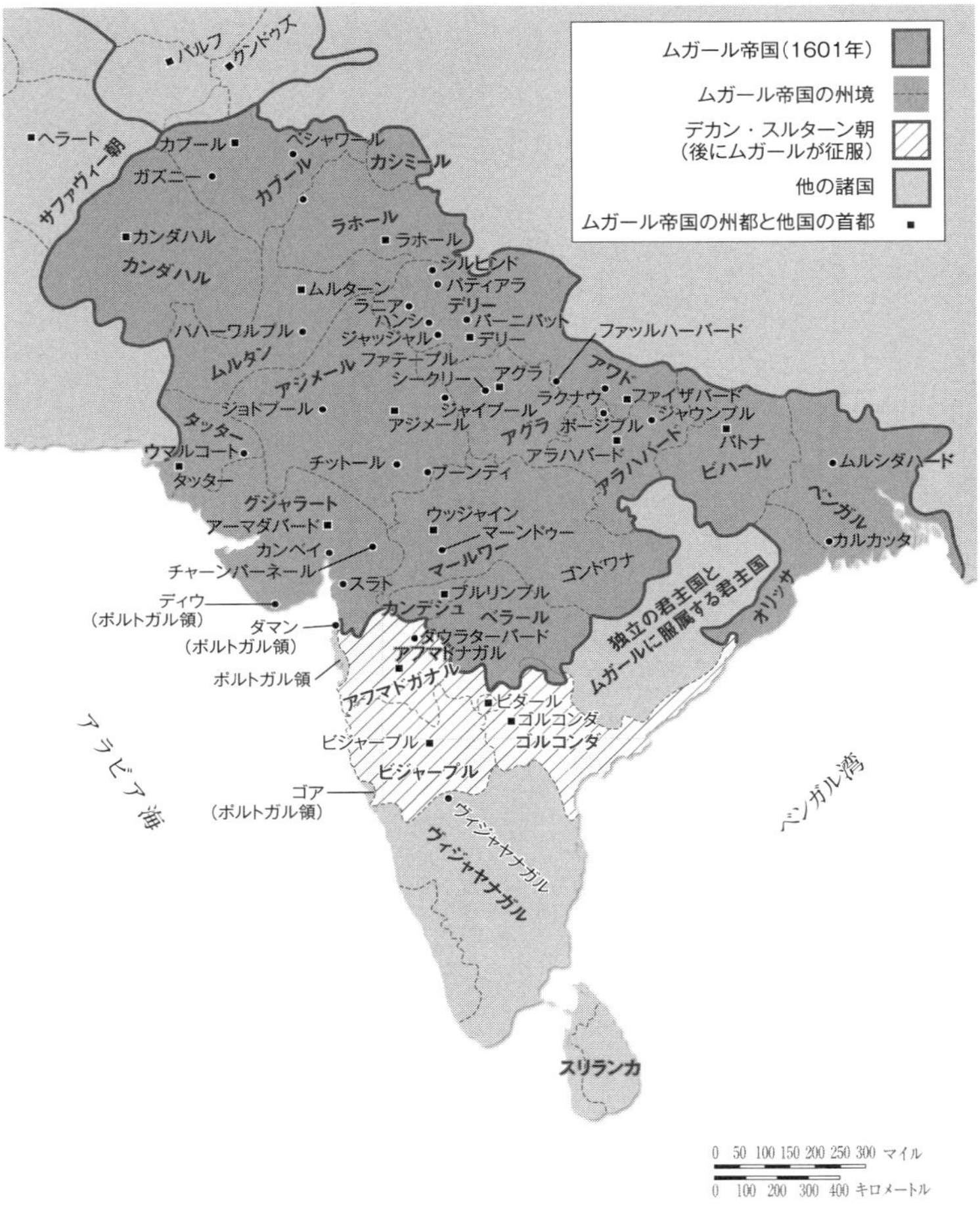

地図2　1601年のムガール帝国（Losty, The Mughal に基づいて作成）

地図3　1783年のインド亜大陸。(A)(B)部分をイギリスインド会社が支配していた(Marshall, British Empireに基づいて作成)

共和国になった。

現在、そのインド共和国のカレンダーでは、一年のうち三つの日が「国の祝日」に定められている。すなわち、「**共和国の日**」（一月二十六日）、「**独立記念日**」（八月十五日）、「**ガンディー生誕記念日**」（十月二日）の三つである。これらはいずれも、インド共和国国民にとって最も重要だとされる出来事に関わる日付であり、それゆえに祝日にされている。

三つの出来事が起こった歴史的な順序は、以下の通りである。まず、一九四七年八月十五日にインドがイギリスから独立した。次いで一九四八年一月三十日に、マハトマ・ガンディーが暗殺された。そして一九五〇年一月二十六日に、インド共和国憲法が施行された。

独立記念日は、独立から一周年にあたる一九四八年八月十五日以降、インド国家の祝日とされ、毎年、定型的なイベントが多数の国民を集めてオールド・デリーで実施されるようになった。

ガンディー生誕記念日は、建国の父であるマハトマ・ガンディーが、一九四八年一月三十日に、ムスリム・コミュニティに対するガンディーの融和的な姿勢に反感を抱くヒンドゥー至上主義者の手で暗殺されたことに由来する。ガンディーは、独立国家インドを誕生させるために自らの命を捧げた国父だった、との理解に基づいて、国をあげてガンディーの誕生日である十月二日を祝うことが定められた。しかしガンディー生誕記念日には、国家レベルでの大規模なイベントは行われない。ガンディーの遺体が焼かれた場所が「聖地」として整備されており、そこにインド政府の要人たちが集まり、ガンディーの生涯を偲ぶ行事がしめやかに行われる。

共和国の日は、インド国家が一九五〇年一月二十六日にインド共和国憲法を施行し、自治領の地位を脱して

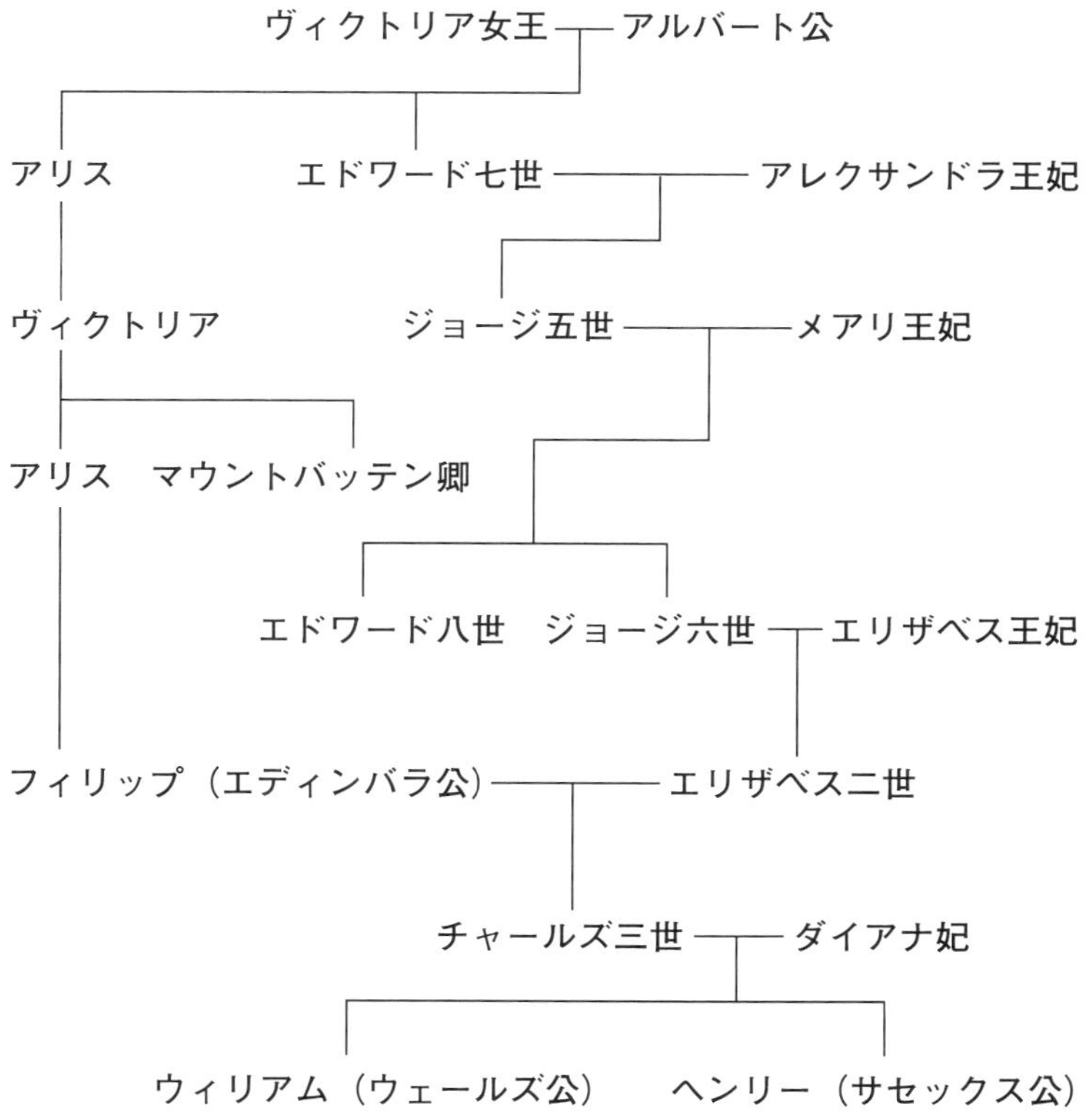

系図1　イギリス王室の家系図

真の独立国となったことにちなんでいる。国をあげて憲法の施行を定期的に祝うために、翌一九五一年から、そのための記念式典が一月二十六日に行われるようになった。ニュー・デリーを舞台として、インド共和国大統領、そしてインド共和国軍を主役とする形で、毎年大規模なイベントが行われている。

ところで、八月十五日という日付は、日本人には特別な思いを抱かせるものである。一九四五年八月十五日に日本はアジア・太平洋戦争に敗北したことを受け入れ、そのちょうど二年後の一九四七年八月十五日に、インドはイギリスからの独立を果たした。これは偶然の一致ではなく、一九四七年のインド独立の日付は、ある目論見のもとに、最後のインド副王兼総督であり、ヴィクトリア女王の曾孫《ひまご》でもあるマウントバッテンが選んだものだった。

日本人としては、「白人たちによる植民地支配からアジアを解放するための戦いだった戦争の成果として、インドの独立が成った」のであり、それゆえに、日本人の国を挙げての自己犠牲が確定した日と、インドが自由を勝ち得た日は一致するのだ、とでも思いたいところだが、実際には、話はそうではない。そもそもインド社会の人びとは、二つの日付が重なっていることに関して、近年まで、まるで気にとめてこなかった。そして、日付を重ねた張本人であるマウントバッテンは、少なくないだろう日本人の思い入れとは正反対に、イギリスとインドが力を合わせて大日本帝国を打倒した、というイメージを歴史的に記憶させることを目的にして、この日付を選んだのだった。けれども、現在のインド首相であるナレンドラ・モディは、むしろ、一部の日本人の思いに寄り添うような姿勢すら見せている。こうした興味深い、込みいった事情について、それを歴史的な視点から解きほぐしていくことが本書の主要な目的である。

それと同時に、とりわけメディア化が始まったのちの社会においては、ある国家のアイデンティティが、政治イベント、記念日、首都造営などによって培《つちか》われるということを、インド亜大陸の歴史の中に読み解いていきたい。南アジアの近現代史に関して日本社会の高校世界史の教科書が与えるおおまかなイメージは、「イギリスの植民地支配を打破して独立国インド・パキスタンの誕生へ」というものであり、それに伴って、独立前後の二つの政治体制の間には明白な断絶がある、と思われがちである。確かにその通りなのだが、国家としてのアイデンティティの形成を政治イベント、記念日、首都造営などの観点から眺めれば、英領インド帝国とインド共和国の間には強い連続性も看取される。このことを示すのも、本書のもう一つの目的である。

第一章
八月十五日はインドの独立記念日なのか

1945年9月12日、シンガポールで日本軍の降伏を告知する連合軍東南アジア戦域最高指揮官マウントバッテン（Bayly, Forgotten Wars）

本章では、インド社会における「八月十五日という日付をめぐるミステリー」を主として取り扱いたい。作業のための背景は、日本の敗戦が確定した一九四五年八月十五日から、インドが独立を果たした一九四七年八月十五日までの二年間である。この二年の間に、アジア・太平洋戦争を主な契機として英領インド帝国は徐々に解体し、後継国家であるインドとパキスタンが準備されていった。そのプロセスでは、イギリス人支配者たちとインド人政治家たちの間で苛烈な交渉ないし駆け引きが行われたが、とりわけ重要だったのは、英領インド帝国と二つの後継国家の間の接続関係が、メディア・イベント的思考からの影響を強く受けながら構築されたことだった。

第一節　イギリスとインドの一九四五年八月十五日

イギリス社会の一九四五年八月十五日

一九四五年半ば、数年に及んだ第二次世界大戦がついに終局を迎えた。五月八日にドイツが連合国に降伏し、八月十五日には日本が降伏を表明した。イギリスでは、以後、五月八日はＶＥデイ（Victory in Europe Day）、八月十五日はＶＪデイ（Victory over Japan Day）と称されることになる。

ヨーロッパ戦域では、ドイツの西方から、アイゼンハワーの率いるアメリカ軍とモントゴメリーの率いるイギリス軍が、ドイツの東方からはソ連軍が、それぞれベルリンを目指して進撃した。ヒトラーは四月三十日にベルリンの地下壕で自殺し、その後を託されたカール・デーニッツ海軍元帥の命で、五月七日にドイツ軍最高司令部の作戦部長アルフレート・ヨードルが無条件降伏および停戦文書に署名した。その文書は中央ヨーロッパ時間の五月八日午後十一時一分に発効した。

ＶＥデイに際してのイギリス国民、イギリス政府、そしてイギリス王室の安堵と喜びは大きかった。日本軍との戦いはまだ続くが、大戦での連合国の勝利はこれで決した、との思いが共有されていた。ドイツ側が降伏文書に署名したことを伝えられたイギリス政府は、その事実と、翌五月八日を休日にすることを国民に告知した。すでに七日のうちにイギリス全土で国民の喜びの爆発が見られた。八日には多数のロンドン市民がバッキンガム宮殿前に集まり、同宮殿のバルコニーに姿を見せたジョージ六世をはじめとする国王一家や首相

図1-1　1945年5月8日、ドイツ降伏を受け、バッキンガム宮殿バルコニーで国民からの歓呼に応えるジョージ六世一家と首相チャーチル。

チャーチルとの間で、喜びの交歓が行われた（図1－1）。

他方、東南アジア戦域においてイギリス連邦軍は、一九四五年八月の時点でなお、日本軍との間で「ビルマの戦い」の後衛戦を行っていた。日本軍の「シッタン作戦」への対処であり、日本軍の第二十八軍は当初三万四千名だった兵員を一万五千名に減らしながらも、シッタン川を渡河して追撃を逃れた。しかし、その直後の一九四五年八月十五日に昭和天皇がラジオ放送で日本の敗戦を認めた。

VJデイに際してのイギリス国民、イギリス政府、イギリス王室の反応や振舞は、VEデイの際と大きく変わりはなかったが、より控えめなものだった。ラジオを通じてジョージ六世はイギリス帝国・連邦を構成する人びとに対してメッセージを発し、その中では、日本に対する勝利が、まさしく帝国・連邦を構成するすべての人びとの献身の成果であると称《たた》えた。

インド社会の一九四五年八月十五日

インド社会でも、ドイツ降伏の報せは一定の安堵感を人びとに生じさせた。しかしインドで生活するイギリス人たちにとっては、戦争の主敵は日本軍であったから、その喜びはさほど大きなものではなかった。一切相談にあずかることなく、ドイツとの戦争に巻き込まれたインド人たちにとっては、なおさら他人事《ひとごと》だった。

しかし、英領インド軍においては、その一部が北アフリカ戦線やイタリア戦線などでドイツ軍と戦火を交えた経験を有していたから、ドイツに勝利したことがインド社会一般とは異なる感慨を生じさせたことであろう。だが、一九四五年五月に英領インド軍は、ビルマ戦線においてラングーンを日本軍から奪還する戦闘の渦中にあり、ヨーロッパでの勝利の余韻に浸っている余裕はなかった。

これとは対照的に、それから三カ月後の日本の降伏は、インド社会のイギリス人、インド人双方に強いインパクトを与えた。イギリス人たちは英領インド軍部隊にニュー・デリーのキングズ・ウェイを舞台としてパレードを行わせ、戦勝の喜びを味わった（図1－2）。しかしインド社会側にとってこの時期何よりも重要であったのは、一九四二年にガンディーの主張に従い、イギリスによるインド支配の終了を要求する「インドを出ていけ運動」が開始されて以降、軒並み監獄に収容されていたネルーをはじめとする国民会議派の指導者たちが次々と釈放されたことだった。見方を変えて言えば、すでにこの時点でイギリス側はインドの独立を前提として動き始めていた。インド独立をどのような形で実現していくのかについて、インド人政治家たちとの間で本格的に交渉を始める段階に入ったとすでに判断していたのだった。

図1-2　日本の降伏を受け、ニュー・デリーで行われた英領インド軍の戦勝記念パレード。

マウントバッテン卿の一九四五年夏

連合軍の東南アジア戦域最高指揮官であり、やがて一九四七年には最後のインド副王兼総督に任命されるルイス・マウントバッテンは、ドイツ降伏の報《しら》せを、同戦域の連合軍司令部が置かれていたセイロン（現在のスリランカ）のキャンディで聞いた。これを受けて、マラヤ植民地（現在のマレーシアおよびシンガポール）を日本軍から奪還するための準備を本格化させている。さらにマウントバッテンは、大戦の戦後処理と日本に関する戦争方針を決定するため、一九四五年七月十七日から八月二日にかけてベルリン近郊のポツダムで開かれた連合国の会議に、イギリス代表団の一員として参加した。

しかし、マウントバッテンが指揮するはずだった英連邦軍のマレー半島への逆上陸作戦が実施される前に、日本は降伏した。それにより、イギリス連邦軍は日本降伏後の東南アジアにおいて、秩序の回復と治安維持を担うことになった。アジア・太平洋戦争が始まる以前の東南アジアでは、オランダやフランスがイギリスと並んで広大な植民地を支配していたが、大戦中にそれぞれの軍部隊は事実上壊滅ないし解体してしまっていたからである。

キャンディからシンガポールへ移動したマウントバッテンは、同地で日本軍部隊の降伏を受け入れたが、その際の彼の目的の中には、日本の敗北とイギリス権力の復活を広く世界に印象付けることも含まれていた。そのため、降伏式典を言わばショーアップした形で九月十二日にシンガポールの政庁で実施し、多くのマス・メディアにその様子を取材・報道させた。また、日本軍がシンガポールに建てたインド国民軍記念碑を直ちに破壊した。その後は、東南アジア全域での日本軍部隊の武装解除を指揮し、太平洋戦争前の支配秩序の回復を図った。

武装解除した日本人兵士の日本への送還、連合国側の捕虜たちと民間人抑留者の救出と並んで、マウントバッテンにとって重要だった課題は、東南アジア各地のナショナリズム運動指導者たちにいかに対処するか、だった。彼らは、日本降伏後、欧米による植民地支配が復活する前に独立国家を樹立しようと模索し始めていた。驚くべきことにマウントバッテンは、彼の周囲にいたイギリス人の統治エリートたちとは大きく異なり、むしろ、こうしたナショナリストたちの動きに好意的だった。両大戦間期からイギリスでの左翼・進歩主義的な風潮に共感を示していたマウントバッテンは、第二次世界大戦中の経験を通じて、もはや帝国主義への復帰は困難であり、アメリカ合衆国のリーダーシップの下で世界は植民地独立の時代へと向かうことになる、との見通しを立てていた。

ガンディー、ネルーの一九四五年夏

インド国民会議派を指導してきたガンディー、ネルーは、アジア・太平洋戦争中に日本軍のインドへの侵攻も想定しながら「インドを出ていけ運動」を開始した。その結果、帝国側によって逮捕・収監されたが、国民会議派指導者の拘禁状態は比較的温和なものだった。ネルーを含む国民会議派執行委員会のメンバーは、インド西部の現マハラーシュトラ州にあり、十九世紀初頭にイギリス東インド会社軍によって奪取されたアフマドナガル城の監獄に収容され、ガンディーだけは、やはり現マハラーシュトラ州のプーナ（現在のプネー）にある、親英派のムスリム実業家・政治家アガ・カーン所有の宮殿に軟禁された。ガンディーはそこで断食闘争を繰り

図1-3　1945年8月15日に戦勝感謝ミサを終えて議会へ向かう、首相アトリーと野党党首チャーチル。

返し、一九四三年三月には釈放されている。こうした、奇妙に柔軟なイギリス側の姿勢は、この時期にチャーチル内閣でインド問題を実質的に担当していたのが、副首相であり、労働党党首のアトリーだったことに関係していた。

労働党党首アトリーのインド統治観

アトリーは、すでに一九三三年までには、イギリスによるインドの支配はインドの発展とは相容れない《エイリアン》と主張するようになっていた。つまり、イギリス政界の指導者たちの中で、インドが自治領となり独立することに最も共感的な人物の一人がアトリーだった（図1－3）。

一九四五年五月のドイツ降伏を受けて、インド副王兼総督アーチボルド・ウェイヴェルはイギリス本国へ召還され、今後の対インド方針についてチャーチル内閣と検討を行った。イギリス国王兼インド皇帝の代理として、英領インド帝国の統治機構全体を指揮したのがインド副王兼総督だった。ウェイヴェルは陸軍の将軍であり、北アフリカ戦線でのロンメル将軍との戦いの後、一九四三年に副王兼総督に任命された。チャーチル自身は不満だったが、ウェイヴェルは、内閣からの了承を得た上で六月にはインドへ戻り、ネルーをはじめとする国民会議派執行委員会のメンバーの釈放を命じた。そして彼らを含むインド政界の指導者たちを、英領インド帝国の夏の都であるシムラへ招き、六月二十五日から会談を行うことを決めた。それに先立って六月十四日には、自らの提案をラジオ放送でインド社会に向けて説明していた。その主な内容は、英領インド帝国政府の内閣にあたるインド副王兼総督の行政参事会を完全に「インド化」、すなわちインド副王兼総督と英領インド軍司令官を除くすべてのメンバーをインド人とするものの、その人選は、諸政党からの指名に基づくのではなく、個々のメンバーが所属する宗教コミュニティやカーストを基礎としてイギリス側が割り振る、というものだった。

ガンディー、ジンナーも参加したシムラでの会談は、ウェイヴェルの提案をたたき台にして、七月十四日まで断続的に行われた（図1－4）。しかし結局、ウェイヴェルの提案への賛同は集まらず、一体としてインドの独立を実現しようとする国民会議派と、国民会議派主体の新国家形成を回避しようとするムスリム連盟の対立が確認されただけで終わった。しかし、それから間もない七月二十六日に、イギリスではアトリーの率いる労働党内閣が成立した。新内閣の英領インド帝国に関する方針は、早期にそれを解体してインド社会に独立を与えようとするものであり、インド情勢をめぐる議論の焦点は、独立インドのありようをどうするかに絞られてゆくことになる。

図1-4　シムラ会談に際してのインド副王兼総督ウェイヴェル（右側の人物）。

第二節　英領インド帝国の落日

インド国民軍の創設

つまり、すでに一九四五年八月十五日にアジア・太平洋戦争が終結した時点で、イギリスがインドに対して遠からず権力を移譲し、自治を認めることは、アトリー首相の率いるイギリス労働党政権にとって既定方針になっていた。しかし、そのちょうど二年後の一九四七年八月十五日にそれが早くも実現するとは、イギリス・インド双方の指導層の多くが想定していなかった。このように時期が早まった理由には、日本軍とともに英領インド軍と戦って敗れたはずのインド国民軍の影が強い影響を及ぼしていた。

日本政府および日本軍は、「南進」の方針が固まったことを受け、急遽、東南アジアや南アジアについての戦略的情報の収集と政治工作の可能性の検討を始めた。その際には、日本陸軍の特務機関が中国大陸で実施してきた方法が転用された。

そして、アジア・太平洋戦争開始後間もない時期に、インド社会に対して効果的な心理的圧力をかけられるかもしれない方途が開けた。すでに香港でもインド人兵士が日本軍の捕虜になっていたが、マレー半島、とりわけシンガポールでの戦いの後、多数のインド人兵士が日本軍の捕虜になったからである。

日本陸軍の特務機関は、これらのインド人兵士を、イギリスによる植民地支配からのインドの解放を掲げる「インド国民軍」へと編成し、日本軍が英領インドへ侵攻する際の友軍とすることを目指した。とはいえ、英領インド軍は英領インド帝国の主柱であり、その募兵に関してイギリス側は長年にわたって細心の注意を払ってきたため、日本側がインド人兵士たちを「転向」させることは実際には容易ではなかった。

しかしインド人将校・兵士らの間でもインド国民会議派の主張はそれなりに浸透しており、とりわけマハトマ・ガンディーへの敬意が広く共有されるようになっていた。加えて日本側には、第一次世界大戦以前から日本へ亡命し、日本を拠点としてインド独立運動を行ってきたラース・ビハーリー・ボースがいた。彼は日本陸軍特務機関からの要請に応えて、捕虜となったインド人将校・兵士たちに、同じアジア人である日本人と同盟し、武力を用いてインドを解放するべきだ、と説得した。その結果、複数の連隊を構成しうるほどの数の将兵が「インド国民軍」への参加を受け入れたのだった。

しかし、インドへの侵攻の機会を待つうちに、とりわけインド人将校たちの間では、自分たちは日本軍の戦争計画の駒として利用されているだけではないのか、との疑念が強まった。その後、将校中のリーダー格の人物が日本側の姿勢を批判したことで追放され、インド国民軍全体の士気は大きく低下した。

スバス・ボースの登場

しかし、こうした状況において、インド国民会議派の有力な指導者だったスバス・チャンドラ・ボースが、インド国民軍を率いる可能性が生じた。スバス・ボースは、とりわけ一九三〇年代半ば以降、ガンディーの唱える非暴力主義に基づく政治手法だけではインドのイギリスからの独立は達成できない、と考えるようになっていた。第二次世界大戦が始まると、スバス・ボースはイギリス側当局によってカルカッタの自宅に軟禁されたが、ひそかにそこを抜け出し、ドイツへ渡った。ナチ党政権の幹部と面談してドイツ軍のインドへの侵攻を呼びかけたところ、ドイツ人たちは好意的な姿勢を示したものの、具体的な行動に出ようとはしなかった。

焦りを募らせていたボースに、日本が英米を攻撃したとの報せが届く。ボースは日独政府を説得し、日独両海軍の潜水艦を乗り継ぐ形で日本へ渡ることに成功した。インド社会におけるスバス・ボースの影響力を認識していた日本政府は、インド駐在武官の経歴を有する杉山元陸軍参謀総長の仲介で、インド国民軍の指導権をラース・ボースからスバス・ボースへと引き継がせた。インド独立連盟総裁としてシンガポールに赴いたスバス・ボースは、インド国民軍の将兵から熱狂的に歓迎された。

スバス・ボースは東京で開かれた大東亜会議にも参加し、そのカリスマ性で日本政府の要人たち、とりわけ東条英機首相を魅了した。スバス・ボースの熱意にほだされた東条は、インド国民軍と日本陸軍が協働してビルマ経由で英領インド帝国へ侵攻することを目指す、いわゆるインパール作戦（ウ号作戦）の実施を認めた。

スバス・ボースはインパール作戦の実施を待つ間、ラジオの短波放送を通じてインド社会の人びとに向け、日本軍とともに英領インド帝国の打倒を目指す自分たちの活動を支持するように呼びかけた。インパール作戦は実行され、スバス・ボースの「チャロ・デリー」（デリーへ進め）というかけ声の下に、インド国民軍の部隊も英領インド帝国の領土に足を踏み入れたが、結局、英領インド軍によって押し返された。インド国民軍の兵士たちの中には、降伏して今度は英領インド軍の捕虜となった者も多かった。

スバス・ボースは戦場からシンガポールへ戻った。日本の敗戦が決まると、今度はソ連に渡ってインド独立のための戦いを継続しようとした。日本軍はそれを了として飛行機を用意したものの、同機は台湾の空港で離陸に失敗し、ボースは死亡した。ただし、インド、とりわけボースの出身地であるベンガル地方では、ボースはどこかで生きているとの説が、その後も長く信じられることになった。

インド国民軍将兵の戦後裁判

インド国民軍将兵の多くは一九四五年八月の時点でビルマ、シンガポールにおり、日本軍将兵と同様に連合国軍によって武装解除された。次いでインドへ送還されて各地の基地で抑留され、処分を待つことになった。戦争中、インド社会ではインド国民軍に関する報道は許されなかったが、それが広く伝わるようになり、同軍に参加した将兵に対するインド社会の関心と同情が急速に高まった。各地で彼らを支持する集会が開かれ、それが暴動に至ることとすらあった。

インド国民軍将兵の裁判は、ムガール皇帝たちのかつての居城であり、インド大反乱の鎮圧以降は英領インド軍の駐屯地になっていた「ラール・キラー」で一九四五年十一月から行われることになった。「ラール・キラー」とは「赤い城」を意味し、赤砂岩を用いて造営されたことに由来する。ラール・キラーでは、インド大反乱の直後に最後のムガール皇帝を被告とする裁判がイギリス人たちによって行われ、同皇帝はイギリス東インド会社への「反乱」を行った廉《かど》でビルマへ流刑された。約百年前のこうした経緯を意識しながら、イギリス側はインド国民軍将兵の裁判をインド社会に対する「見せしめ」にしようとしていた。

しかしイギリス側の意図に反して、インド社会の人びとは威圧されるどころか、被告とされた将兵たちはそもそも「反逆者」なのか、との反発を示すようになった。インド側世論の盛り上がりを見てインド国民会議派も動き出した。ネルーをはじめとして国民会議派指導者の多くが弁護士出身であったため、急遽、ネルーを団長とする弁護団が結成された。

裁判が始まるとイギリス側は、この裁判が全インド的な反イギリス運動につながる可能性があることをようやく悟った。最初に裁かれることになった三人の将校は、それぞれ、ヒンドゥー教徒、ムスリム、シーク教徒だったため、彼らの運命への関心がインド社会全体を団結させかねなかった。イギリス側としては宗教的バランスをとろうとしたのだが、それがむしろ裏目に出た。とりわけイギリス人たちを不安にさせたのは、アジア・太平洋戦争中もイギリスへの忠誠を維持し、ビルマでは被告たちと戦火を交えたはずの英領インド軍の将兵の間ですら、被告たちに対する同情が顕著だと判明したことだった。

それにもかかわらず、裁判は継続された。そして三名の被告は有罪を宣告され、終身国外追放を命じられたものの、刑は執行されなかった。文字通り、インド社会全体からの抗議、暴動に直面した英領インド軍司令官オーキンレックは、三名の将校たちを釈放せざるを得なかった。残りの一万一千人の元インド国民軍将兵に関しても、戦争中に非人道的行為を行わず、インド国民軍に加わっただけの者たちは、英領インド軍から解雇され、同軍に勤務中の給与と手当てを没収された後、釈放された。帝国に対して軍事反乱を起こした多数の正規軍将兵に厳罰を科すことができなかったことは、イギリス側にとって決定的なダメージだった。帝国の権威はもはや砂上の楼閣ではないのか、との思いを広くインド社会に抱かせたから、である。インド人政治家たちは、英領インド帝国の命脈が絶たれつつあることを嗅ぎ取っていた。

英領インド海軍水兵の反乱

さらに深刻な形で英領インド帝国の権威を傷つけたのが、一九四六年二月の英領インド海軍水兵の反乱だった。インド洋における制海権の掌握はイギリスにとって至上命題であり、イギリス海軍・英領インド海軍の艦艇をインド洋全域に配置していた。また、インド亜大陸の沿岸地域とセイロン（現在のスリランカ）は、そのようなイギリス海軍・英領インド海軍艦艇のために主要な軍港を提供した。

しかし、インド亜大陸・セイロンの軍港を基地として外洋で活動する艦艇はイギリス海軍の所属であり、その乗組員は士官・水兵ともにイギリス人によって構成されていた。これに対して英領インド海軍に所属する艦艇の乗組員は、水兵はインド人だが、士官の大半はイギリス人であり、インド人はごく僅かだった。また、英領インド海軍艦艇に与えられた任務は、基本的にインド亜大陸の沿岸警備であり、外洋での作戦行動は求められなかった。

アジア・太平洋戦争の緒戦期には、一時的に日本海軍がインド洋にまで進出し、イギリス海軍・英領インド海軍は、ほとんど逼塞《ひっそく》したような状態に追い込まれた。だが、ミッドッドウェー海戦で日本海軍が敗れて太平洋での制海権を失うと、イギリス海軍および英領インド海軍はインド洋での制海権を回復し、そうした状態が日本の敗北まで続いた。

しかし、日本が降伏してから半年後、ボンベイの海軍基地でインド人水兵たちが反乱を起こした。反乱の理由は主として待遇問題であり、生活環境や食事などへの不満を唱えていた。ただしそれと同時に、インド国民軍将校裁判の帰趨にも水兵たちは強い関心を示した。

ボンベイの海軍基地に所属する複数の艦船と港湾施設で水兵たちが反乱を起こすと、こうした動きはカラチやカルカッタなど、他の海軍基地にも波及した。反乱を起こした水兵たちは基地の外に出てデモンストレーションを行ったが、見守る民衆からはこれを支援する声が上がった。

しかし、インド国民軍将校裁判の際とは対照的に、インド国民会議派とムスリム連盟の政治家たちは、反乱兵士を支持しなかった。兵士たちの行動は無用な混乱を招いてインド独立に向けた流れを遅らせるだけだと判断し、インド共産党からの影響が背景にあることも明白だと考えていた。

イギリス側は、反乱を鎮圧するのに十分な兵力を展開して反乱兵たちを威嚇《いかく》した。他方、国民会議派からは「ガンディーの片腕」「鉄の男」とも呼ばれたヴァッラブバーイー・パテールがボンベイへ派遣され、訴追はされないことを反乱水兵たちの代表に約束する代わりに降伏を求めた。ジンナーもムスリム連盟を代表して同じ要求を行った。反乱水兵たちは投降し、四百七十六名が逮捕され、軍事裁判の結果、英領インド海軍から追放された。

英領インド帝国側は、短期間に続けて二度も軍の統制に関して屈辱的な妥協を余儀なくされた。それは、英領インド帝国の持続可能性に関するイギリス側の自信を失わせるのに十分な事態だった。

第三節　英領インド帝国の後衛戦

内閣使節団の派遣

ここに至って、アトリー首相の率いるイギリス労働党政府は、イギリス側の体面を保ち、実利を維持する一定の経路を確保した上で、可能な限り早くインドの独立を実現することを決意した。アトリーはインド社会からの自治の要求に共感を抱いていただけでなく、政治家としてのキャリアにおいて深くインド問題に関わってきたため、インド国民軍将校裁判の顚末、英領インド海軍水兵の反乱を見て、英領インド帝国に幕を引くべきだと判断していた。

そうした中、一九三五年のインド統治法によって規定され、第二次世界大戦開戦までの数年間にわたって実施されていた州自治を復活させるために、一九四六年一月に州立法議会選挙が行われた。その結果、インド北西部及び東部の諸州におけるムスリム連盟の優勢、その他の諸州におけるインド国民会議派の優勢が明らかになり、両党以外の地方政党は弱体化した。

イギリスによるインド支配に協力してきた社会的諸集団の中で最も重要だったのは、藩王たちとムスリム・コミュニティだった。藩王国は、全部で五百近く存在した。規模は様々であり、それぞれの王国の君主の称号も歴史的な沿革を踏まえて多様だったが、藩王たちは、英領インド帝国政府との間で結んだ条約に基づいて主権を保持しており、仮に英領インド帝国が解体するならば、独立することが法的にも可能だった。そのためイギリス側としては、体面を維持する形で帝国に幕を引くために、インド側への権力の移譲後も藩王の主権は保証されるとして藩王たちを安心させ、独立後のインド連邦に彼らをとどまらせる必要があった。逆にインド人政治家たちからは、藩王たちの主権を尊重するとの約束を取り付ける必要があった。

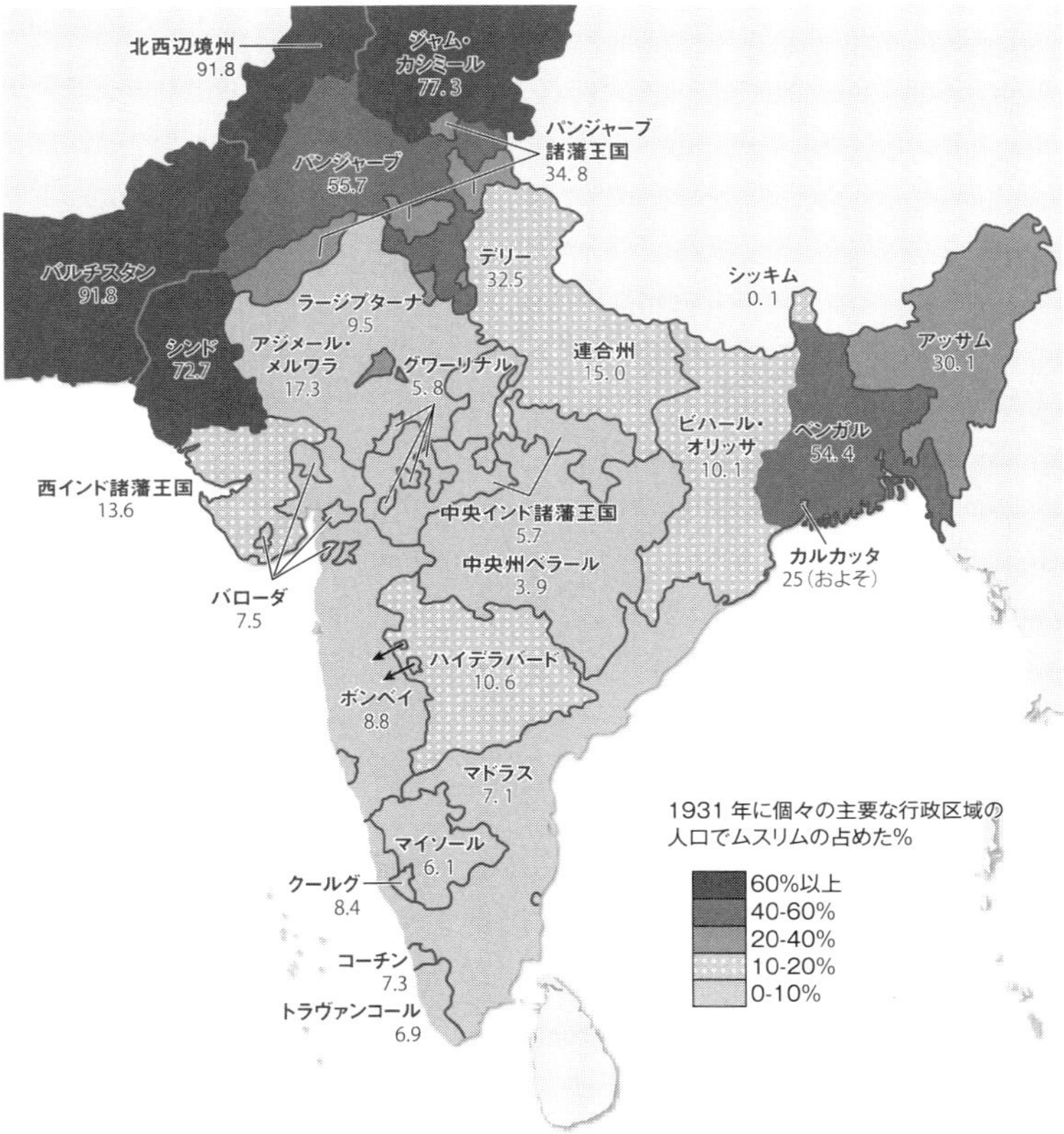

地図4　1931年頃の英領インド帝国におけるムスリム人口の分布
（Brown, Nehruに基づいて作成）

加えてイギリス側は、とりわけ第二次世界大戦期におけるイギリスへの協力を梃子《てこ》にして、主権を有するムスリム国家（パキスタン）樹立への要求を強めていたムスリム連盟を説得し、インド連邦という枠内にとどまらせるための方策を案出し、それをインド国民会議派にも受け入れさせる必要があった。

かくしてアトリーは、インド担当大臣を中心とする、いわゆる「内閣使節団《キャビネット・ミッション》」を一九四六年三月にインドへ派遣し、一定の案を提示しつつ、インド社会の政治指導者たちを説得しようとした（図1－5）。その案の骨子は、以下のようなものだった。

図1-5　左端から時計回りに、ペシック＝ローレンス、ウェイヴェル、アレグザンダー、ジンナー、クリップス。

まず、インド自治領は連邦制をとるが、連邦政府の権限は外交、国防、通貨、通商に限られる。したがって、これらの分野を除いて、基本的に藩王たちの権力に変化はない。さらに、これまで直轄支配が行われてきた英領インドの諸州に関しては、ムスリムが多数派の北西インド、同じくムスリムが多数派の東インド、そしてヒンドゥー教徒が多数派の中央部分の三つのグループに分け、それぞれに政府を設ける。

藩王らはこうした内閣使節団からの提案に同意し、ムスリム連盟も一時はそれを受け入れた。しかし、個々の州が三つのグループに帰属する仕方をめぐって、国民会議派とムスリム連盟が対立した。国民会議派は、個々の州が三つのグループのいずれにも属さないことを選択できる形にしようとし、ムスリム連盟は、州がいずれかのグループに属するのは必須だ、と主張した。

結局、国民会議派を率いるネルーは、内閣使節団の提案に国民会議派は縛られないと七月十日に発表し、それを受けてムスリム連盟は、使節団の提案の受け入れを七月二十九日に撤回した。

ウェイヴェルの描いたシナリオ

イギリス側、インド側双方に明確な見通しが立たない中、各州の州立法議会議員たちが有権者となる間接選挙の形で、制憲議会議員が選出されることになった。諸藩王国から選出される九十三議席以外に、英領インド部分へ割り当てられた議席は二百九十六だったが、その中では国民会議派が二百八、ムスリム連盟が七十三を占めることが判明した。国民会議派の優位に危機感を覚えたジンナーは、インド全土のムスリムたちに、八月十六日を「直接行動の日《ダイレクト・アクション・デイ》」と称してパキスタンの樹立を要求するデモを行うことを呼びかけた。平和裏なデモになるはずだったが、カルカッタではムスリムとヒンドゥー教徒の間の衝突で、四千名が死亡した。

国内の治安維持という、帝国の基本的な存在条件すら果たせなくなりつつあることを痛感した副王兼総督ウェイヴェルは、制憲議会議員たちに働きかけ、九月二日にネルーを首相とする「暫定内閣《インテリム・キャビネット》」を成立させた。国民会議派に所属する議員たちが主体だったが、ジンナーは、ムスリム連盟所属の有力政治家であるリアカット・アリ・カーンを財務大臣として送り込んでサボタージュを行わせ、単一のインド政府が機能しないことを示そうとした。

アトリー内閣は、イギリス側による、一体としてのインド自治領を誕生させるための事実上最後の試みとして、ネルー、ジンナー、ウェイヴェルをロンドンに呼んで内閣使節団の提案を復活させようとした。しかし、ネルー、ジンナーの強硬な姿勢は変わらなかった。インドへ戻ったウェイヴェルは制憲議会を開会させたが、ムスリム連盟に所属する議員たちはこれをボイコットした。他方、国民会議派は、暫定内閣からムスリム連盟所属の大臣たちを追放することをウェイヴェルに求めた。

ウェイヴェルは、もはや一体性を維持する形でインド自治領を誕生させるという課題は断念せざるを得ない、と判断する。また彼は、インド国民軍将校裁判、インド海軍水兵の反乱に対処する中で、英領インド軍兵士たちのイギリス国王兼インド皇帝に対する忠誠心にも自信が持てなくなっており、時間の空費は内戦をもたらす可能性すらある、と考えるようになった。

結局ウェイヴェルは、彼独自の「大混乱作戦《オペレーション・マッドハウス》」を作成し、イギリス本国政府に提案するに至る。同作戦の内容は、突き詰めて言えば、内閣使節団の提案から連邦の構成を抜き去り、帝国から二つの国家を誕生させるものだった。すなわち、英領インド帝国をヒンドゥー教徒が多数派を占める「ヒンドゥースタン」と、ヒンドゥー教徒が多数派ではない「その他の地域」に分割する。諸藩王国は独立するか、「ヒンドゥースタン」あるいは「その他の地域」のいずれかに属することを選択する。英領インド軍も、「ヒンドゥースタン」軍と「その他の地域」軍に分割する。イギリス軍部隊は一般のイギリス人たちと共に「その他の地域」へ移動する。「ヒンドゥースタン」国家の統治はインド国民会議派の政治家たちに委ねられ、「その他の地域」国家の統治は、暫時、ムスリム連盟の政治家たちとイギリス人たちが協働する形で行う。

アトリー政権によるウェイヴェル更迭

ウェイヴェルからの提案を受け取ったイギリス労働党政府は、ウェイヴェルは過度に悲観的になっており、副王兼総督として適切な判断ができなくなったと判断し、一九四六年末にその更迭を決めた。しかしウェイヴェルのような歴戦の将軍が、ここにきて統治者としての判断能力をにわかに失ったとは考えづらい。むしろ、自身に課された困難な任務に誠実に取り組もうとする彼の出したぎりぎりの結論が、インド統治への意欲ないし責任感を減退させつつあったイギリス本国政府の目には過度に悲観的に見えたのだろう。

アトリー労働党政権にとっての優先課題は、イギリス本国の帝国全体（諸植民地）との関係を早期に清算し、イギリスを福祉国家へと組み替えていくことだった。インドとの関係で言えば、可能な限りイギリスの国益を損なわない形でインド社会の人びとに権力を移譲し、将来的には、自治領となったインドとの間で良好な関係を維持していくことだった。

労働党政府は、内閣使節団の仲介案が拒否されたことで、一体としてのインド自治領を誕生させることは不可能になったと判断した。しかし、ウェイヴェルが提案してきたような消極策ではなく、よりイギリスにとって実利のある形でインドから手を引くべきだと考えていた。ウェイヴェルのプランでは、分離独立後、「その他の地域」（＝パキスタン）とイギリスの関係は緊密さを維持できるにしても、「ヒンドゥースタン」（＝インド）とイギリスの関係が疎遠化ないし険悪化することが明白だった。

アトリーは、ガンディーを除く国民会議派の主要な指導者たちが、インドの一体性を放棄してパキスタンをインドから追い出す口実を求め始めていると、看破していた。その結果、アトリーが選んだ戦術は巧妙であり、酷薄なものだった。すなわち、一方では、去り行くイギリス人たち（英領インド帝国）が、インド社会の少数派（諸藩王国、ムスリム）を、言わば「犠牲の祭壇に捧げる」（その結果、諸藩王国はインドないしパキスタンに併呑され、パキスタンはインドから追い出される）ことにより、インド側に自己正当化の根拠を与える。他方では、そのようにしてイギリス側が「汚れ役」を引き受ける代償として、インドには「イギリス連邦」にとどまることを求める、というものだった。

アトリー政権は、諸藩王国の主権の問題は見限るべきだ、と割り切っていた。藩王国がインド自治領、パキスタン自治領のいずれかに属さないで独自の国家として主権を維持することは不可能だと結論付けていたからだった。

後衛戦を指揮する適任者、マウントバッテン

こうした困難な役割を、ウェイヴェルに代わって「最後のインド副王兼総督」として果たしうる人物は誰か。労働党政府は、一九四六年半ばまでに東南アジア戦域の連合国軍最高指揮官としての残務処理を終え、イギリスに戻っていたマウントバッテンに白羽の矢を立てた。マウントバッテンは、ヨーロッパの王族カーストの血を引きながら、イギリス海軍将校となり、第二次世界大戦中はヨーロッパ戦域、太平洋戦域の双方で目立った軍歴を重ねていた。マウントバッテンはアトリーたちの目から見て、最後のインド副王兼総督となるべく、以下のようなメリットを備えていた。

マウントバッテンはヴィクトリア女王の曾孫《ひまご》であり、イギリス王室に極めて近い存在だったから、インド社

会に残存するイギリス君主制へのある種の愛着と信頼を活用できるのでは、と期待された。他方でマウントバッテンは、すでに一九三〇年代から左翼的信条を持っているかのようにふるまっており、労働党の政治家たちとの間でも一定の信頼関係を築いていた。

また、マウントバッテンは、大富豪であるエドウィナ・アシュリーとの新婚旅行で一九二〇年代前半にアメリカ合衆国を訪ねて以来の同国贔屓《びいき》だった。第二次世界大戦中に東南アジア戦域の連合国軍最高指揮官としてアメリカ軍と協働したことで、アメリカへの傾斜をさらに強めてもいた。チャーチルと同様にアトリーも、第二次世界大戦後の国際秩序の運営に関してはアメリカとイギリスの連携が不可欠だと考えていたから、マウントバッテンのこうした傾向は好ましいものだった。

さらにマウントバッテンは、一九四六年六月に後任者に任務を引き継いでイギリスへ帰還する直前に、インド独立のキー・パーソンになるはずのネルーとの面談を果たしていた。ネルーは、マラヤ植民地において日本の軍政下で苦難を味わったインド系住民たちを慰問し、その状況を確認するためにシンガポールを訪れた。マウントバッテンは同地の空港でネルーを出迎え、その足で連合国軍最高指揮官官邸に彼を招いて、食事をともにした。そして、インドを含む今後の国際政治情勢について意見を交換し、良好な関係を築くことに成功していた。その場にはマウントバッテンの妻エドウィナも同席していた。

したがって、アトリーたちの目から見てマウントバッテンは、この上なく好ましいウェイヴェルの後任者だった。一九四七年二月二十日、アトリー政権は、最後のインド副王兼総督としてマウントバッテンを任命することを発表した。マウントバッテンに与えられた使命は、インド社会の分割を回避し、その一体性を保持しながら、遅くとも一九四八年六月までにはインドの独立を実現することだった。ただしマウントバッテンには、「イギリスのインドからの撤退の遅れが最小限にとどまることを確実にするための、柔軟性のある権威」が与えられてもいた。言い換えれば、イギリスにとって最も重要なのは、可能な限り早くインドから撤退することであり、それが困難になるならば、独立インドの一体性が失われることもやむを得ないと、遠回しに、しかしはなはだ大きな裁量権をマウントバッテンに与えていた。そしてその裁量権を、マウントバッテンは思う通りに活用する。

第四節　一九四七年八月十五日に向けて

マウントバッテンの自負と野心

第二次世界大戦が日本の降伏によって終結してから二年後の一九四七年夏、インド植民地は、インドとパキスタンに分離する形でイギリスからの独立を達成した。パキスタンの独立記念式典は八月十四日、インドのそれは八月十五日に行われており、日本人にとっては思わせぶりな日付が選ばれたように見える。しかし、この日を選んだのは、「最後のインド副王兼総督」となったマウントバッテンであり、ムスリム連盟およびインド国民会議派の指導層には、対日戦争勝利の日にこだわる意図は全くなかった。

マウントバッテンは、「最後のインド副王兼総督」となることをアトリー首相から提案され、また、イギリス君主制にとり、インドとの関係が極めて重要だと考えるジョージ六世からの依頼もあり、それを受け入れた。マウントバッテンは、自意識と自信にあふれた人物であり、最後のインド副王兼総督として自分に与えられた課題をやり遂げる見通しを持っていた。

自らのキャリアについてのマウントバッテンの目標は、イギリス海軍の武官のトップである第一海軍卿となり、父親が味わった屈辱を晴らすことだった。マウントバッテンの父親ルイス・アレグザンダー・マウントバッテンは優れた海軍将校だったが、ドイツの王族であったために第一次世界大戦開戦時に第一海軍卿の職を解かれ、その後、失意の中で亡くなっていた。したがってマウントバッテンにとりインド副王兼総督の職は、第一海軍卿になるとの本来の目標からすれば回り道であるようにも見えたが、帝国の要職に就いて業績を挙げておくことの意味は小さくないと判断していた。

またマウントバッテンは、「イギリス帝国にとっての歴史的転換点が近づいており、そのための条件はすでに揃っている。そして、その転換にあたって長期的で的確な判断に基づいて行動できるのは自分だ」と自負していた。その根拠は、マウントバッテンが、自分はすでに連合国軍のリーダーあるいは国際的政治家として豊富な経験を積んでおり、また、ヴィクトリア女王の曾孫として十分な血統カリスマ性も有していると信じていたことだった。

マウントバッテンが最後のインド副王兼総督となることについての近しい人びとからの反応は多岐にわたっていた。ヴィクトリア女王の孫娘で、夫（ルイス・アレグザンダー・マウントバッテン）が亡くなった後にはマウントバッテン家の家長的存在だったマウントバッテンの母ヴィクトリアは、英領インド帝国の幕引き役は危険で困難だと考え、反対した。これに対して、夫に劣らず無類の野心家だったマウントバッテンの妻エドウィナは、第二次世界大戦期に夫の公務をサポートしたのと同じように、今度は新国家の樹立という華々しい使命に自らも関わることができる、との展望に心を躍らせていた。

他方、マウントバッテンのことを自らの「被保護者《プロテジェ》」の一人とみなし、マウントバッテンのキャリア上の危機を幾度も救ってきたチャーチルは、そのマウントバッテンが、チャーチルが他の何よりも愛してきたイギリス帝国の解体につながりかねない任務のために、チャーチルにとっての政敵であるアトリーからの誘いに応じて、最後の副王兼総督としてインドへ赴こうとしていることを許すつもりはなかった。実際には、この時点で野党指導者になっていたチャーチルにマウントバッテンの任命を阻む力はなかった。しかし後年、任務を終えてイギリスへ戻ってきたマウントバッテンに対してチャーチルは、終始、冷淡な態度を示し続けることになる。

フリーハンドを得たマウントバッテン

マウントバッテンは、自分がインド副王兼総督として活動するための環境を整備していった。最も重要だったのは、首相アトリーから、インドへの権力移譲の仕方に関する方針を示されてはいたものの、実際には期限内に平和裏に権力の移譲を実現することだけを条件として、事態を柔軟に乗り切ることを認められたことだった。つまり、従来のインド統治においては、インド副王兼総督はイギリス本国のインド担当大臣からの掣肘《せいちゅう》を受けたが、マウントバッテンはアトリーから、ほぼフリーハンドに近い権限を与えられていたのだった。

またインド現地でも、従来であれば、インド副王兼総督が自らイニシアティヴを執って新たな政策を実施しようとする場合には、部下であるはずのイギリス人のインド高等文官・英領インド軍将校や、イギリス人のビジネスマンたちの意向にも配慮する必要があった。しかし権力の移譲に際して、これらのイギリス人たちは様々な不満を抱えながらも、それを行動に移そうとはしなかった。その理由としては、以下のような事情が存在した。

とりわけ第二次世界大戦中に、英領インド帝国の統治機構および経済構造が大幅に「インド化」していたため、マウントバッテンの方針にイギリス人が不満を抱いてサボタージュを行おうとしても、もはや無意味であることをイギリス人自身が理解していた。また、イギリス人のインド高等文官、軍将校、ビジネスマン（その有力者の多くは、国際性の高い金融機関で勤務していた）のキャリア意識が、プロフェッショナルだったことである。言い換えれば、彼らはインドに土着化していなかったために、インドからの撤退を求められても、イギリス帝国の各地になお数多く存在する、彼らにとっての新たな活動の場に移動する覚悟ができていた。しかし、おそらく最も重要だったのは、マウントバッテンの動きがあまりにも迅速であったために、イギリス人たちがまとまって行動を起こすスキがなかったことだった。

かくしてマウントバッテンは、少数の有能な腹心の補佐官たちを引き連れてインドへ赴き、ほぼ彼の判断と意思のみに基づいて、インド側の状況に柔軟に対処するための態勢を確保した。

マウントバッテンのシナリオ

マウントバッテンは、インドに到着した直後から可能な限り多くの要人たちと面談を重ね、自らの方針を固めていったように言われている。しかし実際には、着任した時点ですでに彼の方針は概《おおむ》ね固まっていた。内閣使節団が、少数派の意向を尊重する形で一体的な連邦としてインド自治領を誕生させるというプランを提示したにもかかわらず、インド人政治家たちからの同意を取り付けられなかったという経緯から、「スピード好き」で知られるマウントバッテンは、自分の魅力と説得力をもってしても、すべての当事者を満足させることはもはや不可能だと最初から割り切っていた。

それでは、マウントバッテンの具体的な方針はどのようなものだったのだろうか。そこには、彼の抱いていた世界政治の捉え方が大きく影響していた。

最も警戒していたのは、ソ連、およびインドにおけるその支持者たちの動向だった。言うまでもなくソ連は、第二次世界大戦中はイギリスの同盟国だった。しかし、枢軸国が打倒された後、軍事・政治的な意味でイギリスの敵対者に回帰していた(一九四六年三月五日の、チャーチルによる「鉄のカーテン」演説が象徴的だった)。したがってイギリスとしては、インドがソ連の主導する共産主義勢力の影響下に引き寄せられることを防がなければならず、そのためには、インド・ナショナリズム指導者たちへの譲歩をためらってはいられなかった。

他方でマウントバッテンは、アメリカを中核とする新時代のブリティッシュ・ワールドにおいて、アメリカ合衆国が満足する形で、新たな英印関係を構築しようと決意してもいた。具体的には、アメリカ合衆国のリーダーシップの下で、イギリスとインドは対等な二つの主権国家としての関係を築いていくべきだ、と考えるようになった。

またマウントバッテンは、イギリス帝国の本質はそれが海洋帝国であることだと信じて疑わなかった。したがって、第二次世界大戦後のイギリス海軍は、アメリカ海軍と協働することで世界の制海権を維持していくべきだった。そこから、今後の英印関係の究極のメリットはイギリス海軍がインド洋の制海権を保持するのを可能にすることだという結論が導き出された。また、そのための制度的な保障として、ネルーを核とする政治システムをインド自治領に樹立することが望ましい、との判断にマウントバッテンは行き着くことになる。逆に言えば、そのような目標を実現するために、英領インド帝国の統治に関して伝統的な同盟者だった藩王たち、ムスリム、シーク教徒をマウントバッテンは段階的に切り捨てていくことにもなる。

インド副王兼総督職に着任

マウントバッテンは、妻のエドウィナ、そして数人の補佐官たちとともに、空路、インドへと赴き、デリー空港でウェイヴェルの出迎えを受けた。

ウェイヴェルからマウントバッテンへのインド副王兼総督としての任務の引き継ぎは、両者が共に日本軍を敵として戦い、お互いの気質を弁《わきま》えていたため、嫌いあってはいたものの、スムーズに行われた。英領インド帝国の命運に関してウェイヴェルとマウントバッテンは、早期に幕引きをする必要があると考える点では一致していた。しかしウェイヴェルが、インド社会で帝国に協力者してきた人びとへの「義理立て」にこだわったのに対して、マウントバッテンは、仮にそうした人びとを見限ることになってでも、新たな権力者たちとの間で、良好な関係を築くことを優先すべきだ、と考えていた。任務の引き継ぎにあたってマウントバッテンはそうした本心をウェイヴェルに明かさなかったが、ウェイヴェルの経験とそれに基づいて彼が提案した「大混乱作戦」を、言わば逆手にとる形で利用しようとしていた。

マウントバッテンは、ニュー・デリーの副王宮殿の巨大な謁見室《ダーバー・ホール》で、副王夫人となるエドウィナとともに、ネルーの率いる暫定内閣のメンバー、各州政庁の代表者、主要な藩王国の代表者などを前にして、着任の儀礼を行った（図1－6）。

着任後のマウントバッテンは、自分は従来のインド副王兼総督たちとは異なって、イギリス貴族であるのに加えてヴィクトリア女王の曾孫であり、イギリス王家の近親者なのだ、ということを機会あるごとに強調した。また、ごく近年まで東南アジア戦域の連合軍最高指揮官であり、日本軍の野蛮な侵略からインド社会を防衛した守護者なのだ、との宣伝も怠らなかった。

図1-6　1947年3月24日、ニュー・デリーのインド副王宮殿で副王兼総督就任式に臨むマウントバッテン夫妻。

さらに、異邦人の支配者として、インド人たちからは嫌悪されることの多かったイギリス人植民地官僚たちからはあえて距離を取った。逆に、ヴィクトリア女王の治世以来、イギリス君主制とインド社会の間には、ヴィクトリア女王がインド大反乱後に発したメッセージがインド社会の人びとによって「インド人の大憲章《マグナ・カルタ》」と呼ばれたこともあったように、歴史的な友好関係が継続してきたはずであり、自分はむしろ、イギリス人植民地官僚たちの側ではなく、イギリス王室側の人間なのだ、との演出を実施した。

図1-7　1947年のニュー・デリーでのマウントバッテン夫妻とネルー。

ネルー、ガンディー、ジンナーとの出会い

マウントバッテン夫妻は着任後ただちに、インドの政治指導者たちに対する魅力攻勢《チャーム・オフェンシブ》を開始した。ただし夫妻にとって最も重要な「標的」は、ネルーとガンディーだった。

マウントバッテン夫妻はネルーと前年にシンガポールで面談しており、互いに気脈を通じあっていた。とりわけネルーは、初対面の時からエドウィナに魅かれていたが、ニュー・デリーでの再会後に二人の仲は急速に進展し、事実上、恋愛関係と呼んでよいものになった。マウントバッテンは権力移譲の責任者としての立場から、自分の妻とネルーの親しい関係を利用していくことになる（図1－7）。

ネルーを介してマウントバッテン夫妻は、ガンディーとの接触も開始した。とりわけエドウィナが、一九三〇年代初頭に英印円卓会議に参加するためにガンディーがロンドンを訪問して以来の彼の信奉者だったこともあり、夫妻とガンディーの関係も、当初から打ち解けて友好的なものになった（図1－8）。ガンディーは研ぎ澄まされた政治的洞察力を持つ人物だったから、権力移譲に関するマウントバッテンの本心を見抜いていた。では、マウントバッテンの本心が「一体としてのインド」を断念するものであったのにもかかわらず、なぜガンディーはマウントバッテンとの「協力」を受け入れたのか。

自分の理想を実現するための努力は、もはやネルーなどの世代に任せた、との思いはガンディーにあった。しかし他方で、自分の感化力によってマウントバッテンの方針を変更させ、マウントバッテンが持つ、ヴィクトリア女王の曾孫としてのカリスマ性を発揮させることができれば、権力移譲後のインドが一体性を保持することも可能なのでは、との淡い期待を抱いていた。

英領インド帝国の存立の基盤は、インド社会中の様々な少数派からの協力を帝国政府が確保し、それを効果的に配列することだった。したがって本来ならば、インド副王兼総督となったマウントバッテンの最も重要なパートナーはジンナーになるはずだった（図1－9）。しかしマウントバッテン夫妻の魅力攻勢はジンナーには効果がなかった。ジンナーもまた、ガンディーに劣らない透徹した眼力を持つ人物だった。それゆえにマウントバッテンの底意、すなわちインド社会の多数派と折り合いをつけるためには少数派を見捨てる、という方針を見抜いており、そのことが両者に冷淡な関係をもたらした。また、マウントバッテンとジンナーは状況の変化に敏捷に対応する機会主義者《オポチュニスト》

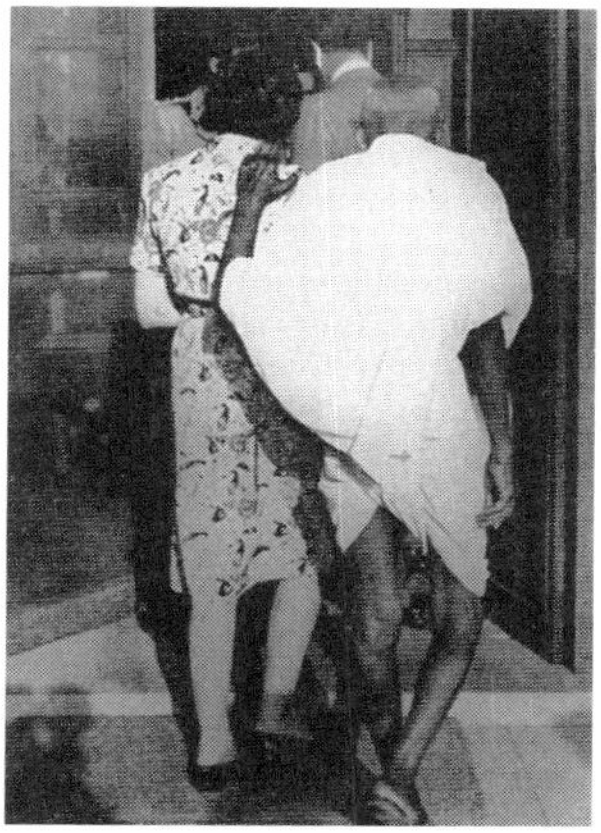

図1-8　1947年3月31日のガンディーとマウントバッテン夫妻の初面談日に、ガンディーの歩行を助けるエドヴィナ。

図1-9　パーティー会場でのマウントバッテン夫妻とジンナー。

であった点で似通っており、そうした事情が逆に、互いを嫌悪する状態に導いた。

インド国内の政治力学

マウントバッテンは、ネルー、ガンディー、ジンナー以外のインド人指導者たちとも面談を重ねた。予備知識もあったが、持ち前の人心観察眼の高さから、面談した人びとの本音を素早く読み取り、自分の進むべき方向性を定めていった。

インド国民会議派においては、ガンディーとその一途な信奉者たちを除いて、「ガンディーの両腕」とみなされていたネルー、パテールを含む多くの指導者たちが、新生インドを、国民国家としての一体性を前提とする形で実現することは困難だと考えるようになっていた。他方で、新生インドが、ムスリムをはじめとするインド社会の少数派の「特権」を維持するとすれば、その体制は英領インド帝国と変わらないものになってしまう。つまり本音では彼らは、ムスリムが多数派である地域を新生インドから切り離す方が現実的だ、と考え始めていた。

ムスリム・コミュニティに関しては、ムスリム国家パキスタンの建設を唱えるムスリム連盟が、インド全土でムスリムの代表として政治力を行使するようになっており、また、同連盟の指導権はジンナーによって握られていた。しかしジンナーの元来の支持基盤は、実際には、ヒンドゥー教徒が多数派である地域に住むムスリムだった。したがって、そうした人びとを見捨てる形でパキスタンを樹立することは、政治倫理的にだけでなく、政治力学的にもあり得ないはずだった。ジンナーの真意は、少なくとも内閣使節団の仲介が潰《つい》えるまでは、パキスタンの分離をちらつかせることで、新生インドにおいて、国民会議派側からできるだけ多くの譲歩を引き出すことだった。しかし、ジンナーが戦術として唱えてきたパキスタン建国プロジェクトは、パキスタン樹立を明示的に求める運動を起こすことをジンナー自身がムスリム民衆に向かって呼びかけた、一九四六年八月十六日の「直接行動の日」以降の全インド規模での宗教暴動を契機として、それ自体の力学で動き出しており、もはやジンナーはその神輿《みこし》となって動かざるを得ない状況に追い込まれていた。

諸藩王国、そしてシーク教徒は、インド社会における少数派である点で、ムスリム・コミュニティと同様だった。しかし一体性を前提とする国民国家がインドに実現するとすれば、ムスリムとは異なり、自分たちの声は無条件に押しつぶされるだろうと恐れていた。諸藩王国が大同団結すれば発言権を維持する可能性はなお存在したが、シーク教徒たちの場合には、そのような術《すべ》さえなかった。そのため諸藩王国の国王たち、シーク教徒たちは、権力移譲のプロセスにおいて終始、受け身の立場を強いられることになる。

権力移譲の具体的なプロセス

こうした状況を、インド社会の要人たちとの面談を行ううちに確認したマウントバッテンは、着任以前にアトリーと自分が抱いていた認識がほぼ正確であり、見通しも現実的なものだった、との結論に達した。そして以下のような「落としどころ」を当事者たちに受け入れさせていくことに、順次成功する。

具体的なプランは、以下のようなものだった。可能な限り早く、権力の移譲を行う。また、それに伴って生じる、インド社会に分断をもたらしたとの歴史的な責めは、英領インド帝国が負う。こうしたオファーへの対

図1-10　ジャイプールのマハラジャ（藩王）即位25周年記念式典で、主な藩王たちと記念写真に納まるマウントバッテン夫妻。

図1-11　1947年6月3日、マウントバッテンは主要なインド人政治家たちを招いて独立に向けての計画を発表した。

価として、インド社会の分断と、新生インドのイギリス連邦への残留を、国民会議派に受け入れさせる。

ムスリム連盟に関しては、これまでムスリム連盟が主張してきたことを叶えるだけだ、と指摘し、新生インドからのパキスタンの事実上の追放を受け入れさせる。しかもパキスタンは、それが置かれることになる地政学的な条件から、権力移譲後もイギリスに頼らざるを得ないはず、だった。

藩王たちに対しては、自分（マウントバッテン）はイギリスの王室メンバーであり、イギリス国王とも極めて親しい関係にあるので、従来、英領インド帝国の最も重要な同盟者だった藩王たちを悪く扱うはずはない、との暗示をかける（図1－10）。そして、インドとパキスタンの分離独立に際しては、そのどちらに属するかを藩王たちは決めなければならないが、それぞれの新国家内で藩王たちの主権は維持される、と信じ込ませる。

シーク教徒たちに関しては、彼らがインドとパキスタンの分離独立にあたって最悪の貧乏籤《くじ》を引くことに気付かせないでいるのは、さすがに不可能だった。だが、シーク教徒が多く住むパンジャーブ州の地理的な分割が実際にどのように行われるのかについての発表を、権力移譲後に行うことにより、権力移譲前にシーク教徒たちが怒りを爆発させるのを回避しようとした。

一九四七年五月末、マウントバッテンは、英領インド帝国を解体し、インドとパキスタンを分離して独立させるとの案を起草し、それをロンドンに持参してアトリー内閣からの承認を得た。インドへ戻ったマウントバッテンは、六月三日にインドの主要な政治家たちを集めて同案を提示し、彼らからの同意も取り付けている(図1－11)。

こうしたプランが実行に移されたことで、マウントバッテンと国民会議派指導部、マウントバッテンとムスリム連盟側指導部の間での人的関係にも影響が及んだのは当然である。マウントバッテンは、権力移譲後に自分がインド自治領、パキスタン自治領双方の初代総督になれるものと思っていた。国民会議派指導部は、マウントバッテンが最も重要なパートナーとして自分たちを選んだことを認識していたから、マウントバッテンの期待通りに、初代インド自治領総督となることを彼に要請した。逆に、英領インド帝国末期の最大の危機であるアジア・太平洋戦争において帝国を健気《けなげ》に支えたのにもかかわらず、その終焉にあたっては「冷や飯を食わされる」状況に追い込まれたムスリム連盟指導部は、初代パキスタン自治領総督となることをマウントバッテンに要請せず、ジンナーがその地位に就くことで、マウントバッテンにいわば「意趣返し」をした。

なぜ八月十五日だったのか？

マウントバッテンにとっては、イギリスからインドおよびパキスタンへの権力移譲の「儀礼」を成功させることが、インド亜大陸での彼の使命のクライマックスだった。マウントバッテンは、インド自治領、パキスタン自治領という新たな国家の誕生を、印象的な儀礼を通じて人びとに実感させ、さらに新国家が誕生した後も、人びとがそうした儀礼を通じて新国家が誕生したことを繰り返し定期的に想起するように仕組もうとした。

マウントバッテンが「八月十五日」という日取りを選んだことが、そのカギだった。マウントバッテンはインドとパキスタンの独立の日を八月十五日に設定することで、人びとの歴史認識に、彼なりのストーリーを植え付けようとしていた。すなわち、一九四七年八月十五日という日に、インドとパキスタンが自治領としての地位を手に入れるのは、まさしくその二年前の一九四五年八月十五日に、アジア・太平洋戦争においてイギリス人とインド人が手を携えて大日本帝国の野望を挫《くじ》いた結果なのだと。

佐藤卓己の指摘する通り、八月十五日は日本国内で玉音放送が流れた日に過ぎず、戦闘は継続中であり、国際的な終戦記念日は九月二日である。それにもかかわらずマウントバッテンが八月十五日を選んだのは、なぜなのか。そこには、大きく三つの要因があった。

まず、マウントバッテンが八月十五日を選んだ一九四七年半ばには、日本の敗戦の日は八月十五日なのだ、とのメディア上のイメージが、イギリス社会やインド社会でも既に一般化しはじめていたこと。二つめに、九月二日の東京湾での降伏儀式の主役がアメリカ合衆国であって、イギリスは準主役であり、メディア政治家としてのマウントバッテンの目には、九月二日ではイギリス社会・インド社会へのインパクトが弱いと思われた。そして三つめに、イギリス社会・インド社会では、日本の天皇の放送に対応する形で、八月十五日にイギリス国王兼インド皇帝ジョージ六世が行ったラジオ放送の記憶が鮮明であり、君主主義者としてのマウントバッテンはそれを利用したかったから、である。

大日本帝国は枢軸国の一部として世界制覇の野望を抱いたが、インド社会は、宗主国であるイギリスと協力して日本人たちのインドへの侵攻を阻み、自治を行うのにふさわしいことを証明した。したがって、インドとパキスタンが独立を達成する日としては、大日本帝国の敗北が確定した八月十五日こそがふさわしい。つまりマウントバッテンは八月十五日を選ぶことで、「インドとパキスタンの独立は、両社会の人びととイギリスの協働の成果だった」とのストーリーが、それぞれの国の歴史の中で毎年、定期的に語り継がれていくことを期待していた。

また、マウントバッテンは、とりわけインドでの権力移譲の儀礼において、イギリス側の主役が自分であり、インド側の主役はネルーであるとのイメージを強調し、人びとの記憶の中でそれを定着させることにも執着した。ネルーはすでに、ガンディーの愛弟子として新国家の指導者となるのに十分なほど「聖別」されていた。しかしネルーはさらに、権力移譲の儀礼の中で、ヴィクトリア女王の曾孫であり、最後のインド副王兼総督であるマウントバッテンからの承認と協力を得て、英領インド帝国に幕を下ろすことになった。マウントバッテンは、こうしたストーリーを演出することを通じて、新国家の事実上の君主としてネルーを即位させることすら意図していた。

権力移譲に関わるプランをこのように構想し、実現させていく上でマウントバッテンは、インドとパキスタンの分離独立が、やがて多くの人びとを突き落とすことになる悲劇を、ある程度までは予想していた。しかしそれは、彼にとっては二次的な意味しか持たなかった。首相アトリーからの要請を受け入れた時点でマウントトバッテンは、英領インド帝国運営の負担や不安からイギリス国家を「解放」し、イギリス人将兵を早期にインド亜大陸から撤収させるためには、インドとパキスタンの分離独立以外にもはや選択肢がない、との判断をアトリーと共有していた。ただし、マウントバッテンは、インド社会の人為的な分割が生じさせることになる多くの人びとの苦難と苦痛の程度を、明らかに見くびっていたのだった。

第五節　インドのいちばん長い日、一九四七年八月十四日から十五日

メディア・イベントとしての独立の日

マウントバッテンは、一九四七年六月三日に、英領インド帝国からインド・パキスタンへの権力移譲に関する自らのプランをインド側の指導者たちに提示し、彼らの「同意」を取り付けた直後から、八月十五日をインドとパキスタンの分離独立の日とする「意義」について、周知を図ろうとし始めた。

従来からマウントバッテンは、自身の軍人・政治家としてのキャリア形成に関して、マス・メディアを利用することに熱心だった。東南アジア戦域の連合国軍最高指揮官であった間は、自らの補佐官の中に、マス・メディア対応を専門とする報道官を任命していた。こうした発想は、当時としては先駆的なものだった。インド副王に就任するにあたってマウントバッテンは、その報道官だったアラン・キャンベル＝ジョンソンに声をかけ、再度、自分専属の報道官になる承諾を得た。キャンベル＝ジョンソンは、後年、イギリスの広告業界の大

立者になる「やり手」であり、マウントバッテンの意を体《てい》して「八月十五日」という日取りをショーアップするための活動を展開していく。

マウントバッテンは、インド社会のその後の運命を決めたインド側指導者たちとの六月三日の会合の直後に、権力の移譲がどのような形で行われるのかを説明するための記者会見を、自らが主役になって実施した。その際、権力移譲の日はいつになるのか、との記者からの質問に対して、今、その場で思いついたかのようなふりをしながら、それは八月十五日になるだろうと答えた。実際には、キャンベル＝ジョンソンと相談した上で八月十五日にすることを記者会見の前に決めており、また、インド側の指導者たちにも事前に根回しを済ませていたことは記者会見の様子からも推察できる。

「一九四七年インド独立法」はイギリス議会で可決され、一九四七年七月十八日にイギリス国王ジョージ六世の裁可を得た。同法により、一九四七年八月十五日をもって英領インド帝国はインドとパキスタンという二つの自治領に分割され、それぞれの制憲議会は、立法を行うにあたってイギリス議会からの承認を必要としない、完全な立法上の権威を得ることが定められた。その後、権力移譲の当日に至るまでマウントバッテンは、主としてイギリス、インド、アメリカのマス・メディアを通じて、八月十五日という日が一九四五年にイギリスとインドが協働して大日本帝国を打ち破った日であり、その二年後の同じ日に、イギリスからインドへ権力の移譲が行われることの歴史的な「意義」を繰り返し強調した。

インペリアル・ダーバーの記憶

マウントバッテンは、政治儀礼、とりわけ民衆が参加して行われる儀礼の力を重視していた。また彼は、そのようなイベントが行われたという記憶が、人びとに及ぼす効果を最大限に高めることにもこだわった。インド側の首都デリーで八月十五日に行われるはずの権力移譲の儀礼に関しては、マウントバッテンがイニシアティヴを執りながら、ネルー、パテールに相談し、彼らからの了承を得た上でイベントの骨格を定めた。イベントのテーマは、もはや言うまでもないが「インドとイギリス双方にとっての勝利としての、権力の移譲」だった。

そして儀礼の枠組みとしてマウントバッテンが参照したのは、かつてのインペリアル・ダーバーだった。ただしインペリアル・ダーバーの主役だった藩王と英領インド軍は脇役に回し、逆に強調しようとしたのは民衆の「参加」であり、主役と民衆の間での「対話」だった。そして末期の英領インド帝国がその総力を挙げて構築したニュー・デリーの景観を、儀礼のための舞台装置として存分に活用しようとした。さらに、このイベントのありようを世界中に伝え、インド社会の人びとの記憶の中に鮮明にとどまらせることを意図して、マス・メディアの力を活用しようとした。

しかし、パキスタンの新首都カラチでの儀礼に関しては、マウントバッテンは容喙《ようかい》することができなかった。権力移譲をめぐる交渉の過程でマウントバッテンの術策にはまらざるを得なかったジンナーは、カラチでの政治儀礼で、マウントバッテンがもう一方の主役になることは拒否できないにしても、その演出にまで口出しすることは断じて許さなかった。

カラチの八月十四日

マウントバッテンの歴史解釈によれば、非ヨーロッパ人が構成する自治領の誕生という「世界史上の快挙」のクライマックスは、何としても八月十五日でなければならなかった。しかし、そのための舞台はインドのデリーとパキスタンのカラチの二カ所にならざるを得ないので、それを同日に行い、その両方にマウントバッテンが参加することは不可能だった。かくして、カラチにおける英領インド帝国からパキスタン自治領への権力移譲の儀礼は、八月十四日に行われることになった。パキスタン側には八月十五日にこだわる理由はなかった。それどころか、インドよりも一日先に自治領になることができるという提案は、パキスタン側の自尊心をくすぐるものであり、儀礼を八月十四日に早めることに異論はなかった。

図1-12　1947年8月14日のパキスタン独立に際して、危険なカラチ市内パレードを敢行するマウントバッテンとジンナー。

ただしカラチでの儀礼の段取りは、すべてジンナーによって決められ、マウントバッテンは文字通り儀式のゲストとして参加しただけだった。八月十三日、マウントバッテン夫妻は飛行機でデリーからカラチへ移動し、パキスタン側の要人たちと共にシンド州総督官邸で晩餐会に臨んだ。十四日の独立式典は、パキスタン自治領制憲議会議事堂（旧シンド州立法参事会議事堂）で行われた。マウントバッテンは、離任するインド副王兼総督として告別と祝福の演説を行い、続いて、初代のパキスタン自治領首相となるリアカット・アリ・カーンが新国家の誕生を宣言する演説を行った。式典の後、ジンナーとマウントバッテンはオープンカーに同乗し、他の要人たちが乗る車列を率いて、パキスタン自治領総督官邸（旧シンド州総督官邸）へのパレードを行った（図1－12）。ヒンドゥー教徒住民の多いカラチ市内には祝祭的な雰囲気は全くなく、ジンナーはテロの可能性に脅《おび》えていた。ジンナーは、パキスタン自治領側に取り残されることになるヒンドゥー教徒やシーク教徒からの深い恨みを買っていたから、だった。ただし彼はそれを見事に押し殺したと、のちになってマウントバッテンは回想している。マウントバッテン夫妻はジンナーに別れを告げた後、翌日のデリーでの儀礼に参加するために、急いで、やはり飛行機でデリーに戻った。

デリーの八月十四日から十五日

カラチの状況とは対照的に、デリーにおける一九四七年八月十五日の儀礼は祝祭的だった。マウントバッテンは、「潔く退位し、喜んで次の国王に王冠を授ける、去り行く前国王」という役割を見事に演じてみせた。儀礼のあらゆる局面で、マウントバッテンの傍《かたわ》らには妻エドウィナがおり、優美で肌の白い彼女の姿はインド社会の人びとの脳裏にヴィクトリア女王の記憶を蘇《よみがえ》らせ、マウントバッテンの目論見を側面から援助した。

八月十四日から十五日へ日付が変わる直前（十四日の午後十一時）に、ネルーをはじめとするインド側の主要な政治家たちは、インド制憲議会議事堂（旧英領インド帝国立法参事会議事堂）に参集し、インドの独立を宣言するための儀礼を開始した。十四日のうちに儀礼が始まったのは、インド側の事情のためだった。パキスタンと同様に、インド側にも八月十五日という日取りに執着する理由は全くなく、マウントバッテンの提案を受け入れたに過ぎなかった。おまけに占星術師に占わせたところ、八月十五日は大事業を始めるのには縁起が良くない、とのご託宣だった。ただし、十四日の時点で式典が始まっているのならば問題はない、とも告げられた。

八月十四日から十五日に日付が変わるまさにその時、英領インド帝国政府の完全な同意の下、ネルーが全世界に向けてインドの独立を宣言した。のちに伝説となる、「世界が眠っているこの深夜に、インドは生命と自由に目覚める」との一節を含む、美しい、ただし英語での演説だった。ネルーの演説は録音されており、後刻、オール・インディア・ラジオでインド全土に向けて放送された。

ネルーの演説を聞き終え、歓喜の中でインドの独立を祝った政治家たちは、ついで、ネルーをインド自治領の初代首相として任命することを決議した。しかし、マウントバッテンを招いての式典の残りの部分は、十五日の午前中に行われることになっていたので、インド人政治家たちは、一旦、それぞれの宿舎に引き取った。八月十五日は休日となることが宣言されていたため、早朝から制憲議会議事堂周辺には多くの人びとが集まり、権力移譲のための式典が再開されるのを待った。

十五日早朝、インド自治領総督官邸へと名を変えた、旧インド副王宮殿の謁見室《ダーバー・ホール》において、各国外交使節、藩王、閣僚など五百人に及ぶ賓客が見守る中、最後のインド副王兼総督マウントバッテンが初代のインド自治領総督となるべく宣誓し、さらにネルーが初代首相となるべく宣誓した。ついでネルーとマウントバッテンは制憲議会議事堂へと移動し、居並ぶ議員たちを前にして自治領総督マウントバッテンと議会議長ラージェンドラ・プラサードがそれぞれ演説を行った（図1－13）。

図1-13　1947年8月15日午前、インド自治領総督官邸からインド制憲議会議事堂へ馬車で向かうマウントバッテン夫妻。

議事堂周辺には群衆が詰め掛けていたため、議事堂から総督官邸へのマウントバッテンの帰還は難渋することが予想されたが、ネルーが議事堂の車寄せの屋上から手を振って群衆に道をあけるように促したため、事なきを得た。その際、群衆の中からは、「ジャイ・ヒンド」（インド万歳）、「マハトマ・ガンディ・キ・ジャイ」（マハトマ・ガンディー万歳）、「パンディット・ネルー・キ・ジャイ」（賢者ネルー万歳）の叫びのほかに、数多くの者たちが「マウントバッテン・キ・ジャイ」と叫ぶのが聞こえた。その後も、制憲議会議事堂周辺、総督官邸周辺、そして両地をつなぐキングズ・ウェイでは、人びとの歓喜の渦が続いた。

夕刻が近付くと、マウントバッテン夫妻は、デリー市民とともにインド自治領の誕生を祝うイベントに参加するため、儀式用の馬車に乗って再び総督官邸を出発し、キングズ・ウェイを経て「藩王たちの公園《プリンスィズ・パーク》」へ向かった。「藩王たちの公園」の中央部には巨大な「戦争記念門」があり、インド独立後は「インド門《インディア・ゲイト》」と呼ばれることになる。キングズ・ウェイは総督官邸と「藩王たちの公園」をつなぐ、幅一四四メートル、長さ二キロの直線道路であり、マウントバッテン夫妻を乗せた馬車は、道路の両脇につめかけたデリー市民たちの熱狂的な歓呼の中、副王近衛騎兵たちに前後を守られながらゆっくりと進み、イベントの会場である「藩王たちの公園」内の「キングズ・ウェイ広場」にたどり着いた。すでにネルーは、会場の中心である、国旗掲揚のためのポールの立つ高座《ディアス》で待機していた。イベントではインド軍三軍のパレードが予定されており、観客席も準備されていた。しかし会場周辺に集まったデリー市民の数が膨大であったため（マウントバッテンが見たところでは二十五万人以上、一説によれば六十万人）、警備可能な範囲を超えていると判断され、パレードはごく小規模なものにとどめられた。

群集が高座のまわりをぎっしりと取り囲む形になっていたため、マウントバッテン夫妻が乗った馬車は、高座から二〇メートルほど離れた所で身動きがとれなくなった。かくして、無数のデリー市民と馬車に乗ったままのマウントバッテン夫妻、そしてネルーが見守る中、ネルーの指示を受けてインド国旗の掲揚が行われた。それに先立って、イギリス国旗《ユニオン・ジャック》が降ろされるはずだったが、マウントバッテンによれば、ネルーからの提案で実行されなかった。インド国旗が翻ったまさにその時、天空に輝かしい虹が現れた。それに気づいたマウントバッテンがその方向を指差すと、集まったデリー市民たちは歓喜の声を上げ、これを吉兆と考えたという。マウントバッテンは「虹の色が、サフラン、白、緑の三色から成る新しい自治領旗にどれほど似ているか、これまで気づかなかった」と報告書に記している（図1－14）。「出来すぎ」なほどの展開であり、マウントバッテンはさぞや満足だったことであろう。上空では独立を祝すためにインド空軍機が儀礼飛行《フライパスト》を行い、市民たちの興奮をさらに高めた。しかし、国旗掲揚後にネルーがヒンディー語

図1-14　1947年8月15日夕刻、ニュー・デリーの「キングズ・ウェイ広場」での独立インドの国旗掲揚で敬礼するマウントバッテン。

図1-15　1947年8月16日朝、インド独立記念祝典に参加するためにラールキラ正門前に集まったインド人民衆。

で行うはずだった、インド独立を祝う演説は実施することができなかった。人びとの興奮のせいで、イベントの続行が難しいと判断されたからだった。ネルーにとっても、またマウントバッテンにとっても、首相となったネルーが民衆に向かって直接語りかける姿は、今回の儀礼で不可欠の部分だった。そのために善後策が練られ、翌十六日の朝、オールド・デリーのラール・キラーの楼門を舞台として、本来、十五日の夕刻に行われるはずだったネルーの演説を実施することが決められた。

人びとに周知する時間はわずかだったが、十六日朝、ラール・キラーの楼門の前には数十万の人びとが集まっていた（図1－15）。彼らを前にして、改めてインド国旗をネルーが掲揚し、インド軍部隊の閲兵を行った。そしてネルーが、拡声器を介して、一時間を超える演説をヒンディー語で行った。その光景は、かつてインペリアル・ダーバーの際にイギリス国王兼インド皇帝が行い、ムガール皇帝たちがラール・キラーの装飾を施された石造りの出窓（ジャロカ）にその姿を見せて行った「お目見え」（ダルシャン）を髣髴《ほうふつ》とさせるものだった。

他方、この頃、「インド独立の父」となったマハトマ・ガンディーは、デリーではなくカルカッタ（現在のコルカタ）におり、同地におけるヒンドゥー教徒とムスリムの間での、流血を伴う緊迫した関係を緩和するための活動を続けていた。生涯にわたる自身の努力の終着点であるインドの独立に際して、その最も重要な儀礼の場にあえて居合わせないことによって、こうした形での事態の「解決」に自分が不満であることを、ガンディーは示そうとしていた。

インド・パキスタン分離独立と藩王国の解体

一つだった帝国を二つの国家に分割し、両者への権力の移譲が行われたことによって、大規模な混乱、軋轢《あつれき》、流血が生じることになった。しかしマウントバッテンは、こうした事態が生じることを予想しながら、自らとイギリスへの批判を回避するために、狡猾《こうかつ》に手はずを整えていた。以下で見るように、最も深刻な結果をもたらしたのは、東西パキスタンとインドの間の国境の発表のタイミングだった。マウントバッテンは、すでに国境確定作業が完了していたのにもかかわらず、八月十四日・十五日に権力の移譲を行った後に、つまり自分がインド統治の最高責任者の地位を退《しりぞ》いた後に、新たな国境を発表させた。八月十五日以降に生じる事態の責任は究極的にインド自治領政府とパキスタン自治領政府にあって、もはや自分にはない、との弁明を可能にするためだった。

英領インド帝国時代には単一の州だったが、インドとパキスタンの間で地理的に分割されることになり、その国境が八月十五日以降に発表されたのはパンジャーブ州とベンガル州だった。パンジャーブ州の西側部分はパキスタンに、東側部分はインドへ編入されることになった。パキスタン側のパンジャーブ州となった地域に居住してきたヒンドゥー教徒およびシーク教徒の大半は、インド側へ移動した。逆に、インド側のパンジャーブ州となった地域に居住してきたムスリムの多くは、パキスタン側へ移動した。移動した人びとの数は、合わせて一千二百万人と見積もられており、その移動の過程で数知れぬ殺傷が生じた。ベンガル州も東西に分割され、東側は東パキスタンを構成することになり、西側はインドの西ベンガル州になった。パンジャーブほどの規模ではなかったが、東パキスタンと西ベンガル州の間でも多数の人が移住を強いられた。合わせて三百三十万人と見積もられている。

英領インド帝国に数百という数で存在し、帝国を支えてきた諸藩王国は、国際法上はそれぞれが主権国家であり、英領インド帝国が解体した後には独立国家となる権利を保持していた。しかしそれは、単一の主権国家の樹立を求める国民会議派とムスリム連盟双方の指導者たちにとって、悪夢のシナリオだった。結果的に、ジャム・カシミール藩王国やハイデラバード藩王国など少数の例外を除いてほぼすべてが、インドないしパキスタンのいずれかに属することを選択した。こうした、信じがたいほどに従順な集団的決断は、マウントバッテンによる藩王たちの説得と、パテール、ジンナーからの諸藩王国政府に対する威嚇が効果を発揮した結果だった。とりわけ藩王たちと諸藩王国政府が、ナイーブにも「それぞれの自治領において藩王たちの権力は尊重されるはずだ」とのマウントバッテンの口約束を信じたことが大きかった。逆に言えば、ここでもマウントバッテンは、帝国の二つの後継国家の指導者たちに恩義を売ることに成功したのだった。

事態が武力衝突にまで至ったのがジャム・カシミール藩王国とハイデラバード藩王国だった。前者はヒンドゥー教系で最大の藩王国であり、後者はムスリム系で最大の藩王国だった。藩王の奉じる宗教と住民の多くが奉じる宗教が異なっていたことが、そうした「悲劇」を招いた、と説明されてきた。

ジャム・カシミール藩王国では藩王はヒンドゥー教徒だったが、住民の多数派はムスリムだった。逡巡の後

地図5　独立直後、州境が改変される以前のインド自治領
(Brown, Nehruに基づいて作成)

に藩王は独立を断念し、インドへの編入を選択した。しかしムスリム住民とパキスタン側はこうした決定を容認せず、三度にわたるインド＝パキスタン戦争へとつながった。それは現在に至っても、インドとパキスタンの間の最も深刻な対立点であり続けている。

逆にハイデラバード藩王国では、藩王はムスリムだったが住民の多数派はヒンドゥー教徒だった。藩王はハイデラバードを独立国とすることを目指したが、インド軍が同国に侵攻し、藩王国政府は解体された。

結局、藩王らは、マウントバッテンの口約束が両自治領政府によってなし崩しにされ、自分たちの政治権力が奪われる事態に直面した。しかし、君主としての身分と財産は保証され、また、自治領政府から年金（国王手元金《プリヴィ・パース》）を支給されることと引き換えに、自らが統治してきた主権国家の消滅を甘受した。

英領インド帝国においてイギリス人植民地官僚たちが直轄支配していた諸州は、それぞれ高い自律性が認められていた。したがって、州が東西に分割されたパンジャーブ州とベンガル州を除いて、それぞれの州の統治機構はまるごと、インドとパキスタンのいずれかに引き継がれた。

英領インド軍の陸軍部隊は、インド大反乱以降、兵士たちの所属するコミュニティに応じて一つの連隊を構成する形が基本的にとられていた。したがって、ヒンドゥー教徒とシーク教徒で構成される連隊はインド陸軍へ、ムスリムの構成する連隊はパキスタン陸軍へ、それぞれ配分された。

このようにして、一九四五年八月十五日の日本の敗北から、一九四七年八月十五日の英領インド帝国の終焉に至る、まさに激動の二年間を経てインドとパキスタンは独立を果たした、とされてきた。しかし、ここまで見てきたように、両国の独立の日付である八月十五日に限って言えば、むしろイギリス側の都合で、あるいはイギリス側の思い入れを体現する形で選ばれたものだった。また、「独立」とは言いながら、一九四七年八月十五日に両国が得たのは、イギリス連邦の「自治領」としての地位であり、イギリス国王は両自治領の「元首」としての地位をなお維持していた。この、いかにも中途半端な状態は、やがて両国がそれぞれの憲法を制定し、主権者をそれぞれの国民であると宣言することで、ようやく解消する。そして両国がそれぞれの憲法を施行した日付(インドに関しては、一九五〇年一月二十六日)が、言わば、独立運動以来の本来の意味での独立記念日であるという、歴史的な経緯も回復されることになる。

それにもかかわらず、序章でも触れたように、インド共和国は、今日でも八月十五日を独立記念日とし、一月二十六日をインド共和国の日と称して、それぞれを祝い続けている。第二章からはこのように込み入った状況に至った歴史的な背景を、探っていきたい。

大まかな論旨は次のようなものとなる。まず、英領インド帝国とインド共和国が、大規模な政治儀礼を通じて治者(支配者)と被治者(被支配者)の間でコミュニケーションを行うことを、その政治システムの中核に据える点で共通し、連続していることを指摘する。そのようになった理由は、そうしたシステムを英領インド帝国がムガール帝国から学び、ついでインド共和国が英領インド帝国からそれを引き継いだから、だった。ムガール皇帝は、政治儀礼での軍事力の顕示を通じて臣民を威嚇し、魅了した。その一方で、儀礼を通じて臣民との間で対面的コミュニケーションを行う回路も確保していた。英領インド帝国を樹立した後、イギリス人たちは、このムガール帝国由来の両様のアプローチをインペリアル・ダーバーで活用した。そして英領インド帝国を解体させた後のインド共和国の指導者たちも、インド共和国の日のイベントでは国民に対して国家の力を誇示し、独立記念日のイベントでは国民全体とのコミュニケーションを図るという形で、「伝統」を継承している。

インド共和国がそうした二様の国家儀礼を維持する理由は、それが二つの際立ったアイデンティティを抱え込んでいるから、でもある。すなわち、地政学的な意味での帝国の後継国家（インド連邦）としてのアイデンティティと、非民主主義的で人種差別的な帝国を否定することを通じて成立した、国民国家（インド共和国）としてのアイデンティティである。この二つのアイデンティティは本来大きく異なり、時として矛盾さえするが、不即不離の状態にある。それゆえにインド共和国は、毎年、インド共和国の日には前者のアイデンティティを確認し、独立記念日には後者のアイデンティティを確認しなければならない。

第二章　英領インド帝国女帝ヴィクトリアの誕生

M・E・キャディ作「ヴィクトリア女王のインド女帝宣言を祝賀する（1877年）」（Morris, The Spectacle of Empire）

本章では、第一章で扱った時期（二十世紀半ば）から時間を約百年遡《さかのぼ》り、英領インド帝国の「建国期」の状況について考察する。十九世紀前半、インド亜大陸を事実上支配していたのはイギリス東インド会社だったが、同世紀半ばにインド大反乱が起こった。これを受け、イギリス政府が東インド会社に代わって亜大陸の支配者となり、英領インド帝国が誕生した。こうした大まかな経緯は日本の高校世界史の教科書でも説明されるが、イギリス政府によるインド支配において、イギリス君主制が果たした役割と、帝国の運営において政治儀礼などの認知戦略が重要だったことについては、言及されることがあまりない。実際には、英領インド帝国の本質が君主制と政治儀礼にあったことは、前章で検討した二十世紀半ばのインドとパキスタンの分離独立の経緯と、両国のそれ以降のありようにも大きな影響を与えた。

第一節　インド大反乱からインドの大憲章《マグナ・カルタ》へ

分水嶺としてのインド大反乱

十九世紀半ばに起こったインド大反乱は、イギリスによるインド支配の歴史において、明らかな分水嶺だった。なぜ大反乱が起こったのか、そして、その反乱の経緯がイギリスによるインド支配をどのように変化させたのかについて考えることで、その後のインド亜大陸の歴史のおおまかな流れを見通すことが可能である。

反乱が起こる直前の時期、イギリス東インド会社（以下、東インド会社）はインド亜大陸のほぼ全域を軍事的に掌握していた。また、インド亜大陸を取り巻く海洋からの脅威も、存在しなくなっていた。イギリス海軍が地球上の七つの海の制海権を事実上確保していたからである。何よりも、インド北西部のパンジャーブ地方を掌握したことで、アフガニスタンからの脅威に対処できるようになったことが重要だった。強い自信と支配の安定感の中で、東インド会社はインド亜大陸の近代化ないしはイギリス化に踏み出していた。

予期せぬ大反乱の勃発

しかし、イギリス人にとっては文字通り青天の霹靂《へきれき》のように反乱が発生し、それは瞬く間に広まった。直接のきっかけは、東インド会社のインド人傭兵たち（シパーヒー、英語ではセポイ）の、自分たちの待遇の変化に関する反発だった。インド社会の近代化ないしイギリス化を急ぐ東インド会社は、インド人傭兵の火器操作方法に関して、効率性の名の下に、ヒンドゥー教徒の兵士の宗教的自尊心と、ムスリムの兵士のそれを同時に傷つける措置を施すことをためらわなかった。インド人傭兵たちは、東インド会社政府が彼らから宗教的アイデンティティを奪い、その上で彼らを奴隷化することを狙っている、との確信を抱いた。

インド人傭兵の反乱は、北インドの多くの人びとも巻き込み、今日の歴史家からは「大反乱」と呼ばれる規模にまで達した。そのために大反乱は「第一次インド独立戦争」と呼ばれることもある。しかしそれを、十九世紀末以降の、いわゆるインド・ナショナリズムの興隆と直接結び付けることは困難である。反乱が広まったのはインド亜大陸の北部地域に限られており、また、反乱を起こした兵士たちの政治的目的はムガール皇帝の権威を復活させることだったから、である。さらに、イギリス側の政治・経済権力と結ぶことで力を蓄えつつあり、十九世紀末頃までにはインド・ナショナリズムの主要な担い手となるインド人の新中間層が、反乱の側に立つこともなかった。

したがって、インド大反乱を発生させた主な要因は、イギリス人による統治の失敗に求めるべきだろう。反乱が勃発する直前の時点で、インド亜大陸の諸社会は事実上「東インド会社の帝国」の支配下にあった。しかし、「東インド会社の帝国」が安定化するためには、インド社会の人びとの目の前で、先行するムガール帝国に「東インド会社の帝国」が入れ替わったことを明示する必要があった。それにもかかわらず、「東インド会社の帝国」がそれを回避したことが致命的な失策だった。

東インド会社は、その支配下に入ったインドの諸社会を、イギリスを中核とする近代資本主義世界システムに一方的に接続し、略奪し、利用した。またその際には、形骸化したムガール皇帝の権威を温存することで、旧来の支配に換える自分たちの支配の本質を隠蔽し、それを曖昧にしたままでインド社会に急激な変化を強いた。別の言い方をすれば、「東インド会社の帝国」が建設される過程では、イギリス側の支配下に入ったムガール皇帝やインドの藩王たちが、イギリス人たちとインド社会一般の間で一定の緩衝装置として機能していた。しかし、自らの支配が完成に近づいたと判断したイギリス人たちは、彼らに協力的だったこうした旧権力すらもはや不要になったとみなし、消滅させようとし始めた。かくしてインド社会一般に深刻な当惑と不安が広がった。そうした中、その多くが旧エリート層からリクルートされていた東インド会社のインド人傭兵たちは、自分たちが、「東インド会社の帝国」という、自らが支配者であることを隠蔽し続けようとする得体の知れない支配者のために、既存のインド社会を破壊する尖兵として利用されていることに、強い違和感と敵意を抱いたはずである。

図2-1　イギリス東インド会社軍第8グルカ部隊に所属する兵士の肖像画。グルカ兵はイギリス側への忠誠を守った。

反乱の発生を予期していなかったイギリス人たちは、当初、危機的な状況に追い込まれた。しかし、インド人兵士のすべてが反乱を選択したわけではなかったこと、インド亜大陸外からのイギリス軍部隊の急派が行われたこと、反乱側に明確な方針や指揮系統が存在しなかったことなどから、次第に反乱は鎮圧されていった（図2－1）。

反乱の鎮圧後、イギリス人たちはインド社会に過酷な報復を加えたが、それは彼らの恐怖心の裏返しだった。また、自分たちが行ってきた「インド社会近代化（イギリス化）計画」が潰《つい》えたことへの失望感が、イギリス人の間で広がった。しかし、インド社会を支配することのイギリス人たちにとってのメリットの大きさ、逆に、彼らがインドを手放すことから生じるはずのデメリットの大きさから、イギリス人たちがインド亜大陸からの撤退を考慮することはなかった。

かくしてイギリス人は、自分たちがインド社会を今後も支配していくために、インド社会でのパワー・バランスをどのように変更するべきかを考え始めた。反乱が燃え盛っていた間、彼らを最も驚かせたのは、藩王たちがイギリス側に敵対しようとせず、むしろ彼らに同情的でさえあったことだった。他方、反乱以前も反乱期間中も、イギリス人にとって従順で都合のよい協力者であったインド人新中間層に対しては、奇妙にもイギリス人たちは不安感を抱くようになった。

イギリス人たちは反乱を通じて、自分たちが実際にはインド社会の人びとから全く支持されておらず、激しく憎まれており、それにもかかわらず自分たちが権力を維持できているのは、その様々な統治テクニックのゆえであることを痛感した。そうであるとすれば、イギリス人たちの持つ統治テクニックに習熟したインド人たちがやがて現れる時には、一体何が起こるだろうか。イギリス人たちは、インド人新中間層は将来的にはイギリス人たちにとって最も危険な存在だとみなすようになった。そして、新中間層が将来、インド社会の一般民衆と結びつく可能性をあらかじめ摘み取っておくことが有用だと考えるようになった。そのために何よりも重要なのは、インド社会の一般民衆をイギリス人たちによる支配の側へ引き寄せることであり、同時に、反乱に加わらなかったインド人兵士のイギリス人たちの権力への忠誠心を、今後も確保することだった。

ヴィクトリア女王夫妻とインド大反乱

インド大反乱発生の報に接した際のヴィクトリア女王、その夫アルバート公の反応は機敏だった。クリミア戦争（一八五三〜五六年）が終わって間もなく、また、アロー戦争（一八五六〜六〇年）の渦中にあって、インド大反乱がイギリス帝国全体にとっての危機であることを国王夫妻は素早く理解した（図2−2）。また、こうした危機に際しては君主制の果たしうる役割が大きく、またそれを的確に行うことが君主制の将来にとっても有益だと見抜いていた。彼らの自信の背景には、「自分たちは一八五一年ロンドン万国博覧会のような重要なイベントの運営とその成功に大きく貢献した」との思いもあった。ヴィクトリア女王は反乱勃発から早い段階でその手ごわさを感知しており、イギリス軍部隊をインドへ送り込むことをイギリス軍司令官としての立場からパーマストン内閣に働きかけている。

図2-2　1854年に撮影された、ヴィクトリア女王とアルバート公の肖像写真。

反乱の鎮圧に目途がつくと、インドの統治権を東インド会社からイギリス政府へ移管することを主眼にする、新たなインド統治法が一八五八年八月に定められることになった。その際、女王夫妻は国王大権が同法に十分に盛り込まれることを要求した。

また、同年十一月一日に、「権力の移管」をインド社会に説明するための「宣言」をダービー内閣が発表するにあたって、女王夫妻は、草案の調子と文面を根本的に修正させた。

女王夫妻は、インドの藩王たちとの和解や英領インド軍の忠誠心の維持の必要性、そして、それらの課題を成し遂げる上でイギリス君主制が果たしうる役割を認識していた。同宣言は彼らのそうした意欲を体現する形で書き直され、「一八五八年の女王宣言」と呼ばれることになった。インド人たちの目には顔を持たない存在だった東インド会社ではなく、今後は、国王という顔を持つイギリス君主制こそが、イギリスによるインド統治の責任者として前面に現れることを宣言したのだった。

具体的には「一八五八年の女王宣言」には以下のような一節があり、とりわけインド人藩王たちへの配慮が顕著だった。「我々は、現地の藩王たちの権利、尊厳、名誉を、我々のそれと同じように尊重する。そして我々は、彼らが「インド」国内における平和と良き統治によって確保される……繁栄と社会的進歩を享受することを切望している。」さらに、インド社会で生活する人びと一般に対しても、以下のように約束した。すなわち、ヴィクトリア女王は、インド人は一人として、「彼らの宗教信条を理由として、苦しめられたり、不安にさせられたりする」ことがない、と。

他方、インドの国王として、形式上はヴィクトリア女王の前任者だった最後のムガール皇帝バハードゥル・シャー二世は、デリーのフマユーン廟に隠れていたところを捕えられ、自分の居城だったラール・キラーへ連れ戻された（図2－3）。イギリス人たちによって「反乱」の罪で裁かれた後、ビルマのラングーンへ流刑にさ

図2-3　最後のムガール皇帝バハードゥル・シャー二世（在位1837年～ 1858年）。

れ、一八六二年に同地で死亡している。彼の血を引く男子たちは、イギリス軍部隊の手にかかって処刑された。

和解の呼びかけへの反応

「一八五八年の女王宣言」は、その狙い通りに、とりわけインドの藩王層から好意的に受け止められた。しかしさらに重要だったのは、この宣言がきっかけとなり、インド社会全体において一定のコンセンサスが成立したことだった。すなわち、少なくとも今後当分の間、インド亜大陸においては、イギリス君主制による統合のもと、英領インド軍の存在を究極の基盤にしながら、イギリス人たちの運営する近代的な統治システムと、インド人藩王たちが運営する伝統的な統治システムが相互補完的に英領インド帝国を運営していくことになる、との見通しである。

事実、二十世紀初頭に至るまで、こうした現状《ステータスクオ》は維持された。かくして「一八五八年の女王宣言」は、実際には憲法規定的な権威は持たない文書だったが、とりわけインド社会のエリート層において「インド人たちの自由のための大憲章《マグナ・カルタ》」とさえ呼ばれるようになった。モーハンダース・カラムチャンド・ガンディー、すなわち後のマハトマ・ガンディーも、当初はこの宣言を彼の率いる運動の指針として活用することになる。

第二節　アルバート王太子のインド公式訪問

東インド会社廃止決定後のインド統治

インド統治に関わるイギリス人たちが一八五〇年代後半から一八七〇年代前半にかけて意を注いだのは、大反乱の余波を鎮《しず》めることだった。イギリス側では東インド会社の廃止が決定され、イギリス政府がインド省を通じて直接、インド統治の責任を負うことになった。しかしこの時期、イギリス政界では自由党が優勢な状態が続いたために、インド統治に関してイギリス本国から新機軸が打ち出されることは少なかった。実際には、インド社会を近代化ないしイギリス化するという、東インド会社時代の統治方針の攻撃的な部分を撤回し、安全運航に努めるのにとどめられた。インド統治について独自のヴィジョンを有していたアルバート公が一八六一年に死去したことも、目立った動きがイギリス側で起こらなかった理由の一つだった。

他方、インド現地でも、大反乱の発生を抑止できなかった責任を問われてインド現地のイギリス人統治官たちが免官させられる、ということはなかった。そのため、大反乱の前後で統治に携わるイギリス人たちの顔ぶれは基本的に変化しておらず、その属性も継続することになった。

十九世紀前半、インド統治の最前線にいたイギリス人は東インド会社の文官部門《シビル・サービス》と武官部門《ミリタリー・サービス》に属しており、両集団は共に東インド会社と歴史的関係の深い社会層の出身だった。彼らはまた、東インド会社がイギリスに設けていた訓練学校で教育を受けており、強い団結心と独自のカルチャーを有していた。インド大反乱後も、こうした人びとがインド統治の実権を握り続けた。

ただし彼らの中では、インド大反乱前後の時期から、とりわけ、インド北西部のパンジャーブ州で勤務した経験を有する者たちの影響力が増しつつあった。彼らはインド大反乱に際しての同州での経験から、イギリスによるインド統治の安定化と長期化のためには、インドの伝統的な権力者層との協働と、軍隊が有する影響力を活用することが不可欠だ、との結論に達していた。それを明示的に表現したのが、北アイルランドのスコットランド人家系の出身であり、東インド会社が運営する文官養成機関、ヘイリベリ・カレッジで学んだのちにインドへ渡り、パンジャーブで勤務する中で同地を東インド会社の支配下に取り込むことに成功した、ジョン・ローレンスだった。

インド大反乱勃発の時点でローレンスの指揮下にあったパンジャーブ州は、イギリスの支配下に入ってからまだ間もなかったのにもかかわらず、その状況が安定していた。同州で新たに構成された、イギリス人将校が指揮し、シーク教徒の兵士たちを主体とする部隊が反乱部隊を鎮圧するために送り込まれ、活躍さえしたほどだった。インド大反乱が勃発する以前には、ローレンスはむしろ「インド社会近代化計画」の主要な担い手の一人だったが、インド大反乱時のパンジャーブ州での経験から、伝統的な権力者層との関係の強化、インド人兵士からの忠誠心の確保を重視する立場へと、言わば「転向」した。反乱鎮圧後の一八六四年から一八六九年にかけてローレンスはインド副王兼総督に任じられており、パンジャーブ州で彼が実行してきた施策を英領インド全体へと拡大することになった。

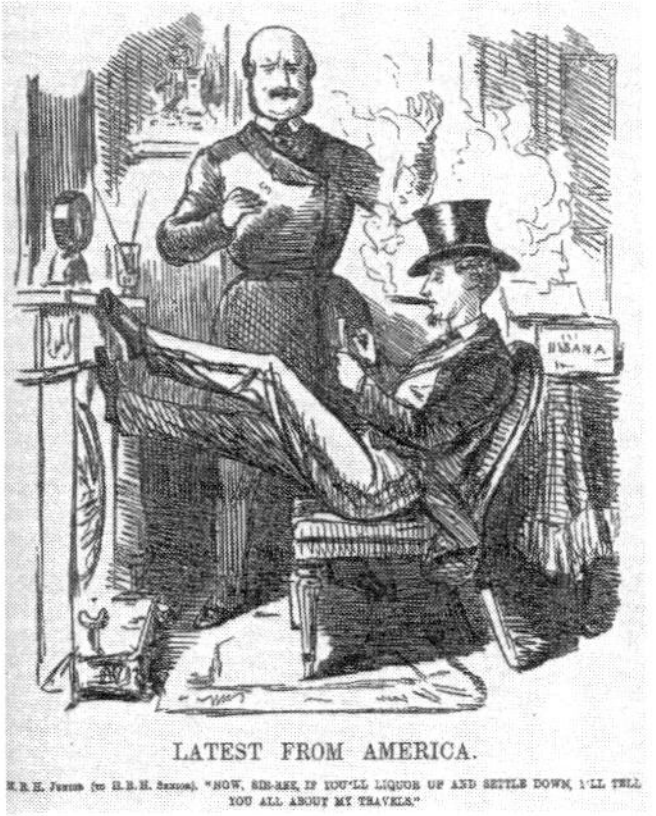

図2-4　アルバート王太子が父アルバート公にアメリカでの手柄話を話そうとする姿を描いた、『パンチ』紙1860年11月10日号掲載の風刺画

帝国主義時代のインド

しかし一八七〇年代以降、ヨーロッパ諸列強の間で「帝国主義の時代」が始まると、イギリスのインド統治にも再び積極性が見られるようになる。ライバルである列強の植民地獲得意欲の高まりを目にしたイギリス人たちが、自分たちのインド統治をより安定したものにする必要性に目覚めたからだった。

まず、ロシア、フランスの動きがイギリス人たちに刺激を与えた。クリミア戦争での敗戦のショックから回復したロシアは、中央アジアやバルカン半島でその勢力圏の拡大を試みるようになった。またフランスは、プロイセン＝フランス（普仏）戦争で敗れた後、東南アジアやアフリカでの植民地獲得に活路を見出そうとした。プロイセンによってドイツ統一から排除されたオーストリアも、バルカン半島方面への進出を試み始めた。こうした動きはいずれも、英領インドの周辺地域、ないしは英領インドとイギリスとの連絡路に近い地域で生じたため、イギリス人たちは彼らの死活的な利害が脅《おびや》かされているとみなした。

ほぼ同じ頃、アルバート公が逝去してから十年ちかくが経過したのを受けて、イギリス王室の内部でも新たな動きが見られた。ヴィクトリア女王に対して、その息子であるアルバート王太子（後のエドワード七世）が政治面での自己主張を試みるようになっており、そのための機会として、王太子はインドへの公式訪問を行おうとした。

すでに一八六〇年にアルバート王太子は、父アルバート公の意を受けてカナダとアメリカ合衆国への公式訪問を行っていた(図2－4)。さらに一八六二年、一八六九年には、オスマン帝国への訪問も行った。かくしてアルバート王太子は、母王に代わって自分や弟王子たちが帝国の諸植民地への訪問や王室外交を積極的に行うことは、イギリスの国益にかなうと同時に、イギリス君主制の新たな活動分野を拓くことにもつながる、との考えを抱くようになった。

ただし、そうした活動を行う際に王太子は、王室メンバーの中では自分こそが常に国民の関心の的であるべきだと考える、母王からの妨害を乗り越える必要があった。とは言え、インド公式訪問に関しては、ヴィクトリア女王からの強い信頼を得ていた首相ディズレイリが、アルバート王太子の提案に賛意を示して積極的な支援を行ったために、ヴィクトリア女王も折れることになった。王太子一行は一八七五年十月十一日に王室専用のイギリス海軍艦船セラピスでロンドンを立ち、十一月八日にボンベイ(現在のムンバイ)に到着した。五十人にのぼる随行者の中には、サザーランド公爵をはじめとするアルバート王太子の取り巻きの貴族たちのほかに、バートル・フレアのような熟練のインド統治官も含まれていた。

インドでのアルバート王太子

インド訪問を実施するにあたってのアルバート王太子の目的は、イギリス向けとインド向けの両にらみだった。イギリス社会に関しては、王太子である自分が直接インドを訪問することで、イギリス人一般のインド植民地への関心を高めようとした。インド植民地は、政治・軍事・経済など、あらゆる面でイギリス帝国の要の位置にあったが、そうした事情をイギリス社会で理解しているのは、実際にはエリート層に限られていた。イギリス社会が民主化しつつある中、「社会全体の意識」が重要になっているとアルバート王太子は考えており、自分のインド訪問を通じて、そのような国民の「意識」の中でのインドの位置づけを高めることを狙っていた。

インド社会に関しては、その統治のありようを、彼が考える、より望ましい方向へと向かわせることを目的としていた。そうした方向性は「一八五八年の女王宣言」などですでに現れていたが、アルバート公の死や、イギリスで自由党政権が長く続いたことなどから、その具体化が遅れていた。アルバート王太子は、イギリス女王の息子であり、やがては王位を継ぐはずの自分がインド現地を訪ね、その姿を多くのインド人たちの目にさらすことによって、東インド会社がインドを支配していた時代には曖昧だった、イギリス人の国王を頂点とする「新たな帝国」のイメージが、インド人たち一般に示されるはずだと考えていた。

インド到着後、十七週間にわたってアルバート王太子は「新たな帝国」を経巡った。その際にアルバート王太子は、インド現地にあって帝国の最前線で活動するイギリス人たちと面談し、その士気を高めた。そして、彼らからインド社会の現況についての情報を収集した上で、インド亜大陸各地に散在する多数の藩王国を訪問し、藩王たちとの親交を深めようとした。また帝都カルカッタに藩王たちを招集し、亡き父アルバート公が創設した「インドの星」勲章を彼らに授与するための儀式を行った。藩王たちをイギリス王権の側に引き寄せ、彼らからの忠誠心をさらに強化することにより、「新たな帝国」の基礎が安定すると考えていたからだった。

また、アルバート王太子は、インド植民地の要地に配置されている英領インド軍部隊への訪問も密に行った。

インド社会において特殊なステータスを与えられ、また、独自のメンタリティを持つこの傭兵集団のイギリス王権への強固な忠誠心を維持していくことが、藩王層の取り込みと並んで、英領インド帝国を持続させる基礎的な要件だと考えていたからだった。

そうした点で、旧アワド藩王国（現在のウッタル・プラデーシュ州の一部）の都だったラクナウで行われたイベントは象徴的だった。インド大反乱の際にラクナウは激戦地の一つであり、その戦跡を訪ねた後にアルバート王太子は、実際に同地での戦闘を経験した兵士たちと対面した。「王太子は、［ラクナウのイギリス駐在官邸の］防衛戦で生き残った人びとすべてが、彼に紹介されることを望んだ。その光景は……言い尽くせぬほどに感動的だった。約二百人の勇士たちが列を作って王太子の前を行進した。まずやって来たのが［イギリス人の］将校たちだった。……彼らに続いたのが、防衛戦に参加した十六人の現地人［インド人］の将校たちと下士官たちだった。……そして最後に、集まったすべての人の視線を集めたのは、老いた勇士たちと若者たちが入り混じった集団の登場だった。とりわけ後者は、幼いながらも［官邸の］壁の内側で誇り高く義務を果たした者たちだった。……彼らの中の幾人かは、その体を友人たちによって支えられており、麻痺した腕を難儀しながら挙げて［王太子に向けて］敬礼を行った。退役兵たちの中には、東インド会社軍時代の古びた制服を身にまとっている者もおり、彼らの剣は二十年の歳月のせいで錆《さ》びついていた。こうした光景を目にした多くの婦人たちは――その中には自分の息子を官邸救援の戦いで失った者もいたが――涙に暮れていた。誰もが感動していた。」

アルバート王太子は十二月十一日にデリーに到着し、同地で六日間を過ごしたが、歓迎はやはり大規模だった。同地での行事もインド大反乱の記憶を反映したものであり、軍事的な色彩を帯びていた。アルバート王太子は陸軍元帥の制服に身を包み、イギリス人兵士が構成する連隊とインド人兵士が構成する連隊の閲兵を行った。また、大規模な軍事演習も行われ、王太子は騎馬でこれに参加した。

アルバート王太子は、こうしたイベントが持つ直接の訴求力と同時に、マス・メディアの広報力を活用することも怠らなかった。イギリス社会への働きかけに関しては、イギリス本国の新聞の記者たち（『デイリー・テレグラフ』、『イラストレイテッド・ロンドン・ニューズ』、『グラフィック』など）を引き連れてインドへ向かい、彼らと共にインド亜大陸各地を訪ね、取材のための便宜と取材すべき内容を提供し、その成果をイギリス社会に伝達させた。

また、王太子のインド公式訪問を記録するために、『ザ・タイムズ』の記者であるウィリアム・ハワード・ラッセルを名誉私用秘書に任命し、同紙に随時寄稿させてもいた。画家のシドニー・P・ホールも随行しており、帰国後にラッセルが執筆し刊行する予定の旅行記に挿絵を提供する手筈だった。

ラッセルによれば、インドを離れる際にはアルバート王太子は、「すべての副王たちと総督たちがこれまでに会った数の藩王よりも多くの藩王たちに会い、他の誰よりも多くインドという国を目にしていた」。この時期にはインド社会でも多数の英語、現地語の新聞が刊行されるようになっており、イギリス本国のメディアに劣らない熱意で王太子のインド訪問を報道した。

公式訪問の効果

アルバート王太子のインド公式訪問は、マス・メディアの助けを得てイギリス社会に目論見通りの効果を及ぼした。インドへの関心の高まりが見られ、王太子を真似てインドへの旅行を試みる者たちも多数現れた。さらに、これはアルバート王太子の想定の範囲外だったが、母王ヴィクトリアの中に「インド女帝」という称号を自分が正式に名乗ってはどうか、という意欲が芽生えた。

インド社会への効果も顕著なものだった。アルバート王太子が現実にインド社会に現れ、各地を巡歴したことにより、イギリスによるインド支配が基本的にムガール帝国の後継体制なのだ、との理解が定着した。また、それと同時に、アルバート王太子がインドの王族たちと親しく交わる姿が示されたことによって、イギリスによって支配されるインド社会の全体的なヒエラルキーが、一定の安定感を醸《かも》し出すことになった。

イギリス君主制のありように関しても、インド公式訪問の成功は画期的だった。これ以降、王室が「帝国の象徴」として振る舞うことで自らの存在価値を主張し、確保するという戦略が前面に押し出されることになった。

第三節　「国王称号法」制定

ディズレイリの思惑

一八七六年、保守党内閣を率いる首相ディズレイリは「国王称号法」の制定を実現し、これによってヴィクトリア女王は「インド女帝」を名乗ることになった。こうした形での「英領インド帝国」の公式化にディズレイリを踏み切らせたのは、言うまでもなく、その直前のアルバート王太子のインド訪問の成功だった。つまり、英領インド帝国の公式化は、アルバート王太子と首相ディズレイリの合作だった。ただし王太子自身は、母王が「女帝」を名乗り、やがて自分がその称号を引き継ぐことに好意的ではなかった。王太子は政治的にはリベラルであり、イギリスとインドの結びつきが強まることは望みつつも、イギリス国王がインド皇帝を名乗ることでそれを実現しようとするのは時代の趨勢に反している、と考えていたからだった。

他方、ディズレイリは、「インド女帝」を誕生させることによって、以下のような成果を得ることを期待した。すなわち、イギリス国家と英領インド帝国が同君連合であることを明示し、イギリス君主制とインドの君主制の絆を、より実質的なものにする。そして君主制の存在を通じての、イギリス社会からのインドへの関心、インド社会からのイギリスへの関心を相互に高めていく、というものだった。

金銭的コストはほぼゼロでありながら、かなりの成果が見込めるはずの妙手だったが、そうしたアイディアが導き出される前提には、国際政治が「帝国主義の時代」を迎えつつあり、それにイギリスも伍していく必要があるという、ディズレイリの認識があった。また、ヴィクトリア女王自身が「皇帝」の称号を得ることを望んでいた。女王からの個人的な好意をイギリス政界における自らの権力の主要な基盤にしていたディズレイリにとっては、一石二鳥が望めるアイディアでもあった。加えて、優れたジャーナリストでもあったディズレイリは、「皇帝」という語がインド社会で持つはずのインパクトを察知していた。

ヴィクトリア女王の野心

ヴィクトリア女王は、アルバート王太子のインド公式訪問の成功を複雑な思いで眺めていた。王位継承者である長男が遠路の旅から無事に帰還したことについては、母親として、そして国王として、深い安堵を感じていた。しかしヴィクトリア女王は、成人したアルバート王太子を、国民からの支持をめぐる自分のライバルとみなすようになっていた。それゆえ、インド訪問によって息子が達成した業績に嫉妬を感じてもいた。

そのような心理状態にあったヴィクトリア女王にとって国王称号法は、彼女の野心にぴったりと適合する「渡りに船」のようなものだった。また、同法の趣旨については、彼女が敬愛してやまない故アルバート公もそれに賛成したはずだ、と思うことができた。

さらに、この時期のヴィクトリア女王は、イギリスの競合国であるロシア、オーストリア、ドイツの君主たちがいずれも「皇帝」を名乗っているというのに、「陽の沈むことのない帝国」になったはずのイギリスの君主である自分の称号が「国王」であるせいで、君主たちが集まる儀礼において、彼らの風下に立たなければならないことに強い不満を感じていた。国王称号法が制定されれば、イギリス国王が、歴史あるインドの「皇帝」でもあることをヨーロッパ諸列強の君主たちも認め、イギリス王家をロマノフ家、ハプスブルク家、ホーエンツォレルン家に劣らない家格を有する存在として扱わざるを得ないはずだ、と考えていた。

ディズレイリの深謀遠慮《しんぼうえんりょ》

インド統治の実務に関わるイギリス人官僚たちの間では、ディズレイリの新機軸はそれぞれが属する世代に応じて異なった受け止められ方をした。イギリス本国からインド統治をコントロールしていたインド省では、インド参事会のメンバーたちの反応が重要だった。インド参事会のメンバーは、そのほとんどがインド高等文官ないしは英領インド軍将校のOBであり、したがって長年にわたって現場で統治を担い、インド大反乱にも対処した人びとだった。彼らはインドでの勤務中に、インド社会におけるシンボリズムの重要さを学んではいた。しかし彼らは、インドへ赴任する前の青年期に、インド高等文官の養成校であるヘイリベリ・カレッジや、英領インド会社軍将校の養成校であるアディスクームで功利主義哲学に基づく教育を受け、インド大反乱前は「インド社会近代化計画」の担い手でもあった。そのためにインドの伝統的な王権のありようへの嫌悪感を完全には払拭できないでいたが、国王称号法に対しては、あえて強く異を唱えることはなかった。

他方、今まさにインド現地で統治を担う現役のインド高等文官、とりわけカルカッタのインド政庁で勤務していた官僚たちの間では、ディズレイリの新機軸に異議はなかった。彼らは、アルバート王太子のインド公式訪問の成功を間近で目撃したばかりだった。また彼らは、インド大反乱鎮圧後にインドで勤務を始めた、インド高等文官の中の「コンペティション・ワラ」と呼ばれる世代に属していた。この世代は、イギリス社会のエリートの登竜門であるオックスフォード大学ないしはケンブリッジ大学のいずれかで、ギリシア・ローマの古典学を学んだ後に競争採用試験に合格し、インド高等文官に任官していた。古典的な教養を持つ彼らは、インド大反乱後のインド統治においては、インド人藩王たちが体現するような王権のシンボリズムへの敬意ないし配慮が不可欠だ、と考えるようになっていた。

さらにディズレイリは、インド統治に関わる人事に関して、重要な一手を打った。第一次グラッドストン自由党内閣によって任命されたインド副王兼総督ノースブルックの任期が一八七六年四月に終了するのを受けて、自らの政治的盟友であり、高名な小説家でもあったエドワード・ブルワー＝リットンの息子、ロバート・リットンをその後任に据えたのだった。ロバート・リットンも外交官と詩人の二足の草鞋《わらじ》を履く才人であり、ディズレイリとの間でその政治観や歴史観を共有していた。

しかし、国王称号法法案の審議入りに際しては、ディズレイリは事を慎重に運ばなければならなかった。同僚議員たちに打診してみたところ、その反応が芳《かんば》しくなかったからだった。とりわけ自由党の議員たちは、民主化されたイギリス社会の立憲君主である国王が、今さら「皇帝」の称号を名乗ることを「先祖返り」だと考え、嫌悪していた。同法案が可決されるかどうかに確信を持てなかったディズレイリは採決を求める際にもためらったが、蓋《ふた》を開けてみると七十五票差で可決された。しかし保守党所属議員たちの中からも疑念が呈された同法案の採決を強行したことで、下院でのディズレイリの威信は低下した。ヴィクトリア女王は一八七六年四月二十七日に同法の制定を裁可し、「インド女帝」を公式に名乗るようになった。しかしディズレイリは、体調の衰えもあり、同年の八月にビーコンズフィールド伯爵の爵位を得て下院から上院へ転じた。

第四節　一八七七年のインペリアル・アセンブリッジ

ロシアの南下政策

国王称号法の制定によりヴィクトリア女王がインド女帝を名乗ることになったことを受け、この事実をイン

図2-5　インド副王兼総督ロバート・リットン（在任1876年～ 1880年）。

ド社会全体に告知することを目的として、「インペリアル・アセンブリッジ」と称する大規模な政治儀礼が、時のインド副王兼総督リットンの発意の下、一八七七年一月一日に行われることになった（図２－５）。

この時期、インド統治を現地で担うイギリス人たちの間では、インド周辺の政治・軍事環境に関する緊張感が高まっていた。とりわけ一八六〇年代以降、ロシア帝国の中央アジアへの南下政策が活発化しており、インド政庁の外務・政務局および軍務局は、ロシア帝国との間で「グレート・ゲーム」を行うことを通じて、相手側の出先機関の動静を把握しようとした。「グレート・ゲーム」は、両帝国の間での軍事的な正面衝突を含まない勢力圏争いを意味し、当初はイギリスのマス・メディアで使われる表現だったが、やがて一般化していった。

一八六四年、ロシア軍はコーカンド＝ハン国を攻撃し、翌年にはタシケントを占領した。一八六七年にはタシケントにトルキスタン総督府を置いている。さらに、ブハラ＝ハン国とヒヴァ＝ハン国にも侵攻し、前者は一八六八年、後者は一八七三年に保護国にした。他方でロシアは、バルカン半島での南下政策も再開し、露土戦争（一八七七・七八年）で勝利した。次いで一八八一年には、遊牧民トルクメンの抵抗を鎮圧し、ロシア領トルキスタンを完成させることになる。

ロシア帝国のこうした動きから刺激を受け、アフガニスタンの情勢も流動化した。英領インド軍がアフガニスタンに出兵して第二次アフガン戦争（一八七八〜八〇年）を行い、曲折を経ながらもアフガニスタンを英領インド帝国の保護国とすることに成功した。これにより、アフガニスタンとペルシア（現在のイラン）が、ロシア帝国と英領インド帝国の間の緩衝地帯となった。

グローバル化した世界経済とインド大飢饉

経済的には、インド社会はグローバル化した世界資本主義経済に一層強く接合され、その動静からの影響を顕著に被《こうむ》るようになった。十九世紀半ば頃からブリティッシュ・ワールドの全域で蒸気船を用いる定期航路が充実し、鉄道建設が進展するなど、インドをめぐる物流インフラが急速に充実したことが大きな理由だった。その結果、インドから世界市場に向けての一次産品の輸出が増大した。一八六九年にはスエズ運河が開通し、ディズレイリの判断で、財政難に陥ったエジプト政府が手放すことを決めた同運河の運営会社の管理権を、イギリス政府が一八七五年に掌握した。これにより、インドを主要な起点・終点とする、ヨーロッパとアジアの間での物流がさらに拡大することになった。

他方、グローバル化した世界経済との密な接合がインド社会にもたらした悲劇が、インド大飢饉（一八七六〜七八年）だった。元来、インドの農業には気候の振れ（主として、モンスーンの上陸回数）に伴って年ごとの収穫高に幅があった。しかしグローバル化した経済からの需要に応えるために商品作物が大規模に生産されるようになったため、インド社会で消費される基礎的食糧の生産と流通が気候の振れに一層脆弱になっていた。それが深刻な機能不全に陥って発生したのが、インド大飢饉だった。

一八七六年は旱魃《かんばつ》があり、デカン高原地方で不作となった。その結果、インドの南部、南西部が飢饉に見舞われた。影響を受けた人口は約五千百万人にのぼり、飢饉に起因する死者の数は八百万人を超えたとされる。それにもかかわらず、この間もインドからの穀物の輸出は続けられた。ただし、十九世紀半ばのアイルランド飢饉の知見もあったため、イギリス人植民地官僚たちのインド大飢饉への対応は、市場の成り行きに任せる自由放任《レッセ・フェール》一辺倒では必ずしもなく、救援策も実施された。しかし全く実効性に欠けており、健康な男性、女性、労働可能年齢の子供たちに対しては救援目的の働き口を提供し、幼児、老人、貧民に対してだけ無償の救援を行う、という程度に過ぎなかった。

インペリアル・アセンブリッジの目的

こうした、インド内外の変化や困難の中にあって、副王兼総督ロバート・リットンは、アルバート王太子のインド公式訪問が成功し、国王称号法が制定されたことを受けて、インペリアル・アセンブリッジの実施を発意した。大規模な政治イベントをあえて行うことで、内外の課題に取り組もうとする英領インド帝国の積極性や安定ぶりを表現しようとした、と考えられる。逆に言えば、リットンをはじめとするイギリス人統治官たちが、惨状を呈するインド大飢饉への対応を、自分たちにとっては二次的な課題だと捉えていたことも明白だった。

そしてリットンは、その大規模な政治イベントを、英領インド帝国の首都であるカルカッタではなく、ムガール帝国の旧都であり、インド大反乱の最後の激戦地だったデリーで行うことを決めた。開催地をデリーにすれば経費がさらにかさむであろうことは無視された。そうすることで、インド社会における英領インド帝国のイメージを、より鮮烈に打ち出すことができる、との判断に基づいていた。また、北インドの軍事的要衝に位置するデリーを舞台として、英領インド軍部隊が参加する大規模なイベントを行えば、ロシア帝国、アフガニスタンに対するデモンストレーションにもなるはずだと期待していた。

国王が長期にわたって遠隔地へ赴くことの異例さと、ヴィクトリア女王の健康面への配慮から、当初からヴィクトリア女王自身がインドへ赴いてイベントに参加することは想定されておらず、副王兼総督であるリットンが女王の代役を務めることになった。他方、インペリアル・アセンブリッジの「もう一方の主役」は、藩王たち、そして英領インド軍であり、その藩王たちをコントロールしていたのが、インド政庁官房《セクレタリアート》の外務・政務局と、同局から各藩王国に派遣され、藩王と折衝を行う役割を委ねられていた政務官《ポリティカル・オフィサー》たちだった。政務官は、インド高等文官とインド軍将校の中から、外交官的役割を果たすのに適格とみなされた者が選抜された。副王兼総督リットンと藩王たちの間に立ちながら、イベントとしてのアセンブリッジを企画し、実現していくことになったのも彼らだった。

英領インド軍の存在をアセンブリッジでどのようにアピールするかという課題を委ねられたのは、主としてインド政庁官房の軍務局で勤務するイギリス人将校たちだった。インド大反乱後、英領インド軍兵士の中軸はパンジャーブ州の出身者になっており、デリーはパンジャーブ州の東南端に位置したため、そうしたインド人兵士たちの故郷に比較的近かった。したがってアセンブリッジをデリーで行うことで、兵士たちのイギリス国王兼インド皇帝への忠誠心をさらに強化する効果も、イギリス人将校たちは期待した。また、アセンブリッジが実際に行われる会場はデリー北方の平原であり、通常は英領インド軍の演習場として用いられていた。しかしそこは、インド大反乱の終盤戦において、イギリス側の部隊が反乱兵と激突し、前者が決定的な勝利を収める前に集結した場所であり、そのような歴史的沿革も当然意識した上でなされた選択だった。

デリーの会場の整備は、パンジャーブ州政庁の官房で勤務するインド高等文官たちが行った。インド高等文官たちの中には暗黙の「出世ルート」が存在しており、その誰もが、県統治の現場からは早期に離れ、州政庁の官房での勤務を経てインド政庁の官房へ移動し、やがては州総督になることを目指していた。そしてインド大反乱以後、この「出世ルート」は、ベンガル州所属の高等文官に代わって、北西州およびアワド（現在のウッタル・プラデーシュ州）所属とパンジャーブ州所属の高等文官たちが占め始めた。英領インド帝国における北西州およびアワド、パンジャーブ州の比重の高まりが主な理由であり、北西州およびアワドは人口の面で、また、パンジャーブ州は兵員提供の面で重要性を増していた。しかしそれに加えて、パンジャーブ州に関しては、同州政庁の官房がインド政庁の官房との間で、帝国の夏の都である避暑地シムラを共有していたことも大きかった。夏の都と言いながら、官房で勤務するエリート中のエリートたちは一年の半ば近くをシムラで過ごしていたため、人的ネットワークを築く上でとりわけ有利だった。

かくして、主流派になりつつあったパンジャーブ州所属の高等文官たちは、インペリアル・アセンブリッジの実施を、英領インド帝国の新たな主役が自分たちであることを示す機会でもあると認識していた。そのため、同イベントの成功に賭ける彼らのモチベーションは高かった。

インペリアル・アセンブリッジの実施

副王兼総督リットンは、インペリアル・アセンブリッジに参加させるべくインド全土から藩王たちを招集し、ほぼ全員の四百人近くが集まった。藩王たちはそれぞれ、多数の随員、軍部隊、象・駱駝・馬などの輸送用動物を率いていており、これほど多数の者たちが広大なインド各地から、一時《いちじ》にデリーへ集合することが可能になったのは、インドの鉄道網が急速に整備されていたから、だった。帝国が有する、そのようなテクノロジー上の卓越さをインド社会に見せつけることも、アセンブリッジの主要な目的の一つだった。

しかしデリー市内の既存の施設では、九万近くになると予想された参加者全員を数週間にわたって宿泊させることは不可能だった。そのため、インド政庁・パンジャーブ州政庁は、インペリアル・アセンブリッジの会場周辺に巨大なテント村を設け、彼らを収容した。

一八七六年十二月二十三日、いよいよ二週間にわたるインペリアル・アセンブリッジが始まった。アセンブリッジを催行するにあたってのイギリス人たちの目的の中には、参集した藩王たちに英領インド軍部隊の威容を見せつけることが含まれていた。そうした目的を達するために、鉄路デリー駅に到着した副王兼総督リットンが巨象に座乗し、一万五千人に及ぶ英領インド軍部隊兵士たちを率い、ラール・キラーを経てアセンブリッジの会場までパレードを行った。その際に一行は、かつてムガール皇帝が金曜礼拝のための巨大モスクであるジャーマー・マスジドを訪れる際に用いた経路をたどっていた（図2－6）。つまり軍事パレードは、デリー居住民の前で、在りし日のムガール皇帝が用いた歴史的なスタイルを踏襲し、そうした過去を人びとに想起させるためのデモンストレーションとしても実施された。

図2-6　インド大反乱以前のデリーの目抜き通り（チャンドニ・チョーク＝月光通り）。ラール・キラーの正門から臨む光景。

図2-7　1877年インペリアル・アセンブリッジを見つめるインド人民衆。

そして、インペリアル・アセンブリッジの中での最重要の儀礼である、ヴィクトリア女王の女帝就任宣言式が、一八七七年一月一日に行われた。会場には、イギリス人統治官たち、藩王たちが着座して儀式に臨むための巨大な屋根付き観覧席が、儀式が進行するグラウンドを馬蹄形に囲む形で設けられていた。文字通り、英領インド帝国のすべての貴顕《きけん》・淑女が見守る中で、儀式は始まった。会場付近に集まっていた、六万八千人に及んだとされるインド人民衆は、スタンドの開口部から、いわば覗き込むようにして式次第を目にすることになった（図2-7）。グラウンドでは、英領インド軍部隊の兵士が堵列し、観覧席に向き合って造られた、六角形の高座《ディアス》を注視していた。

式が始まり、副王兼総督リットンが巨大な天蓋《てんがい》が架けられ高座に立った。そしてリットンは、ヴィクトリア女王がインド女帝になったことをイギリス人の布告官に、アセンブリッジに参加するすべての人びとに向けて英語で宣言させた。続けて、同一内容がウルドゥー語で宣言された。一〇一発の礼砲が放たれ、兵士たちが祝砲を撃った後、リットンが演説を行い、さらに「諸君の女王陛下」からの電文のメッセージを読み上げて締めくくった。

インド社会の伝統的な「ダルバール」では、こうした君主の側からの宣言を受けて、臣下たちが次々と君主に忠誠を誓うのが通例だった。しかしインペリアル・アセンブリッジでは、その最も重要なパフォーマンスが簡略化された形で行われた。グワーリヤルの藩王が一人だけ立ち上がり、藩王たちを代表して忠誠の誓いをウルドゥー語で述べた後、他の藩王たちがそれに和すのにとどまったから、である。

イベントとしての効果から考えれば、イギリス人たちは、衆人環視の中で忠誠の誓いをもっと大々的に行いたかったはずである。しかし実際には、忠誠の誓いは、藩王たちがテント村内のインド副王兼総督用の巨大テントを個々に訪問した際に、すでに行われていた。

そのようになった理由は、実は、藩王たちが忠誠を誓う順番を決める際の困難さにあった。藩王たちは順番の早い遅いが、それぞれの藩王国のステータスの高低、イギリス側との関係の深浅に基づいて決められたと考え、その結果、彼らの間に「妬《ねた》みや憤《いきどお》り、さらにはもっと重大な問題すら生ずるであろう」と、イギリス人たちは危惧《きぐ》した。かくしてイギリス側は、公開の場では、簡略化した形で彼らに忠誠を誓わせることにしたのだった。今回のイベントの名称を「インペリアル・ダーバー」とせず、「インペリアル・アセンブリッジ」としたのにも、こうした事情が作用していた。「ダーバー」とすれば、皇帝への忠誠の宣誓が即座にイメージされるが、「アセンブリッジ」にすれば、皇帝の即位宣言を聴くために有力者が集まった、とのイメージになるはずだった。

とは言え、英領インド帝国の支配的エリートの中で一体感を醸成するという目的は、それなりに達成された。後日、インドールの藩王は副王兼総督リットンに宛てて次のように書き送っている。「これまでインドは、多くの石が積み上げられただけの巨大な山に過ぎず、その石の幾つかは小さなものでした。しかし今や、「インドには」一つの家が建てられ、その家は屋根から地下室まで、それぞれの石が所を得ております。」

割れる評価とリットンの苛立ち

インペリアル・アセンブリッジの評価をめぐって、イギリス社会のマス・メディアでは肯定・否定で意見が分かれた。その意義を評価する者は、インペリアル・アセンブリッジの実施によって、インド亜大陸には「英領インド帝国」が政治的実体として存在すること、その政治的実体の頂点に位置するのがイギリス国王兼インド皇帝であるヴィクトリア女王であること、そして、その政治的実体を支えるのがヴィクトリア女王に対する藩王たちからの忠誠心であり、英領インド軍の実力であることが示された、と考えた。

これに対して懐疑派は、効果の疑わしいイベントのために多大な費用が費やされた、イベントの性格自体時代遅れで世界を指導する国家としてのイギリスが行うのにふさわしいものではなかった、また、インド亜大陸において飢饉が生じている最中に行われたことは政治的判断として不適当だった、と主張した。

インド社会でも意見は分かれたが、肯定、否定の論拠は、イギリス社会のそれとほぼ同様だった。ただし、批判の論調は、とりわけインド現地語新聞においてより鮮明だった。そのことが副王兼総督リットンを苛立たせた。また、リットンの決断により翌一八七八年から始まった第二次アフガン戦争に対しても、現地語新聞は批判をためらわなかった。そのためリットンは、植民地統治機構が現地語新聞の報道内容を統制することを可能にする、現地語出版法を同年に制定した。

大規模な政治イベントが民心に及ぼす効果についての認識や語彙《ごい》が、まだ十分にはいきわたっていない時代であったため、インペリアル・アセンブリッジの実施がインド社会全体の意識に及ぼした効果を見過ごす者たちは多かった。しかし、これ以降、毎年一月一日には、州政庁所在地など英領インド帝国のすべての政治的要地で、ヴィクトリア女王がインド女帝となったことを祝うイベントが繰り返されることになった。

また、ヴィクトリア女王を中心とするイギリス王室周辺の人びとは、イギリス・インド双方の知識層の間での不評にもかかわらず、インペリアル・アセンブリッジが達成した効果について、それを高く評価していた。かくしてイギリス王室は、イギリス本国において、インペリアル・アセンブリッジが開催されてからちょうど十年後と二十年後にあたる一八八七年と一八九七年に、それぞれ、ヴィクトリア女王の即位五十周年記念のイベント（ゴールデン・ジュビリー）と六十周年記念のイベント（ダイアモンド・ジュビリー）を、イギリス本国の首府ロンドンにおいて、インペリアル・アセンブリッジのフォーマットを大いに参考にしながら行うことになる。

第三章

インド副王兼総督ジョージ・カーゾンと一九〇三年インペリアル・ダーバー

1903年インペリアル・ダーバーに際して、インド人藩王たちが巨象に座乗して行ったパレード。ラール・キラー正門を出て、ダーバー会場に向かった（Codell, Power and Resistance）

本章では、一九〇三年のインペリアル・ダーバーについて検討する。まず、同ダーバーを主宰したイギリス人政治家ジョージ・カーゾンが、一八九九年にインド副王兼総督に任命されるまでの過程を見ておきたい。カーゾンは政治家としての自らのキャリアを、インペリアル・ダーバーの実施に集約されるような形で形成した、とも評するべき人物だった。幾つかの障害を排除しつつカーゾンは同ダーバーを成功へと導き、それにより彼の念願だったイギリス首相となるための道も開かれたように見えた。しかし結局、カーゾンと並ぶ「帝国の英雄」だったキッチナー将軍との政争に敗れ、任期途中でインドを去ることになる。第一次世界大戦中にカーゾンは指導的な政治家として復活を遂げるが、一九〇三年ダーバーに際してのジョージ五世との因縁が祟《たた》り、すんでのところでイギリス首相の地位に手が届かなかった。

第一節　最盛期イギリス帝国の政治家、カーゾン

インペリアル・アッセンブリッジ以後の英領インド帝国

インペリアル・アッセンブリッジが行われた一八七七年から、カーゾンが中心となってインペリアル・ダーバーが実施される一九〇三年までの間、英領インド帝国内外の状況は、比較的安定していた。一八八七年のヴィクトリア女王のゴールデン・ジュビリー、一八九七年のダイアモンド・ジュビリーは、英領インド帝国においても、主役である女帝はやはり姿を現さなかったが、盛大に祝われた。しかし、ヴィクトリア女王がインドに対して大きな関心を寄せ続け、インドの人心に配慮する形でインド社会の「改良運動」を後援していることは、マス・メディアを通じてインドでも報じられていた。「良き女帝」としてのイメージは着々と構築されつつあった。

他方、この間、英領インド帝国の統治方針は、イギリス本国における二大政党政治の動向から強い影響を受けていた。一八八〇年の総選挙で首相ディズレイリの率いる保守党が敗れて下野したため、保守党の指導権はディズレイリからソールズベリ侯爵に移行した。以後、約二十年間にわたって、グラッドストンの率いる自由党内閣とソールズベリの率いる保守党内閣が、交互に政権を担当することになった。

英領インド帝国統治機構の現地トップであるインド副王兼総督のポストには、基本的に五年間の任期が付されており、したがって、この四半世紀の間、どちらの政党の内閣が誰を任命するかによって、英領インド帝国

政府の方針は変動することになった。リポン（一八八〇～八四年）とダファリン（一八八四～八八年）はグラッドストン自由党内閣によって、ランズダウン（一八八八～九四年）はソールズベリ保守党内閣によって、そしてエルギン（一八九四～九九年）はグラッドストン自由党内閣によって選ばれており、そのいずれもがイギリス本国政府の方針から影響を受けた。

一八八〇年代には自由党任命のインド副王兼総督が二代にわたって続いたため（リポン、ダファリン）、英領インド帝国でも「グラッドストン的自由主義」に基づく改革主義的な政策が展開された。たとえば、リットン副王兼総督時代に制定された現地語出版法が撤回されている。また、一八八五年には、後にインド・ナショナリズム運動の主要な担い手となるインド国民会議派が、イギリス人インド高等文官からの援助も得て活動を始めていた。

しかし一八八〇年代後半に入ると、イギリス本国政府の帝国主義的戦略のために、英領インド軍部隊がインド亜大陸以外で利用される例が目立ち始めた。第三次ビルマ戦争（一八八五・八六年）は英領インド軍が主力となった戦いであり、ボーア戦争（一八九九～一九〇二年）や義和団の乱（一九〇一年）にも英領インド軍部隊が派遣された。

第二次アフガニスタン戦争（一八七八～八〇年）以降、アフガニスタンでの状況は安定していたが、一八九〇年代に入るとロシア帝国との「グレート・ゲーム」が再燃した。その結果、イギリス・ロシア・中国の間で、一八九六年にパミール国境協定が結ばれた。また、アフガニスタンに近いインド北西辺境地域のアフリーディ族（パシュトゥーンの一部族）が起こした反乱を鎮圧するために、英領インド軍が派遣された（一八九七・九八年）。

他方、英領インド帝国の内政に関しては、一八九九年から一九〇〇年にかけて再び大規模な飢饉が発生した。インド副王兼総督としてインドに到着した直後にカーゾンが取り組むことになるのが、まさしくこの難題だった。

カーゾンの出自とその性格

ジョージ・カーゾンは、イングランド中部のダービシャー州ケドルストンを基盤とし、ノルマン征服以来の歴史を有する貴族家系の嗣子《しし》として、一八五九年に生まれた。カーゾン家は十七世紀半ばの内乱期には議会派に属したが、十八世紀以降は忠実なトーリー派となった。

ジョージ・カーゾンの父親は長男ではなかったので、イギリス国教会の聖職者となるための教育を受け、実際にカーゾン家の所領で教区牧師になっていた。しかし自分よりも継承順位の高い兄たちが次々と亡くなったために、爵位を継ぐことになった。

カーゾン家は名門だったが、近世以降、経済的に際立って裕福というわけではなかった。たとえば、カーゾン家のカントリー・ハウスであるケドルストン・ホールは、著名なスコットランド人建築家ロバート・アダムの初期の傑作として知られるが、実は完全形ではない。カーゾン家の建築予算が尽きてしまい、当初の予定通りに完成させることができなかったからである。

幼年期のカーゾンは、この時期のイギリス貴族の子弟に見られる典型的な仕方で育てられた。つまり、父母との関係は希薄だった。しかも、その代わりとなるべき乳母には子供を虐待する傾向があり、そのためにカーゾンは「恨みがましく、攻撃的」な性格になったとも言われる。

イートン校での修学中、休暇で自邸に戻って乗馬をしていた際にカーゾンは落馬し、脊椎に傷を負った。そのために生涯を通じて背中の痛みに悩まされ、ギプスをはめていなければならなくなった。そうした苦痛も、カーゾンの性格に影響を与えたであろう。またカーゾンは、高慢な性格の人物として知られており、そっくり返ったその姿勢が人柄を体現していたと言われる。しかしその姿勢は、彼がはめていたギプスのせいだった。ギプスをはめていることを、彼はごく身近な人にしか明かさなかった。

カーゾンは、その中等教育を、イギリスの最も有名なパブリック・スクールの一つであるイートン校で受けた。十九世紀初頭のイートン校は校内の風紀が乱れ、暴力的だったことで知られるが、十九世紀半ばにかけて教育内容の改善が進み、カーゾンが入学する頃には、現在も同校が保持している一般的なイメージ通りの、上流階級子弟向けのエリート養成機関になっていた。

同校に入学したカーゾンは、学業の点でもリーダーシップの点でも、スター的な生徒になった。教員の中には後に高名な詩人となるロバート・ブラウニングがおり、カーゾンとの関係は親密だった。両者の関係の近しさが学内で問題視されるようにさえなり、ブラウニングはイートン校を辞めさせられている。

同校生徒の多数派である貴族階級の子弟は、卒業した後、大学へは進まずに陸軍将校になることを目指す者が多かった。したがって校内では、軍への志向、ひいては帝国としてのイギリスへの関心が高く、カーゾンもそれを共有していた。

当時のオックスフォード大学

イートン校を卒業した後、カーゾンはオックスフォード大学ベイリオル・カレッジへ進学した。脊椎を傷めていたため、「帝国で活躍する陸軍士官」というキャリアの選択は早い段階で諦めていた。

当時のオックスフォード大学は、現在と同様に、複数のカレッジ（学寮）によって構成されていた。そうしたカレッジの中で、十九世紀半ば頃から際立った存在感を放つようになったのがベイリオル・カレッジだった。同カレッジは、十九世紀末以降、四人のイギリス首相を輩出したことで知られている。二十世紀に入ると、オックスフォード大学の諸カレッジの中では明確に左翼的だとみなされるようになった。いずれにしてもベイリオル・カレッジは、すでに十九世紀前半の時点で、貴族や大地主の子弟よりはイギリス国教会牧師の子弟が多く入学するカレッジであり、その雰囲気も、上層中産階級的だった。

時間を遡ると、近世初頭頃からオックスフォード大学は、ケンブリッジ大学と同様に、二種類の学生を受け入れ、送り出すようになっていた。一つめは、貴族階級の跡取り息子たちであり、大学卒業後も、その家の所領からの収入で優雅な生活を送ることを約束されていて、特に職を求める必要のない学生たちだった。彼らにとってオックスフォード大学は、言わば特権社会《エスタブリッシュメント》にデビューする前の「花嫁学校《フィニッシング・スクール》」であり、学業の内容、卒業試験での成績はさして重要ではなかった。

二つめは、高等教育を受け、国教会牧師、法廷弁護士、内科医などの知的専門職に就くことを伝統とする中産階級家系の出身者だった。彼らは、父親と同様に知的専門職で職を得るべく、在学中は基礎的な人文教養を十分に身に付け、卒業試験でも優れた成績を挙げる必要があったために、熱心に勉強した。また、貴族の子弟であっても、特に富裕ではない家系の次男や三男の場合は大学卒業後に自活する必要があり、その多くが知的専門職を目指したから、彼らも比較的勉強熱心だった。

オックスフォード大学の改革者

しかし十九世紀中頃までに、イギリス社会全体の産業化や都市化の趨勢を受けて、農村部における宗教的・社会的指導者としての国教会牧師のそれまでの役割は、大幅に縮小しつつあった。オックスフォード大学としても、そのような変化に適応する必要に迫られていた。

そうした時にオックスフォード大学の改革者として現れたのが、ベイリオル・カレッジの学寮長であるベンジャミン・ジョウエットだった。ジョウエットはオックスフォード大学の花形学科である古典学（Literae Humaniores）の教員であり、プラトンの研究者としても有名で、プラトンが唱えた「哲人王」の理念を信奉していた。ジョウエットはやがてベイリオル・カレッジの学寮長となり、さらにオックスフォード大学運営の実質トップである副学長になって、オックスフォード大学での教育に新たな方向性をもたらした。ちなみにイギリスの大学では学長のポストは名誉職であり、王族や引退した政治家などが就くことが現在も多い。

ジョウエットが主導した改革の本質は、オックスフォード大学での教育をイギリス帝国およびイギリス国家の官僚制度と結び付けることだった。その将来性に陰りが兆していた国教会牧師職に代わる生業としてジョウエットが注目したのが、イギリス帝国の官僚制度だった。彼は、帝国の統治機構の存在感の高まりに連れて、それを担う官僚層の規模が拡大することを見越しており、そうした職域にオックスフォード大学の卒業生たちを送り込もうとした。同大学で古典学を学び、優秀な成績を挙げた者が支配する帝国は、まさしく「哲人王」の導く政治組織体であり、ジョウェットの学問上の理念にも適うものだった。

カーゾンのオックスフォード大学時代

カーゾンはベイリオル・カレッジでも、教員や同僚学生たちの注目を集めるスター的存在になった。彼は名門貴族の継嗣《けいし》であったから、クライスト・チャーチ・カレッジのような貴族的カレッジを選んでもおかしくはなかった。しかし、あえてベイリオル・カレッジを選んでおり、それはカーゾンが「哲人王」を養成しようとするジョウェットの教育方針に共鳴していたからだった。

カーゾンは、当然のようにエリート・コースである古典学を専攻した。また、大学では一学部生に過ぎなかったが、オックスフォード近郊のウッドストックにあるマルボロ公爵家のブレナム・パレスに頻繁に招かれ、貴族たちの社交活動にも加わっていた。カーゾンのこうした並外れたエリート性を揶揄《やゆ》する詩がベイリオル・カレッジ内で作られ、それが大学全体で流行するほどだった。

オックスフォード大学では、専攻を問わずに論文や詩などの懸賞大会が開催されていたが、カーゾンはそれに参加し、優勝している。また、イギリス議会への登竜門とみなされていたオックスフォード大学弁論部《ユニオン・ソサエティ》でも会長に選ばれた。

カーゾンは学寮長ジョウェットからの高い評価を得たが、傲慢になるなと注意されていた。ジョウェットの薫陶《くんとう》の成果と言うべきか、カーゾンの同世代のベイリオル・カレッジ出身者からは、後に政治家や官僚としてイギリス帝国を指導することになる人物が多数輩出した。

しかしカーゾンは、卒業試験で最優等《ファースト・クラス》の成績を得ることができなかった。一年次が終了した時点での中間《モデレー》試験《ションズ》では最優等だったが、最終試験《ファイナルズ》では優等《セカンド・クラス》にとどまった。周囲の誰もが、カーゾンは最終試験でも最優等を得ると予想しており、カーゾン本人もそうなるものと信じていた。それだけに彼の屈辱感は大きく、これ以降のカーゾンの生涯は、オックスフォード大学の最終試験での屈辱を晴らすことを目的にした、とまで言われるほどである。

しかしカーゾンは、オックスフォード大学を卒業するにあたって、オール・ソウルズ・カレッジの「ジュニア・フェロー」に選出された。オール・ソウルズ・カレッジは研究員《フェロー》だけで構成される、オックスフォード大学でも特別に格式の高いカレッジであり、学部生を教育する機能はなかった。しかし同カレッジには、特に優秀な他カレッジの学部課程卒業者にジュニア・フェローの地位を与え、数年間にわたって自由に活動を行わせる制度があった。カレッジに部屋が与えられ、食事を給され、生活費や研究費も与えられるという破格の待遇である。選考は同カレッジのシニア・フェローたちとの面接を通じて行われるが、カーゾンはそれに選ばれた。カーゾンの自尊心は幾分か宥《なだ》められたはずである。

下院議員とジャーナリストの二足の草鞋

カーゾン家は顕著に富裕というわけではなかったから、爵位を継ぐまでの間、カーゾンは経済的に自立する必要があった。したがってオール・ソウルズ・カレッジのジュニア・フェローの地位は、カーゾンにとっては願ってもない「就職先」だった。

カーゾンは自分に与えられたジュニア・フェローとしての任期を、政治家となるための準備期間にあてるつもりだった。オックスフォード大学在学中に、将来的にはイギリス国家を担う政治家になることを決意していた。ただしカーゾンが考えていた「イギリス国家を担う政治家」とは、イギリス本国の利益を図るだけの存在ではなく、イギリス帝国全体の栄光と、そこに住まう人びとの福利の向上を目指す政治家だった。そのための準備として、下院議員となって活動すると同時に、国際的ジャーナリストとしても名声を獲得し、帝国政治の担い手としての地位を築こうとした。

カーゾンはオックスフォード大学の学部生時代から、保守党を支持する学生たちが構成するクラブの活発な会員だった。カーゾン家は伝統的にトーリー派だったが、カーゾン自身も、君主制に代表されるイギリス国制上の伝統が近代社会において果たすべき機能を重視していた。そのため、ディズレイリの姿勢に共感して保守党に所属することを選んだ。ただしディズレイリの帝国主義が、現実にはイギリス本国社会向けのパフォーマンスにとどまりがちだったのに対して、カーゾンの意図する帝国主義は、それに実体を伴わせようとするものだった。彼は、イギリス人の支配する帝国それ自体の道徳的価値を強く信じていた。

他方、ディズレイリの後継者であるソールズベリの帝国主義は、現実主義的・実利主義的なものであり、必ずしも帝国に関する何らかの理念に裏打ちされているわけではなかった。そのため、「帝国の歴史的使命」を信奉するカーゾンとソールズベリの間には距離感があった。しかしカーゾンは、自身の政治力を蓄えるまではソールズベリ流の帝国主義に歩調を合わせることをためらうつもりはなかった。

カーゾンは、ソールズベリの被保護者《プロテジェ》となり、彼の秘書を務めた後、ソールズベリ侯爵家の有する懐中選挙区《ポケット・バラ》から立候補して当選し、一八八六年に下院議員になった。イギリスでは選挙制度改革が進んでいたが、なお農村地域では、ソールズベリ侯爵家のような伝統的地主貴族が強固な影響力を保持していた。

下院での最初の演説からカーゾンはその雄弁さで注目を集め、自らの関心が主として帝国政策や外交政策にあることを鮮明にした。そして議員としての活動の傍《かたわ》ら、彼が国際政治・帝国政治の主要なポイントとみなす地域への探訪を開始した。具体的には、一八八八年から一八八九年にかけてロシアと中央アジアを訪ねた。その旅程の中には、ロシア帝国によって敷設されたばかりのカスピ海横断鉄道の利用も含まれていた。さらに一八八九年九月から一八九〇年一月にかけてはペルシア（現在のイラン）へ旅している。そしてそれらの旅行と研究の成果を順次、著述の形で刊行していった。

カーゾンの国際政治や帝国政治に関する考えは、一八八九年に刊行した『一八八九年の中央アジアにおけるロシア、そして英露問題』の中で、すでに鮮明だった。同書においてカーゾンは次のように記していた。「我々の、一八三八年から一八七八年までの四十年間におけるアフガニスタンとの関係は、手際の悪い干渉策と見事とは言えない怠惰さの連続だった。」そしてカーゾンの見立てでは、一八八九年時点で、英露間のいわゆる「グレート・ゲーム」はなお進行中であり、将来にわたっても続く課題だった。「ロシア皇帝によるカスピ海を横断する征服は新たな鉄路の完成をもたらし、鉄路の完成によってその征服に印が押された。ヘラート［アフガニスタン北西部の都市］を奪取する能力を含む、［現地の人びとに］脅威を与える力は、イングランドの手からロシアの手に渡ってしまった。ロシアによるヘラートの奪取は、もはや戦争の問題というよりは時間の問題である。

つまりロシアは、東方の帝国に関して行われることが運命づけられたグレート・ゲームにおいて、労せずして最初の一手を手に入れるだろう。」カーゾンにとってはロシア帝国への対処こそが、インド副王兼総督時代を通じて、そしてそれ以降も、関心の焦点を成すことになる。

海外視察と著述活動に裏付けられたカーゾンの雄弁さとその長期的な展望が、多くの同僚議員たちに強い印象を与え、政治家としてのカーゾンの将来性への期待感が高まっていった。

ソールズベリ首相、ヴィクトリア女王との関係

カーゾンは、一八九一年にはインド省の政務次官に任命され、次いで一八九五年には外務省の政務次官に、という具合に、次々と重要なポストに就き、エリート政治家としての階段を駆け上がっていった。彼のこうした成功を可能にしたのは、保守党の領袖であるソールズベリ、そしてヴィクトリア女王との間での良好な関係だった（図3－1）。

図3-1　イギリス首相ソールズベリ（1830年生れ、1903年歿）。1896年ウォルマー城にて。

ソールズベリとカーゾンはともに名門貴族の出身だが、ジャーナリストとしての活動を通じて政界での足場を築いた、という点でも経歴を共有しており、そうした事情も、両者の間に共感を芽生えさせた理由だった。また、貴族による政治指導を最上のものと考え、グラッドスト

ン的な民主主義に反発する点でも、両者は共通していた。ただし、ソールズベリの帝国政策がイギリス本国の利益を最優先にしたのに対して、カーゾンはイギリス帝国の道徳的価値を信じ、その全体としての利益を増進させようと考えていた。

カーゾンはまた、ヴィクトリア女王の治世を観察した上で、民主化し、大衆化しつつある社会では、女性が君主としてそれをまとめる地位にあることはむしろおさまりがよく、メリットが大きいと考えるようになっていた。そして彼は、インド副王兼総督の地位を得ることによって、英領インド帝国の女王兼女帝の文字通りの代理人として、自分が活躍する姿をイメージしていた。他方、ヴィクトリア女王は、カーゾンのイギリス君主制に対する忠誠が純正なものであり、彼の存在とその活動がイギリス王室にとって有用だと評価していた。

インド省政務次官就任

カーゾンのインド省政務次官への就任は、その地位に就くことをカーゾンが強く希望し、首相ソールズベリがそれを受け入れた結果、一八九一年十一月に実現した。インド省政務次官というポストは、カーゾンが立てた「帝国の指導者」になるためのプランにおいて、最も望ましい第一歩だった。カーゾンは、イギリスを中心とするブリティッシュ・ワールドを持続させる上では、英領インド帝国の果たす役割が決定的に重要だと信じていたからだった。

カーゾンは、インド省政務次官に着任する直前の時期にペルシアを訪問し、その体験に基づいて著述を刊行しようとしていた。しかし首相ソールズベリは、インド省政務次官となる人物が、英領インド帝国とも関係の深いペルシアについての個人的見解を詳しく表明するべきではないと判断し、出版を延期させた。結局同書は、『ペルシアとペルシア問題』と題してソールベリ内閣が退陣した後に刊行され、当時のイラン社会の状況を知ることのできる有用な資料として、今日まで読み継がれている。

インド省政務次官として勤務する中でカーゾンは、英領インド帝国の統治システムの現況と将来について、知識と情報を貪欲に吸収していった。しかし一八九二年七月に行われた総選挙の結果、保守党は第一党にはなったものの、自由党がアイルランド・ナショナリストたちの支持を得てソールズベリ内閣の不信任案を可決させたため、同内閣は下野し、第四次グラッドストン内閣が成立した。このため、カーゾンもインド省政務次官の地位を離れた。

その後カーゾンは、保守党が野党となっていた間に、国際情勢を実見するための旅行と、その成果としての著述の刊行を再開した。一八九二年には、シャム（現在のタイ国）、仏領インドシナ（現在のベトナム・カンボジア・ラオス）、中国、朝鮮、日本を訪ね、一八九四年から一八九五年にかけては、アフガニスタンとパミール高原を舞台にして、大胆な探訪を行った。

メアリ・ライターとの結婚

アフガニスタン・パミール高原の旅から戻った直後に、カーゾンはアメリカ合衆国の大富豪の娘であるメアリ・ライターと結婚した（図3－2）。

南北戦争後、アメリカでは西部開拓などで経済の急成長が生じ、それに伴って新興の富裕層も誕生した。こ

図3-2　カーゾンの最愛の妻、メアリ・ライター（1899年生れ、1905年歿）。

うした富裕層の中には、経済上の成功を機に社会的ステータスの上昇を求める者が多くいた。他方、イギリス社会では、一八七〇年代以降の農業不況のせいで、貴族階級の経済的基盤である不動産収入が減少していた。両社会のこうした状態から、十九世紀末にかけて、ステータスの上昇を望むアメリカの新興富裕層の娘たちと、新たな収入源を探すイギリスの地主貴族の子弟との婚姻が数多く生じた。イギリス社交界は、毎年春から夏にかけて「ザ・シーズン」を迎え、主としてロンドンでガーデン・パーティーなどの多彩な活動が行われる。この時期を狙ってアメリカの富豪の娘たちがイギリスへ渡り、婿探しを行ったことから、彼女たちを「海賊《バッカニア》」と呼ぶ者もいた。

メアリ・ライターはそうした「海賊」の一人だった。ライター家は、十八世紀にスイスのドイツ語圏からアメリカへ渡った移民の末裔であり、数世代にわたって農業に従事した後にメアリの父親であるレヴィ・ライターが、西部開拓へ赴く人びとの出発点だったシカゴでデパート経営を始め、成功へのきっかけをつかんだ。レヴィ・ライターはシカゴ大火の後に多くの不動産を取得し、その取引を通じても巨富を得た。やがてデパートの経営権を売却し、投資家としての生活を始めた。

メアリは父親がビジネスで成功した後に生まれたため、将来、アメリカ社会の有力者ないしはその子弟と結婚することを前提として育てられ、当時の一流のレイディーに必要とされる素養を身に付けた。メアリの両親は、メアリを彼女にふさわしいエリート男性に縁付けることを目的としてワシントンへ移住した。その結果メアリは、持ち前の美貌と知性でワシントンの社交界を「征服した」とまで言われる。メアリの両親はメアリのさらなる可能性を探るために、彼女をイギリスへ伴うことを決めた。

当時、すでに壮年になっていたアルバート王太子を中心として、ロンドンの社交界は空前の活況を呈していた。ジェントルマン資本主義者たちの黄金期でもあり、イギリスの植民地を中心として世界各地で成功を収めた者たちが、ロンドンに錦を飾り、その社交界に参入することを切望した。

メアリはロンドンの社交界でもイギリス人貴族男性たちの垂涎《すいぜん》の的になったが、彼女はジョージ・カーゾンに一目ぼれした。カーゾンは、「結婚相手として最も望ましい男性」の一人とみなされていた。

カーゾンは富裕ではないが名門の貴族の継嗣であり、高度の教育を受け、野心的で上昇志向の強い、新世代のイギリス貴族青年の旗手だった。彼は彼よりも一世代前にあたる、アルバート王太子を中心とする富裕な享楽的エリートたちとは一線を画そうとしていた。また、カーゾン世代の貴族男性たちは、グローバルな視点に立って行動し、社交しようとする傾向を有しており、女性を知的には男性と対等な存在だと考える傾向も有していた。カーゾンは「社交界の中の新たな部分」においてもスター的存在だった。

ただし、カーゾンの父親は健康であり、当分の間、爵位と資産の継承はあり得そうもなかった。また、嗣子としての手当てもそれほどの額ではなかった。そのため、政治家としてイギリス首相の地位を目指すのであれば、活動資金が保証されるメアリとの結婚は、言わば「渡りに船」のはずだった。

しかし、数年にわたってカーゾンはメアリとの結婚をためらい、メアリを待たせることになった。カーゾンの逡巡の理由は判然としていない。ただ少なくとも当初は、カーゾンとメアリの間で、より強く結婚を望んだのはメアリだった。カーゾンは多くの女性から好意を持たれる人物だったから、カーゾンにとってメアリはそうした女性の一人に過ぎなかったのかもしれない。また、メアリがアメリカの富豪の娘であることも、メリットであるばかりではなかった。金銭目当ての結婚だと周囲から見られることは、それが事実であっても、あるいは事実であるがゆえにと言うべきか、カーゾンの自尊心が許さなかった可能性がある。さらに、政治家にとって婚姻は、相手の家族が有するネットワークを手に入れる目的も付随するが、メアリに関しては、イギリス貴族の娘のようには、そうしたネットワークを期待できなかった。

しかし、カーゾンのためらいのおそらく最大の理由は、カーゾンが結婚前にイギリス帝国の利害に関わる地域を可能な限り多く訪ね、それらについてのリアルな知見を得ておきたいと考えていたことではないか。そうした探訪には多大な危険が伴っており、必ず生きて帰ることができるという保証はなかったからである。

いずれにしても、カーゾンは結局メアリにプロポーズし、メアリはそれを受け入れた。他の男性たちからのプロポーズを断り、自分の決断を待っているメアリの誠意に応えなければ、との思いが強まったのかもしれない。結婚後のメアリは、文字通り献身的な妻となり、カーゾンにとっても最愛の存在になる。

外務省政務次官として

一八九五年にソールズベリが政権を奪還すると、カーゾンは外務省政務次官のポストをオファーされた。それは、インド省政務次官のポスト以上に、やがてカーゾンが閣僚となり、最終的には首相を目指すために不可欠のステップだった。外務省政務次官としての任期中にカーゾンは、イギリス政府の外務官僚たちやロンドン駐在の各国大使たちとの密な接触や交渉を通じて、国際的な政治家として活躍するための下地を培おうとした。また、議会下院において、上院議員であるために下院で発言できない首相兼外相ソールズベリに代わって政府の外交政策について答弁を行うことにより、同僚議員たちの間で評価を高め、イギリス社会全体からの注目を集めることにも成功した。

カーゾンは、外務省での勤務に際しても、極めて勤勉にイギリス帝国のグローバルな課題に関する情報を吸収していった。また、ロシア帝国の現状とその方向性についても、これまでに自分が現場で得てきた知見と照らし合わせる形で正確な認識を得ようとした。それは、ロシアとイギリスのグレート・ゲームの推移、その中で英領インド帝国が果たすべき役割についての考察を深めるためだった。

史上最年少のインド副王兼総督に

インド副王兼総督の地位は、それまで若年の政治家が目指すものではなかった。しかしカーゾン自身の考えの中では、イギリス帝国の宰相を目指す上で若年のうちに必ず経験しておくべきものだった。

インド大反乱以前、東インド会社がインド統治の主体であった時期には、インド社会の近代化に熱心な、比較的年齢の若い政治家が同会社の取締役会からスカウトされ、インド総督として送り込まれることもあった。しかしインド大反乱後、イギリス政府がインド統治の主体となり、その最優先課題が統治そのものの安定に置かれるようになると、むしろ若く野心的な政治家をインド副王兼総督として送り込むのは危険だ、とみなされるようになった。

また、藩王たちとの同盟関係が重視されるようになったために、社会的ステータスの点で彼らと同等とみなされるような、高位のイギリス貴族が好ましいとの考慮も働いた。したがって、イギリス政界において功成り名遂げて上院に移籍した、あるいは、選挙で落選したために上院への移籍を受け入れざるを得なくなった比較的シニアの人物が、言わば双六の「あがり」のようなポジションとして、インド副王兼総督に任命されることが多くなった。また、とりわけイギリス貴族たちの懐《ふところ》具合が苦しくなった一八七〇年代後半以降は、高額の俸給を伴うインド副王兼総督のポストに就くことが自分にとって財政的にも有利だ、と考える者も現れていた。

こうした歴代のインド副王兼総督の系譜の中で、カーゾンの同ポストへの執着ぶりを眺めてみると、それがかなり異色なものであったことが分かる。いずれにしてもカーゾンは、第四次グラッドストン自由党内閣によってインド副王兼総督に選ばれたエルギンの任期切れが近づくと、自分がその後任となるために、ヴィクトリア女王、首相ソールズベリへの働きかけを熱心に行った。

カーゾンはヴィクトリア女王に対して、自分は女王が望み、イメージするような形で、すなわち文字通り彼女の副王（代理）として、英領インド帝国を統治するつもりだと請け負った。他方、ソールズベリに対しては、従来、インドの潜在力はイギリス帝国の全体的利益のために十分には活用されてこなかったが、自分がインド副王兼総督に任命されれば、より大きな貢献をインドから確保することに努めるので、諸列強との競合においてもイギリスが有利な地位に立つことになる、と説得した。美男美女好みだったヴィクトリア女王は、若く眉目秀麗なカーゾン夫妻をとりわけて気に入っており、メアリが自分の身代わりとして英領インド帝国で活躍することも期待しつつ、二人の願いを実現させた。

第二節　カーゾンの描くインペリアル・ダーバーのシナリオ

カーゾン、インド副王兼総督に着任

念願が叶い、一八九九年一月にインド副王兼総督のポストを手にしたカーゾンだったが、その着任直後に大規模な飢饉（一八九九・一九〇〇年）に遭遇した（図３－３）。ソールズベリ内閣は活力にあふれるカーゾンの手腕に期待し、カーゾン自身もアイルランド大飢饉や一八七〇年代後半のインド大飢饉に際しての政府機関の不手際から学んだ教訓を生かし、積極的に対処しようとした。とりわけ、北西州およびアワドの準総督アンソニー・マクドネルの飢饉対応が有効だったと考え、飢饉対応終了後の評価委員会委員長にマクドネルを任命している。

図3-3　インド副王兼総督の正装を着用したカーゾン。

しかし、カーゾンが自らの任期中に是非ともやり遂げたいと考えていたのは、インド統治機構の抜本的な改革だった。カーゾンは、イギリスによるインド統治の根幹を担ってきたインド高等文官たちの硬直的な統治姿勢に批判的だった。カーゾンの方針は、

インド統治を、イギリス人がその主体であることは堅持しながらも、インド社会全体の利益を図ることを目的として、よりダイナミックなものにすることだった。そのための方途として、英領インド帝国という政治的枠組みと、インド社会全体の間のコミュニケーションを活性化させたいとも考えていた。また、そうしたコミュニケーションの中では、インド社会の伝統的支配層である藩王たちの存在が有用なはずだと信じていた。

着任後の数年間は、カーゾンの積極的な姿勢と具体的な施策が、インド社会から好意的に受け止められた。しかしやがて、とりわけインド人新中間層とカーゾンの間の関係がぎくしゃくし始める。その顕著な例が、大学改革法案をめぐる対立だった。カーゾンは、インドの諸大学の研究や教育内容を「インド化」しようとし、イギリス式高等教育をインド社会へそのまま持ち込むのではなく、より多くの関心をインドの文化・文明についての研究や教育に向けさせようとした。これに対して新中間層からは、「大学のインド化は、大学の教育レベルを低下させ、インド人による自治の実現を遅らせるものだ」との批判がなされた。

ヴィクトリア女王の死を好機に

一九〇一年一月二十二日にヴィクトリア女王が逝去した。カーゾンがインドへ赴任した時点でヴィクトリア女王はすでに高齢であったから、女王逝去の報せが届いた際には、来るべきものが来たとカーゾンは受け止めた。カーゾンとヴィクトリア女王は、カーゾンがインドへ赴任した後も頻繁に書簡を交わしていた。カーゾンは君主としてのヴィクトリア女王の姿勢を高く評価しており、彼女の存在がイギリス帝国全体の統合に不可欠の役割を果たしている、と考えていた。したがってカーゾンは、女王の死を知らされた直後から、とりわけインドにおいて彼女が培うことに成功した資産、すなわちイギリス君主制への信頼感を、その死後も永続化し、活用するための術を考え始めた。

タイミングを重視していたカーゾンは、多くのインド人がヴィクトリア女王のことを鮮明に記憶し追慕している間に、インパクトを伴うイベントを行うべきだと判断した。そうしたイベントの前例としては、一八七七年のインペリアル・アセンブリッジ、一八八七年のゴールデン・ジュビリー、そして一八九七年のダイアモンド・ジュビリーが存在した。かくしてカーゾンは、ヴィクトリア女王の後継者であるアルバート王太子が、新たなイギリス国王兼インド皇帝エドワード七世として即位したことをインド社会全体に宣言することを名目として、インペリアル・アセンブリッジを再演することを決意する。

カーゾンはエドワード七世に宛てて、こうしたアイディアを実現することの可否を問い合わせた。新国王からは直ちに、国王の私用秘書官を通じて、カーゾンの考えに賛成であることが伝えられた。

そのイベントの主役は、エドワード七世であることがもちろん最適だった。一八七七年のインペリアル・アセンブリッジの際にヴィクトリア女王のインド訪問を阻んだ物理的な諸事情の多くは、この頃までには解消されていた。エドワード七世は君主としてふさわしいカリスマ性を有しており、広く人心にアピールし、人びとを魅了する力を備えていると、カーゾンも評価していた。しかし新国王は、若年時からの遊興のせいで過度に肥満し、健康上の問題を抱えていた。そのためにロンドンでの戴冠儀礼を延期しなければならないほどで、彼にはインドへ赴く意志はなかった。これを受けてカーゾンは、イベントの主役は、リットンの先例に倣《なら》って、インドにおける国王兼皇帝の代理人である自分が務めるべきだと決意する。

二十世紀初頭の英領インド帝国とその周辺

ヴィクトリア女王が逝去した二十世紀初頭は、英領インド帝国の周辺で軍事上の動きが活発化しており、そのいずれもが、イギリスをはじめとする諸列強の帝国主義政策の結果だった。南アフリカでは、第二次ボーア戦争が行われていた（一八九九〜一九〇二年）。東アジアでは、中国で義和団の乱が発生し（一九〇一年）、その鎮圧のために英領インド軍部隊も投入された。一九〇二年には日英同盟が締結され、日本とロシアの間での緊張が高まっていたが、仮に両国の間で戦争が行われることになれば、英領インド軍が出動する可能性も予想された。こうした動きは、イギリス帝国において英領インド帝国が果たしている役割をブリティッシュ・ワールドに住まう人びとに広く認知させたい、と考えていたカーゾンにとっては、むしろ積極的に利用するべき事態だった。

他方、英領インド帝国内では、一八九九・一九〇〇年の飢饉の余波は、ヴィクトリア女王が逝去した時点で、少なくともカーゾンの主観の中では沈静していた。それゆえにカーゾンは、一八七七年のインペリアル・アセンブリッジの際のような批判を招くことなく、大規模な政治イベントを行うことができると考えるようになった。

この時期、英領インド帝国の支配構造の基軸となった藩王たちと英領インド軍の状態はどのようなものだっただろうか。まず藩王たちに関しては、ほぼ安定した状態にあるとみなすことができた。インド大反乱後の現状《ステータスクオ》の中で、その大半が自らの国政上の位置づけに安心感を見出すようになっていた。彼らの間では、アジメールに設けられた藩王層の子弟向けの中等教育機関での修学、さらにイギリスの大学への留学などの経験を通じて、イギリス文化やイギリス的生活様式への親近感も深まっていた。

英領インド軍の状態も安定していた。「尚武の種族《マーシャル・レイシズ》」のイデオロギーが広くインド社会に浸透し、それに基づいて英領インド軍が構成されていることに違和感を抱く者は、ほとんどいなくなっていた。

カーゾンが新たなインド皇帝の誕生をインド社会に告知するためのイベントを構想するにあたって慎重を期したのは、インド社会の世論の動向だった。インド国民会議が開催されるようになってから十数年が経過しており、英字新聞や現地語新聞を通じてのインド人新中間層の言論活動もさらに活発になっていたからである。ただし、それらはなお、イギリス君主制に忠誠を誓いながら、インドが自治領の地位を得ることを求める、という段階にとどまっていた。とはいえ国政（行政・司法・立法）の場へのインド人の一層の進出が強く望まれるようになっていた。他方、軍将校へのインド人の任用に関しては、「尚武の諸民族」のイデオロギーに阻まれて、新中間層から強い関心が示されることはなかった。

イベントの準備と、カーゾンを悩ませた二つの課題

カーゾンはインペリアル・ダーバーの準備を本格化させた。プラン全体のコンセプトや大枠はもちろんカーゾンのものだったが、プランのかなりの細部まで、カーゾンがほぼ独力で考案していた。ただし、妻のメアリにだけは相談を持ちかけていたようである。

カーゾンの策定したプランに沿って、インド政庁・パンジャーブ州政庁の、それぞれの官房に所属するインド高等文官たちが具体的な準備を始めた。藩王国政府との連絡役としては、インド政庁の外務・政務局で勤務

したり、藩王国に駐在したりする政務官たちが動員された。また、インペリアル・ダーバーで藩王たちと並んで主要な役割を担うことになる英領インド軍部隊との調整は、インド政庁の軍務局で勤務する将校らが担当した。こうした組織上の手配は、一八七七年インペリアル・アセンブリッジの際と基本的に同様だった。しかしカーゾンはさらに、イギリス本国及びインドのマス・メディアに対しても、インペリアル・ダーバーを大々的に報道させるための働きかけを開始した。

しかし、インペリアル・ダーバーを準備する過程でカーゾンを悩ませた、二つの重要な課題があった。一つめが、ジョージ王太子のインド訪問をいかにして阻止するかであり、二つめが、塩税の引き下げについてイギリス政府の承認をいかにして得るかというものだった。

エドワード七世自身は体調を考慮して、インド訪問を行わないことをカーゾンに伝えていた。するとジョージ王太子が、父王に代わって自分がインペリアル・ダーバーに参加したいとの希望を表明した。海軍将校として勤務していた間に王太子は、エドワード七世の意向を受けて、兄アルバート・ヴィクター王子とともに、世界中に散在するイギリス帝国の植民地を訪問しており、その途上では日本も訪問し、明治天皇と面談していた。その結果、帝国の統治体制への関心を深め、また、イギリス君主制にとって帝国を統合するという役割が極めて重要になっていることを、身をもって認識した。それゆえにジョージ王太子は、イギリス国王兼インド皇帝を主役とする政治儀礼において、国王兼皇帝自身が体調不良のせいで出席できないのであれば、やがてはその地位を引き継ぐことになる自分が父王の代理として出席し主宰することが自然だ、と考えたのである。

これに対してカーゾンは、エドワード七世のインド来訪が可能であるならば、言うまでもなくそれが望ましいが、王太子に関しては、イベントの主役となる適性を彼は欠いている、とみなしていた。しかし本心を口に出すことはできないので、カーゾンは手続き上の「問題」を持ち出すことにした。すなわち、イギリス本国においては、身分上、王太子はインド副王兼総督の上位にある（優先権《プレシデンス》を有する）が、英領インド帝国においては、国王兼皇帝の代理は副王兼総督であり、王太子よりも同人が上位にある。しかし、こうした制度上の問題はインド人たちの理解の埒外《らちがい》であり、インペリアル・ダーバーにおいて王太子が副王兼総督よりも下に格付けられた姿をインド人が目にすれば混乱が生じる恐れがある。したがって、もしも王太子が是非ともインペリアル・ダーバーに参加すると言うのであれば、副王兼総督の自分は、その間インドを離れざるを得ない、という、威嚇と言ってもよい理屈で、結局、王太子のインド訪問を断念させたのだった。

しかし、事の成り行きに違和感を抱いたエドワード七世は、自分の弟であるコンノート公爵を代理としてインドへ派遣することにした。とは言え、コンノート公爵は、故ヴィクトリア女王の息子であるにもかかわらず、カーゾンの主張通りに、インペリアル・ダーバーの場では副王兼総督よりも格下の扱いを受けることになった。

もう一つの課題は、カーゾンとイギリス政府の間での対立だった。カーゾンは、インド社会の歴史的・政治的伝統に関する彼流の「理解」に基づいて、インド社会で君主が政治的なイベントを実施する際には、君主が社会一般への「プレゼント」を行うのでなければ、実際にはそのイベントは無意味であり、どのような効果を生み出すことも期待できない、と確信していた。そしてカーゾンが目を付けたのが、インペリアル・ダーバーの場で、塩税の引き下げを宣言することだった。塩はすべての人にとって必需品であり、その減税はすべてのインド人への恩恵として歓迎されるはずだと考えたから、だった。

しかし、こうした提案を受けたイギリス政府は、インドにおける税に関わる問題はイギリス議会の専権事項であり、あらかじめ本国議会の承認を得ることなくインド副王兼総督が減税の実施を発表するのは、イギリスの憲法に違反すると主張し、カーゾンの提案を受け入れなかった。

法律的にはイギリス政府の言い分に明らかに理があったが、カーゾンは矛を収めようとはしなかった。塩税の引き下げを発表できないのならばインペリアル・ダーバーそのものをキャンセルする、とまで述べてイギリス政府に圧力をかけ、内閣での検討を求めた。それを受けての内閣からの提案は、インペリアル・ダーバーの場でカーゾンは、「将来何らかの減税が行われる」と漠然と述べるのにとどめてはどうか、というものだった。カーゾンは不承不承、これを受け入れた。

しかし後年の経緯を考えれば、カーゾンの政治的嗅覚は鋭敏だったと言うべきだろう。これからほぼ三十年後にマハトマ・ガンディーは、塩問題を、彼の率いるインド・ナショナリズム運動の要求の焦点として取り上げ、いわゆる「塩の行進」を行うことによって運動を一気に活性化することに成功しているから、である。

帝国を人びとに認知させるためのイベントへ

英領インド帝国という政治的単位の「実在」を世界規模で認知させることも、インペリアル・ダーバーを催行するにあたってのカーゾンの主要な目的の一つだった。そのために彼は、可能な限り多くの国の政府代表をインペリアル・ダーバーに招待し、その出席を促そうとした。それぞれの国のマス・メディアが各国政府代表に同行し、イベントのありようを自国の人びとに伝えることも期待していた。

とは言え、ヨーロッパの大国との間で使節を交換するなどの制度的な外交関係を持っているのは、あたりまえだが、イギリス政府だった。したがってカーゾンは、ヨーロッパ諸国の本国政府の代表を招聘することにはこだわらなかった。ただし、インド亜大陸に植民地を有するヨーロッパ諸国に関しては、その現地代表である総督たちを招待した。フランス、ポルトガルなどである。

カーゾンはまた、イギリスの諸自治領の住民の間に、英領インド帝国がイギリス帝国において諸自治領と同格なのだ、との認識を広めることも望んでいた。そのため、インペリアル・ダーバーに諸自治領政府が代表を派遣することを強くはたらきかけた。当時、イギリス政府の植民地担当大臣はジョゼフ・チェンバレンであり、彼はその「帝国志向」のせいで自由党を離脱し、保守党との連立を実現した人物だったため、カーゾンからのこうした希望に協力的だった。

南アフリカについては、その統治責任者が、カーゾンとほぼ同じ時期にオックスフォード大学のベイリオル・カレッジで学んだアルフレッド・ミルナーであり、「帝国主義者」として多くの点でカーゾンと考えを共有していた。そのため、インペリアル・ダーバーへの代表派遣に関してもとりわけ積極的だった。カナダ、オーストラリア、ニュージーランドも代表を派遣することを約束した。

アジアの君主国との交渉

しかし、カーゾンがインペリアル・ダーバーにその代表を招請することを最も強く望んだのは、アジアの諸君主国だった。この時点で主権国家としての地位をなお維持するアジアの君主国からの代表を迎えることによって、「アジアの大国としての英領インド帝国」というイメージを確立することをカーゾンは強く望んでいた。とりわけてカーゾンがその政府代表の参加を望んだのは、日本、シャム（現在のタイ国）、ペルシア（現在のイラン）だった。

ロシア帝国という競争相手ないしは仮想敵をイギリスと共有し、日英同盟が結ばれた直後の時期だったという事情から、日本政府の対応は積極的だった。日清戦争時の英雄であり、明治天皇からの信頼の厚い奥保鞏《おくやすかた》中将が日本政府代表に選ばれた。ロシア帝国との戦争になった場合、日本軍の友軍となる可能性を持つ英領インド軍の実力がどれほどのものなのかを日本政府は知りたがっており、インペリアル・ダーバーに先立って行われる英領インド軍の大規模な演習を参観できることも魅力だった。そのような理由から、卓抜な指揮能力を持つとみなされていた奥中将が派遣されることになった。

シャムは、東南アジア地域に残る、ほぼ唯一の大規模な主権国家であり、英領インド帝国の一部であるビルマとも国境を接しているために、カーゾンはシャム国王自身のインペリアル・ダーバーへの参加を強く望んでいた。カーゾンは、当時のシャム国王と直接面談したこともあった。しかし結局、シャム国王の参加は得られず、王弟が参加することになった。シャム政府は、後述のペルシア政府と同様に、国王がインペリアル・ダーバーに参加すれば、シャム国王が英領インド帝国内の藩王たちと同格の存在だとみなされかねない、と考えていた。また、隣接するインドシナ連邦を支配するフランスとの関係が悪化することも警戒していた。

カーゾンは、ペルシア政府の代表が参列することも強く望んでいた。彼は同国の国王とも面識があったが、シャムの場合とは異なって国王自身の参列までは期待しておらず、宰相クラスの参加を望んでいた。ペルシア政府との交渉はイギリス外務省が行うことになり、当時はイギリス外務省の外交官で、後年、カーゾンと同様にインド副王兼総督となるチャールズ・ハーディングが担当した。ハーディングは、自国が英領インド帝国内の藩王国と同格だとみなされる可能性をペルシア政府は嫌っているとカーゾンに伝えたが、カーゾンは納得しなかった。しかし結局、ペルシア政府は、宰相ではなく、それに準じる程度の代表を送るにとどまった。

第三節　一九〇三年インペリアル・ダーバーの実施と反響

メディア・イベントの準備

完全主義者であるカーゾンのリーダーシップのもと、イベントの準備は着実に進められた。式典の主会場には、一八七七年のインペリアル・アセンブリッジの際と同様に、デリーの北方にある軍の演習場があてられた。藩王たちの滞在施設として、巨大なテント村が準備されたことも一八七七年と同様だったが、今回は、臨時の上下水道、送電システムまでもが構築された。また、ラール・キラーを用いて、舞踏会やガーデン・パーティーなど様々なイベントを行うことも企画された。そのため、インド大反乱で被害を受けた後はインド軍部隊の駐屯地として用いられてきた同城を文化遺産として念入りに修復した上で、招待客たちを迎える措置が施された（図3－4）。参加者、来訪者たちを楽しませるために展覧会やスポーツ大会も企画されており、そのための準備も進められた。

図3-4　1903年インペリアル・ダーバーに際して、ラール・キラーの宮殿建物内部には電気照明が施された。

ロジスティクスの整備にも抜かりはなかった。一八七七年のインペリアル・アセンブリッジの際に比べて、インド全土の鉄道網はさらに密なものになっていたため、藩王たちのデリー滞在に要する物資はすべて鉄道で、効率よく運ばれた。藩王国軍部隊、移動用の大型獣なども同様だった。また、ラール・キラーの駅とダーバーの主会場の間には数キロの距離があったから、関係者や物資を運ぶために、臨時の軽便鉄道が設けられた。

　画期的だったのは、カーゾンがマス・メディアへの便宜の提供を何よりも重視し、それを効果的に行ったことだった。取材のためにデリーへ集まったマス・メディア関係者たちに対して、植民地政府側から様々な援助がなされた。まず、取材陣のために宿泊施設が提供された。また、デリー市街とダーバーの主会場を彼らが頻繁に行き来できるように、軽便鉄道の無料パスが与えられ、記者たちがそれぞれの所属先に記事を送る際の便宜を考慮して、ダーバーの主会場には臨時の郵便局や電信局が設けられた。極めつけは、主会場において写真の撮影、映画の撮影が効果的に行われることを期待して、マス・メディアの撮影者たちのための撮影スポットが設けられたことだった。

　式典での儀礼を支障なく、また効果的に実施するために、主要な「出演者《アクター》」たちの「振り付け《コレオグラフィー》」にも細心の注意が払われた。インド社会で行われてきた即位ダルバールでは、君主に対して臣下たちが衆人環視の中で忠誠を誓うパフォーマンスがハイライトだったが、一八七七年のインペリアル・アセンブリッジでは、それが簡略化された形で行われた。これに対してカーゾンは、今回のダーバーでは、数万人の観衆が見守る中で、インド副王兼総督に対して藩王たちが次々と忠誠を誓う姿をインペリアル・ダーバーのクライマックスにすることを意図していた。カーゾンは、藩王たちに対して「イベントの観衆にとどまるのでなく、出演者として振る舞う」ことを求め、そのために、観衆が見守る中でどのように動作するべきかについての細かな注意書をインド政庁の外務・政務局のメンバーを通じて送り、指導することまでした。

英領インド軍の大規模な軍事演習はそれまでも定期的に行われていたが、それをあえて、デリーの近郊を舞台とし、また、インペリアル・ダーバーの直前の時期に行うようにアレンジもした。演習に参加した部隊は、その後、インペリアル・ダーバーの儀礼でも重要な役割を果たすことが予定されていた。デリーに参集したインド社会のエリートたちに軍事演習への参観を求めて英領インド軍の実力を見せつけた上で、次いで行われるインペリアル・ダーバーの場では、その軍部隊がインド副王兼総督に対して威儀を正して忠誠を誓う姿を示し、劇的な効果を醸し出すことを狙っていた。

イベントの実施と三つの見せ場

そしてイベントは、カーゾンがほぼ企図した通りに実施された、と言ってよい。その「見せ場」は三つのパートに分かれていた。

一つめは、デリーに参集した藩王とイギリス人植民地官僚らがそれぞれ巨象に座乗し、ラール・キラーから

図3-5　1902年12月29日に行われた、貴顕が巨象に座乗してのパレード。ラール・キラーを出て、ジャーマー・マスジドの周囲を廻っている。

インペリアル・ダーバーの主会場に向けて大行列を成して行進する、というものだった（図3－5）。その経路は、一八七七年の際とほぼ同様であり、行列はラール・キラーを出て、シャージャハナバード（ムガール帝国時代のデリーの別名）の目抜き通りだったチャンドニ・チョーク（「月光通り」を意味する）を西に向かい、やがて南下し、ジャーマー・マスジド（金曜礼拝のための巨大モスク）の周囲を廻《めぐ》ったあと、インペリアル・ダーバーの主会場に向かった。行進の経路に沿って英領インド軍兵士たちが隙間なく配置され、警護の役割を担った。沿道には観覧席まで設けられており、数万の人びとが見守ったが、秩序維持に問題が生じることはなかった。

「見せ場」の二つめのパートは、言うまでもなく、インペリアル・ダーバーの主要な式典だった。式典会場は、一八七七年インペリアル・アセンブリッジの際と同様に、馬蹄形の観客席によって囲まれていたが、一八七七年のそれに比べてその規模ははるかに巨大だった。また、観客席の建築物としての意匠に関して、一八七七年のそれがヨーロッパ的イメージで造られていたのに対して（設計者はパンジャーブ州ラホールの芸術学校校長であり、ノーベル賞作家ラドヤード・キプリングの父親、ロックリッジ・キプリングだった）、今回のそれは、ムガール建築の意匠に基づいていた。また、一八七七年の会場では、招待客以外の観衆は、馬蹄形の観覧席の開口部から、その中で行われている儀礼を垣間《かいま》見るだけだったが、今回は、馬蹄形の開口部がより広く取られ、数万人規模の観衆が式典を目撃できる形になっていた。
招待客たちが観客席に着いていよいよ式典が始まると、まず会場に入場してきたのは英領インド軍の兵士たちだった。しかし現役の兵士ではなく、約半世紀前のインド大反乱の際にイギリス側への忠誠を示し、反乱軍と戦った老兵たちだった（図3-6）。彼らの先頭を歩んだのは、年老いて目の見えなくなったインド人兵士一名と、彼の手をとって先導する年若い現役のインド人兵士一名だった。二人が観覧席の貴顕人士の目の前に達し、盲目の老兵士が貴賓席に向かって敬礼をすると、観客は一斉に立ち上がり、満場、喝采の嵐となった。エドワード七世が王太子時代に行ったインド訪問に際しての、ラクナウでの故事に倣った見事な演出だった。次いで、青色の華麗な制服に身を包んだ帝国士官候補生部隊《インペリアル・カデット・コール》の騎馬隊によって先導され、式典の主賓であるコンノート公爵夫妻を乗せた馬車と、式典の主宰者であるインド副王兼総督夫妻（カーゾン夫妻）を乗せた馬車とが順に入場した。帝国士官候補生部隊は、藩王たちの子弟によって構成された、エリート部隊だった。

図3-6　式典開始に先立って行われた「老兵たちのパレード」。

主賓と主宰者が着席するのを待って、儀礼が始まった。観客席からやや離れたところに、チャトリ（インド・イスラーム建築やインド建築の要素として使用される、開放型のドーム型パヴィリオン）が設けられており、カーゾンとコンノート公がそこに並び立ち、布告官が、ダーバーを実施せよとのエドワード七世の宣言を読み上げた。次いで藩王たちが順次、チャトリの階段を昇ってカーゾンとコン

図3-7　ダーバーにちなんで行われたインド伝統工芸博覧会の開会式で、演説を行うインド副王兼総督カーゾン。

ノート公に近づき、イギリス国王兼インド皇帝への忠誠を表明した上で握手した。最後にカーゾンがエドワード七世からのメッセージを代読し、さらにインド社会全体に向けての自身の演説を行った。カーゾンの本来の意図通りにはならなかったが、インド社会全体への「プレゼント」として間もなく減税が行われるはずだ、と示唆した。

「見せ場」の三つめのパートは、種々の余興の実施だった。中でもカーゾンがその準備に力を注いだのが、インド伝統工芸博覧会だった（図3－7）。カーゾンはそれを、イベントのエンターテインメント的な部分としてだけでなく、インドの伝統工芸産業を復活させるための機会としても考えていた。伝統工芸の特に優れた近年の成果を集め、それらを一堂に展示することで、インペリアル・ダーバーのために集まってきたインド社会のエリート層と、海外からの参加者たちの関心を喚起し、その購買意欲を刺激することを狙っていた。式典の主会場と同様に、博覧会の会場もムガール風の意匠に基づいて構築されていた。

ラール・キラーも存分に活用された。この機会に念入りに修復されたムガール皇帝たちの宮殿を舞台として、深夜の神秘的な雰囲気の中で、藩王たち、イギリス人植民地官僚たちに勲章が授与された。また逆に、多くの電灯を用いて宮殿を真昼のように輝かせ、大舞踏会を実施した。ラール・キラー内のムガール庭園を用いて、イギリス式のガーデン・パーティーも行った。

主要な式典の前後には主会場をインド人一般民衆にも開放し、インド軍部隊の閲兵、藩王たちが引き連れてきた伝統色豊かな近衛部隊のパレード、インド軍部隊兵士たちによるスポーツ大会などを多くの人びとに観覧させた。ラール・キラー前の広場では花火大会も行われた。

在印イギリス人たちの視線

しかし、少なくとも当初、在印イギリス人のインペリアル・ダーバーに対する視線は冷やかだった。在印イギリス人の多くはカーゾンが「インド人贔屓」であるとみなしており、そうしたカーゾンの姿勢に反感を抱いていたからである。

二十世紀初頭時点で、英領インド帝国内には約二億五千万人のインド人が生活していたが、その支配層であるイギリス人たちの数は二十万人弱だった。さらに、その過半数はイギリス人兵士であり、残りの数万人が、兵士以外の軍将校、植民地官僚、法律家・教員・鉄道技師などの専門職従事者、ビジネスマンやプランテーション経営者、そしてその家族だった。

つまり、おおまかに分類すると在印イギリス人たちは三つの社会集団から構成されていた。一つは兵士たち、一つは植民地政府で働く官吏、軍将校、政府との関係の深い専門職従事者とその家族、そして最後の一つはビジネス関係者とそのイギリス人の家族、である。ちなみに、兵士たちはほとんど家族を持たなかった。十九世紀半ば以降、イギリス人兵士とインド人の通婚はそれ以前の時代に比べて劇的に減少していた。

そしてこれら三つの社会集団は、イギリス本国の階級社会のありように対応していた。兵士は労働者階級、専門職従事者は上層中産階級、ビジネスマンは下層中産階級に対応しており、その政治意識もイギリス本国のそれの延長上にあった。専門職従事者は植民地政府自体を構成する人びとであったから、カーゾンの施策に表立って否定的な態度を見せることはなかった。他方、兵士と一部の将校たちは、インペリアル・ダーバーが行われる直前の段階でカーゾンに対して強く反発するようになっていた。またビジネスマンは、カーゾンの施策は帝国の支配者であるはずのイギリス人たちを蔑《ないがし》ろにしており、インド人たちの利害を優先するものだと、やはり反感を抱いていた。

カーゾンとイギリス人将兵の関係が悪化した経緯は、次のようなものだった。パンジャーブ駐屯の槍騎兵連隊でインド人の料理人がイギリス人将兵から暴行を受けて死亡するという事件が発生した。部隊の上官たちによって調査が行われたが、真犯人は突き止められなかった。事件についての報告を聞いたカーゾンは激怒し、部隊の将兵全員から休暇取得権を一定期間没収するという制裁を科した。

こうした経緯はインド社会の英字新聞で報じられたが、その際の論調は、当該の部隊のイギリス人将兵に同情的で、カーゾンに批判的なものだった。結果的に、イギリス人のインド人に対する人種的優越を当然視していたビジネスマンたちも、カーゾンへの反発を強めることになった。

インペリアル・ダーバーの主要な式典では英領インド軍部隊が重要な役割を果たしたが、その中のイギリス人将兵たちの胸中では、実はカーゾンへの反発が渦巻いていたことになる。さすがに式典の主会場での儀礼に際しては、イギリス人兵士たちは指示通りの動作を行った。しかし、コンノート公爵夫妻とカーゾン夫妻をそれぞれ乗せた馬車が主会場に入るために通り過ぎた際、堵列したイギリス兵士たちは、コンノート公爵夫妻を乗せた馬車が通過する時には「コンノート公爵夫妻万歳！」の声を上げたにもかかわらず、カーゾン夫妻を乗せた馬車が通過する時には沈黙した。事態に気付いたイギリス人将校たちは、「『カーゾン夫妻万歳』も唱えよ」と兵士たちに命令せざるを得なかった。

また、式典の主会場の観覧席に着席していたビジネスマンの有力者たちの中でも、コンノート公爵夫妻が乗る馬車には喝采を浴びせ、カーゾン夫妻の乗る馬車には無視を決め込む者が多くいた。

藩王たちのダーバーへの視線

式典の観客《オーディエンス》であるのと同時に出演者《アクター》として振る舞うことをカーゾンから求められた藩王たちは、どのような思いで式典に加わっていたのだろうか。そもそもダルバールがインド社会の支配層の伝統的な慣行であり、また彼らには、一八七七年のインペリアル・アセンブリッジ、一八八七年のゴールデン・ジュビリー、一八九七年のダイアモンド・ジュビリーで自らが果たした役割についての記憶もあった。さらに、インド政庁外務・政務局からの働きかけも行われていたため、インペリアル・ダーバーのようなイベントを実施する意義については、多くの藩王はそれを理解し、また協力的だった。

しかし数百人いる藩王の中では、インペリアル・ダーバーへの熱意に関して、宗派、地域、世代によって濃淡の差が存在した。帝国からの保護を評価する、インド社会の宗教的少数派（例えば、シーク教徒）に属する藩王たちは無条件に協力的だった。また、デリーでのダーバーの実施は、ムガール帝国時代の伝統の復活であった

図3-8　式典会場へ入場する帝国士官候補生部隊。

から、ムスリムの藩王の多くにとっても歓迎できるものだった。ヒンドゥー教系であっても、ラージプターナ（現在のラジャスタン州）の藩王たちはムガール帝国時代から異教徒の皇帝と同盟関係を結ぶ伝統を持っていたので、インペリアル・ダーバーの実施に異論はなかった。

他方、インド西部地域のヒンドゥー教系の藩王たちの間には、マラーター同盟以来の、彼らにとって異教徒である皇帝の権力への反発が伏在していた。また、それぞれの藩王国で「近代化」を進める藩王もおり、そうした者にとっては、インペリアル・ダーバーはイギリス人による傲慢な「文化盗用」（cultural appropriation）だ、との意識も芽生えていた。

いずれにしてもカーゾンは、将来的にも、藩王層を効果的に、また安定的に英領インド帝国の基軸として機能させることを企図しており、そうした目的のために彼が創設したのが、帝国士官候補生部隊だった（図3－8）。同部隊では、藩王層の子弟に政治的・軍事的なエリート教育を施すことが想定されており、やがては同部隊の出身者が英領インド帝国の統治機構や英領インド軍において枢要な地位を占めるようになるはずだった。藩王たちの中でも、カーゾンのこうしたアイディアに賛同し、その子弟を積極的に帝国士官候補生部隊に送り込む者が少なからずいた。同部隊のメンバーには、インペリアル・ダーバーの様々な場面で花形的な役割が与えられた。

インド人兵士や新中間層にとってのダーバー

英領インド帝国のもう一つの柱である、英領インド軍を構成するインド人兵士たちは、どのような思いを抱いてインペリアル・ダーバーに参加していたのか。インド大反乱以後、イギリス人たちは英領インド軍兵士を、近代の国民軍とは正反対に、主としてシーク教徒などインド社会における少数派コミュニティだけからリクルートする傾向を強めていた。逆に言えば、インド人兵士たちは、出自の少数派コミュニティに対する忠誠心を至上のものとし、彼らのコミュニティの保護者である帝国権力に協力する対価として特権を与えられることを伝統にする人びとだった。したがって、インド人兵士たちにとってインペリアル・ダーバーは、彼らを保護する帝国権力が安泰であり、自分たちと帝国が相互依存の関係にあることをインド社会の多数派に見せつける機会でもあった。インド人兵士たちがインペリアル・ダーバーの成功に賭ける思いは概して強かった。

イギリス式の教育を受け、その生活様式も多かれ少なかれイギリス化し、イギリス人たちと密な関係を持ちながら社会生活を送っていたインド人新中間層は、インペリアル・ダーバーへの姿勢に関して、二分していた。多数派は、イギリス人たちがインド社会の統合に必要だと考える、こうした政治儀礼の実施を従順に受け入れた。また、それへの参加を求められれば、その招待を名誉として受け止め、参加した。他方、イギリス式の教育を通じて、近代的な合理主義や科学的思考を自らの本分だと考えるようになった人びとは、インペリアル・ダーバーのような政治儀礼は、インドに近代性をもたらすことを、その支配の正当化の根拠にしているはずの英領インド帝国にふさわしいものではない、と考えていた。また、飢饉直後の国富の使い道としても愚劣だとみなした。後者からの批判はカーゾンを苛立たせはしたが、あくまでも言論の上での批判にとどまった。

他方、何らかの形でイギリス人たちとの関わりを持って都市部で生活するインド人たちとは異なり、農村部で生活する膨大な数の「一般のインド人」は、インペリアル・ダーバーをどのように受け止めたのだろうか。彼らのインペリアル・ダーバーへの関心は、僅かな好奇心程度に過ぎなかった。しかし、カーゾンの最大の野望は、こうした無関心な人びとに向けて、様々なメディアを通じてインペリアル・ダーバーのイメージを拡散し、英領インド帝国という社会システムへの帰属感覚を彼らに抱かせることだった。

レイディー・トラベラーの視線

ここで、インペリアル・ダーバーのありようと、人びとのそれへの関わりを、言わば「第三者的」な立場から目にした二人の人物の証言に注目してみたい。インペリアル・ダーバーのような大規模なイベントが同時代人の目にどのように映じたのかは興味の尽きないところではある。しかし、英領インド帝国の支配者としてのイギリス人男性、被支配者としてのインド人は、当事者として否応なく帝国の政治システムに取り込まれており、政治儀礼の実施が人びとの心理状態にもたらした効果についての証言者としてはおのずと限界がある。そこで以下では、そのジェンダーゆえに、イギリス人であっても、必ずしも支配者的ではない視線を持ち合わせていたイギリス人女性、また、イギリス人でもインド人でもないにもかかわらず、高位の招待客としてイベントの実相を内側から見つめることのできたアジア人の証言を取り上げたい。一人は、当時のイギリス社会において「レイディー・トラベラー」と呼ばれた女性たちに属するガートルード・ベル、そしてもう一人は日清・日露の両戦争で活躍した日本軍の将軍、奥保鞏である。

「レイディー・トラベラー」は主として十九世紀後半に現れたイギリス人女性たちであり、イギリス帝国の影響下にある様々な地域を訪れて探訪記を残した。上層中産階級の出身で、当時のイギリス社会のジェンダー秩序に違和感をおぼえている女性が多かった。そのため、男性目線、支配者目線とは異なる視点から、当時のイギリス帝国を観察し考察していた。

ベルはイングランド北部の富裕な鉄鋼業者の娘であり、オックスフォード大学の女子カレッジで学んでいた。インドを訪れた時期には、「東洋《オリエント》」についての漠然とした関心を抱くようになっており、アラビア語などを学び始めていた。

ベルのインペリアル・ダーバー参観は観光が目的だった。英領インド帝国のありようを実際に見てみたいとの思いがあり、言語学習の一助にもなるだろうと考えていた。また、自分の結婚相手を、インド高等文官や英領インド軍将校などの中に見つけることができるのでは、との期待もあった。

ベルは日記をつけており、また、イギリスにいる継母に宛てた手紙の中でも、インペリアル・ダーバーについての彼女の観察と感想を書き送っていた。その中では、英領インド帝国のあるべき姿をめぐって、インド副王兼総督カーゾンと在印イギリス人たちの間で深刻な感情的対立が見られる、と指摘していた。また、今回のイベントの効果もあって、インド人社会のエリート層では、自分たちは「英領インド帝国」という政治的単位に属しているのだとの感覚が定着しつつある、と示唆していた。他方、一般のインド人たちの間では、そうした政治的単位についての関心は乏しく、それからの威圧を感じているだけだ、と指摘した。ただし一般のインド人たちは、インペリアル・ダーバーにおける藩王たちのありようについては一定の関心と共感を抱いているように見えた、とも述べている。

ベルは、一九〇三年インペリアル・ダーバーを参観した後、イギリスとオスマン帝国の間を活発に行き来しながら、イスラーム、中東世界の専門家になっていった。第一次世界大戦中には、アラビアのロレンスやジョン・フィルビーなどと並んで、イギリス帝国の中東政策の策定のために重要な情報やアイディアを提供した。大戦後はイラク国王のアドバイザーになったが、一九二六年に歿している。

奥保鞏陸軍中将の参観報告

奥保鞏は小倉藩の上級藩士の息子であり、幕末・明治維新に際しては「賊軍」の側で戦った。それにもかかわらず、明治維新以後は新政府の陸軍に属し、軍功を挙げて昇進していった。「賊」であった自分を高く評価し、取り立ててくれる明治天皇に対して、とりわけて強い忠誠心を抱いていた。言い換えれば奥は、「二つの世」（江戸時代と明治時代）にまたがって支配エリートの地位にあった人物であり、そのような彼が、ムガール帝国の後継国家である英領インド帝国のアイデンティティを体現するイベントを目撃したことになる。

奥は明治政府の主要な軍事行動にすべて参加し、功績を挙げていった。一八七三年の佐賀の乱に出征して負傷、一八七四年の台湾出兵に従軍、一八七五年の神風連の乱の鎮圧に参加、一八七七年の西南戦争では歩兵部隊を率いて薩摩軍の熊本城包囲を突破し、政府軍との連絡に成功した。以後、近衛師団で多く勤務し、明治天皇の近くに侍《じ》した。日清戦争に際しては第五師団長として出征し、ここでも軍功を挙げて男爵となった。一八九七年には近衛師団長になっている。インペリアル・ダーバーへ赴くことが決まった時点では、東部都督だった。

ロシア帝国との間で開戦となれば、奥は日本陸軍の中軸の一人になることが想定されていた。その奥が、戦況の推移によっては友軍になるかもしれない英領インド軍の実力を知悉《ちしつ》し、同軍の指導層と親しくなることは日本陸軍にとっても有益に違いなかった。

また奥は、日清戦争の直前にヨーロッパ諸国を訪問していた。そのため、西洋人との社交にもある程度慣れていると判断された。訪問の際にはヨーロッパ諸国の軍隊を見学しており、それらと比較する形で英領インド軍の評価を行うこともできるはずだった。したがってインペリアル・ダーバーを参観するにあたっての奥の目的意識は、主として、日本の指導層の代表として英領インド帝国の指導層との間で親交を深めることだったが、それと同時に、日本政府の代表として英領インド帝国の統治システムの実態を観察し、また日本軍の代表として、英領インド軍の実力を評価する、というものでもあった。

奥は、英領インド軍の演習とインペリアル・ダーバーを参観して日本へ戻った後、日本陸軍参謀本部に報告書を提出した。その中で奥は、インペリアル・ダーバーと英領インド軍に関して以下のような感想と考察を記していた。

まず、インド副王兼総督カーゾンの日本代表団に対する厚遇ぶりが際立っていたことを指摘すると同時に、イギリス側へのインド人藩王たちの隷従ぶりを、かなりの憤りとともに説明している。また、英領インド軍部隊の練度や規律はヨーロッパ諸国の軍隊と比べて遜色のないものだったが、藩王たちが帯同した軍部隊は全く時代遅れであり、単なる見世物レベルだったと記していた（図3－9）。

図3-9　ダーバーに際して、奥保鞏中将が参観した英領インド軍部隊の大規模な閲兵式。

ベルと同様に、インペリアル・ダーバーを参観した後の奥の経歴も華々しいものだった。日露戦争では主要な司令官の一人として活躍し、同戦争後は陸軍参謀総長を務め、元帥にまで昇進した。また、明治天皇の葬儀の儀礼に深く関わり、自身は一九三〇年に歿している。

記憶をとどめさせるために

カーゾンは、インペリアル・ダーバーを一過性のイベントとして終わらせるつもりはなかった。彼の長期的な目標は、このイベントが行われたという事実と、その意図を、可能な限り多くの人びとの記憶に刻み付けることであり、そうした目標のための手立ても数多く実施した。

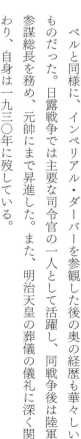

インペリアル・ダーバーを報道しようとするマス・メディア（新聞、雑誌、映画）に対してカーゾンが種々の便宜を提供したことについては、すでに触れた。それにとどまらず、マス・メディアに対するカーゾンの姿勢は当初から受け身ではなく、インペリアル・ダーバーの取材と報道を積極的に勧誘しようとするものだった。

カーゾンはまた、十九世紀半ばから顕著になった海外旅行ブームの始まりも見逃していなかった。レイディー・トラベラーたちは、その先駆者だった。カーゾンは、欧米の上層中産階級にインペリアル・ダーバーの「見物《けんぶつ》」を目玉とするインド観光を売り込むことを狙っており、とりわけカーゾンが期待していたのは、アメリカ合衆国からの観光客の誘致だった。インドへの航路、インド内での鉄道網などはすでに整備されていたため、デリーのような内陸部であっても、観光地へのアクセスはそれほど困難ではなくなっていた。また、宿泊施設に関しても、少なくとも都市部では欧米人たちが快適に利用可能なものが現れていた。

インペリアル・ダーバーを準備するにあたってカーゾンが、一八七七年インペリアル・アセンブリッジの際に比べてはるかに大規模な観客席を建てさせたのは、こうした観光客を収容することも期待してのことだった。関連する様々なイベントや余興を準備したのにも、観光の目玉を増やす意図が含まれていた。

とは言え、インペリアル・ダーバーを通じてカーゾンが達成することを期待していた最大の目的は、ヴィクトリア女王の生涯を通じてインド社会に醸成された、イギリス君主制への一定の信頼感と好意を、英領インド帝国の資産として今後も活用するための基盤を造る、ということだった。そのためにカーゾンは、故ヴィクトリア女王に関するインド社会の記憶を恒久化することを狙い、インペリアル・ダーバーの準備と並行させる形で、ヴィクトリア女王を主題とするモニュメントの構築も始めていた。それはヴィクトリア女王の生涯と、英領インド帝国の歴史を主題とする博物館という形をとることになった。

カーゾンは、エドワード七世の賛意を得て、ヴィクトリア女王に関わる肖像画や絵画などのコレクションの蒐集を始めた。そしてインペリアル・ダーバーの終了後、カルカッタの官庁街に程近い広大な公園を敷地として、博物館の建設作業を本格化させた。館の名称は「ヴィクトリア女王記念館《メモリアル・ホール》」とすることになった。しかし、カーゾンが政争に敗れて一九〇五年にインド副王兼総督の職を退いたことや、第一次世界大戦が始まったことなどによって工事の進捗《しんちょく》が遅れ、一九二〇年代にようやく完成した（図3－10）。

図3-10　カルカッタ（現コルカタ）の「ヴィクトリア女王記念館」。1902年建設開始、1921年竣工。

カーゾンはまた、インペリアル・ダーバーというイベントが行われたこと自体を記念するための施設を、会場の跡地に建設することも構想していた。インペリアル・ダーバー終了後にプランの作成を開始し、記念碑《オベリスク》を中心とした公園とすることにした。施設のデザインを担当する建築家の人選も固まりかけていたが、カーゾンの失脚により、カルカッタの博物館とは異なって、デリーでの企画そのものが立ち消えになった。

しかし、この企画が実現しなかったおかげで、会場跡地は手つかずとなり、一九一一年インペリアル・ダーバーは、一九〇三年のダーバーとほぼ同様のプランとコンセプトに基づいて行うことができた。また、カーゾンによるデリーでのこの記念施設建設プランが、やがてニュー・デリー造営プランの基盤として活用されることにもなった。

さらにカーゾンは、インペリアル・ダーバーというイベントについての「伝記」までも作成させた。カーゾンは、英領インド帝国では、こうした形で今後もイギリス国王兼インド皇帝の代替わりの度にインペリアル・ダーバーが行われるだろうと想定していた。そして将来、インペリアル・ダーバーの実施を担当することになる人びとの便宜のために、一九〇三年ダーバーの実施要領を詳細な形で作成し、記録を保存した。また、一般向けの一九〇三年ダーバーの「伝記」の作成に関しては、専門の作家に執筆を依頼した。執筆のための資料もカーゾンが提供したが、完全主義者で自身の筆力にも大きな自信を持っていたカーゾンは、その出来栄えに必ずしも満足しなかった。

第四節　イギリス首相になれなかった男

インペリアル・ダーバーの評判

イギリス本国社会では、インペリアル・ダーバーは様々な意味で成功を収めたとみなされた。その結果、本国政界でのカーゾンに対する評価も急上昇した。イギリス帝国の将来に新たな展望を拓いたと受け止められ、また、観光の対象としてのインド社会への関心も高まった。

これに対してインド社会での評価には、濃淡があった。イギリス人・インド人を問わず、英領インド帝国の支配層はカーゾンのダーバーが成功だったと受け止めた。一般の在印イギリス人たちは、政治的にはカーゾンの自己満足に過ぎないと思っていたが、このイベントがインドの観光資源の活用に刺激を与えたことは認めた。インド人新中間層のリベラル派は、インペリアル・ダーバーの華美さと二年前のインドでの飢饉の悲惨さを対比させながら、ダーバーは単なる資金の浪費で、政治的に無意味だったと批判的に捉えたが、このイベントを通じて「英領インド帝国」という政治的枠組みが実体化しつつあるのが確認されたことは認めざるを得ず、それを活用する方途を探り始めた。インド社会の庶民層は、このイベントを通じて、自分たちが「英領インド帝国」という政治的な枠組みの中で生活していることを実感した。

インド副王兼総督としての任期を延長

インド副王兼総督の任期は原則五年であり、一期だけを務めるのが通例だった。とりわけカーゾンの場合は、着任した時点で年齢が若く、イギリスへ戻った後にはさらに政治家としてのキャリアを追求する本人の意欲が強かったため、一期でイギリスへ戻るのだろうと誰もが考えていた。しかしカーゾンは一九〇四年八月にインド副王兼総督に再任され、その後僅かに一年を務めただけで辞任することになる。

カーゾンが再任されるにあたっては、いくつかの理由があった。まず、一九〇四年二月に日露戦争が勃発し、その結果次第で英領インド帝国の方針がイギリス帝国全体に影響を及ぼすかもしれないと考え、そのトップの座にとどまることを希望するようになった。また当時、イギリスではソールズベリの娘婿であるバルフォアが首相であり、カーゾンは彼とライバル関係にあったため、イギリス本国政界に今戻っても冷や飯を食わされる可能性が高いと判断した（図3－11）。しかし最も重要だったのは、インペリアル・ダーバー成功の余勢を駆って、英領インド帝国の国家体制の強靭化を図ろうとする意欲がカーゾンの中で高まったことだった。

カーゾンは二度目の任期中に、いくつかの課題に取り組もうとしていた。まず、日露間の緊張を横目に見ながら、アジアにおける英領インド帝国の安全を確保しようとした。当時、ロシア帝国の中央アジアでの動向に関してイギリス本国政府は楽観的になっていたが、カーゾンは警戒を緩めておらず、とりわけチベットの状況が流動的だと判断していた。ダライ・ラマ十三世は、ロシア生まれのブリヤート人チベット仏教僧、アグワン・ドルジェフからの影響を受け、ロシア帝国を同盟国とし、中国・イギリスに対抗することを考えるようになっていた。かくしてカーゾンは、英領インド軍のイギリス人将校フランシス・ヤングハズバンドからの、シッキム藩王国駐在のイギリス人政務官たちとともにチベットへの「遠征」を行いたいとの提案を支持した。カーゾンの意図は、チベットをアフガニスタンなどと同様に、英領インド帝国とロシア帝国の間の「緩衝国家」に仕立て上げることだった。一九〇三年十二月に遠征隊はシッキムとチベットの国境を越え、結局それは「侵攻」へとつながった。国境から百キロほど入ったギャンツェへ向かう途中で遠征隊はチベット人部隊と衝突し、数百人を殺害した。一九〇四年八月にはチベットの首都ラサに到達したが、ダライ・ラマ十三世はモンゴルを経由して中国へ逃れていた。ヤングハズバンドらは、君主不在のチベット政府との間で、チベットをイギリスの保護下に置くことを定めたラサ条約を結び、九月にシッキムに帰還した。しかし、イギリス本国では、こうしたカーゾンの「侵略」政策は不評だった。

図3-11　イギリス首相アーサー・ジェイムズ・バルフォア（在任1902年～1905年）。

さらにカーゾンは、英領インド帝国の統治システム全体を整序しようとした。まず、組織的に区分が曖昧だったインド政庁とベンガル政庁を切り分け、インド政庁の機能を充実させて、英領インド帝国全体を代表する政府であることを明確にしようとした。また、ベンガル州の社会的規模が、英領インド帝国全体の構成において過大になっていると判断し、それをより小規模な単位へ分割しようとした。これが悪名高い「ベンガル分割」案であり、カーゾンの意図とは正反対の方向で、英領インド帝国の運命に大きな変化をもたらすことになる。

このように二期目に入った段階でカーゾンは相変わらず意気軒昂だったが、カーゾン夫妻はともに、一期目が終了した時点で疲労の度合いを深めていた。とりわけ妻メアリの状態が深刻だったこともあり、夫妻は一期目の任期の終わりと二期目の任期が始まる間にイギリス本国で賜暇《しか》を過ごし、体力の回復を図った。メアリの体調は完全ではなかったが、それでも夫の再度のインド赴任に同行した。

キッチナーとの確執と敗北

一九〇三年ダーバーが開催される直前、英領インド軍司令官のポストにホレイショ・キッチナーが着任した(図3-12)。キッチナーは、スーダンでの戦いや南アフリカ戦争で名を挙げた、イギリス帝国の軍事的英雄の一人だった。英領インド軍司令官の後任者を見つけなければならなくなった時、そのポストにキッチナーが就くことを望んだのはカーゾン自身だった。

カーゾンのインド副王兼総督としての任期の一期目の末頃までは、カーゾンとキッチナーの関係は良好だった。しかしキッチナーは、インド副王行政参事会内の軍事担当メンバー(英領インド帝国政府の陸軍大臣にあたるポスト)の職を廃止し、インド軍司令官のもとで軍令と軍政を一元化することを望むようになり、カーゾンはそれに反対した。英領インド帝国の最高方針の決定は、軍事に関しても副王兼総督が行うべきだと考えていたからだった。キッチナーはカーゾンの退任後にこの問題をもう一度持ち出すことを考えていたが、カーゾンが副王兼総督としての任期の延長を決めたことで様相が変わった。キッチナーはこの問題を蒸し返し、文官であるインド副王兼総督と武官である英領インド軍司令官の間での権力争いの様相を帯びるに至った。

ただし、英領インド帝国のエリート層が、カーゾン支持派とキッチナー支持派に分かれて対立するという構図にはならなかった。争いは、カーゾンとキッチナーのうちいずれがバルフォア内閣からの支持を取り付けるかという形で行われ、結局、バルフォア内閣はキッチナーを支持した。

敗北を認めたカーゾンは、二期目の半ばで辞職を決意する。当時、バルフォア首相は、インド副王兼総督としてのカーゾンの施策、とりわけ外政面での積極政策を苦々しく感じていた。また、カーゾンとインド担当大臣ブロドリックの関係も悪化していた。副王行政参事会内の軍事担当メンバー職の存否は、副王兼総督がその職を賭さなければならないほど決定的な案件ではなかったにもかかわらず、カーゾンは辞職することを選んだ。カーゾンのプライドがその職にとどまり続けることを許さなかったからだった。

図3-12　英領インド軍司令官時代のキッチナー（在任1902年～1909年）。

悪名高いベンガル分割

ベンガル分割は、結果的にカーゾンのインドへの「置き土産」になった。在職中にカーゾンは、ベンガル州準総督からの提案を受けてベンガル分割の準備を進めていた。

ベンガル分割に関するカーゾンの意図は、次のようなものだった。十九世紀後半、ベンガル地方が様々な意味で急速な成長を遂げたことから、インド政庁とベンガル州政庁の間の業務分担が不分明になっていた。カーゾンは、英領インド帝国の統治システムをインド政庁の実効性を高める形で効率化しようとしていた。それを実現するために、インド政庁をベンガルに関する業務から引き離した上で、統治上の課題の多いベンガル地方を、彼には合理的と思われた一定の基準に基づいて分割し、複数の州政庁に分担させようとした。

しかしカーゾンには別の意図もあった。政治的意識を高めつつあり、マス・メディアなどを通じて英領インド帝国政府の施策を声高に批判することをためらわなくなっていた法律家や地主など、インド人新中間層に属する有力者たちの政治的・経済的な基盤を、ベンガル分割によって弱めることも狙っていた。有力者たちは、ブラーフマンなどヒンドゥー教の高位カーストに属し、また、西ベンガルのカルカッタに住みながら、東ベンガルに土地を所有していることが多かった。したがって、西ベンガルのヒンドゥー教徒多住地域と、東ベンガルのムスリム多住地域を分割すれば、こうした有力者たちの基盤を崩すことができると考えたわけである。

カーゾンの離任後にベンガル分割が実施されると、インド社会側から強く反発する声が上がった。とりわけベンガルの知識人たちの間では、ベンガルは一つの「ネイション」を成しているとの意識が定着しつつあったために、そうした自然な社会的有機体であるベンガルをインド政庁が統治の便宜を理由に分割しようとするのは認めがたい、との強い憤《いきどお》りが生じた。宗教を尺度として行政上の単位を区分し、分割統治を行うのは植民地統治におけるイギリス人の常套手段であり、イギリス人の底意にはインド社会全体が自治へと進むのを阻む意図が潜《ひそ》んでいる、と批判する声が強まった。

かくして、ベンガル分割反対闘争を通じてインド国民会議派は明確に政治的な運動体となり、スワラージ

（インド人による自治）、スワデシ（インド産品の愛用）を唱えるようになった。また、インド・ナショナリズム運動の支持者の中には、イギリス人へのテロ活動を辞さない者も現れた。

その後のカーゾンのキャリア

失意の中でカーゾンはイギリスへ帰国した。彼のかねての野心である、イギリス首相への道も絶たれたように見えた。インド副王兼総督職を中途で投げ出したことで政界での彼への評価は失墜し、また、体調も優れなかった。そのため、帰国したカーゾンの周囲に集まって新たな動きを起こそうとする保守党の政治家たちも現れなかった。

カーゾン自身は下院議員になって再起する意欲を失っていなかったが、エドワード七世が、インド副王兼総督職を務めた人物の下院への復帰を好ましく思っていないと伝えられ、断念した。一九〇六年に愛妻メアリが死去したことも、カーゾンの悲嘆を深めた。しかしその後カーゾンは、彼の母校であるオックスフォード大学の学長に選出された。このポストは、本来は名誉職だったが、カーゾンは同大学の抱えていた課題に熱心に取り組んでいる。

カーゾンは、インド副王兼総督に任命された際にアイルランド貴族に叙されていた。イングランドやスコットランドの貴族とは異なり、アイルランド貴族は貴族であることによって自動的にイギリス議会上院に議席を与えられるわけではなく、アイルランド貴族たちの間で互選された者が、その代表としてイギリス議会の上院議員になっていた。一九〇八年に自由党政権下でカーゾンは、このアイルランド貴族代表の上院議員になった。

ただし、上院から拒否権を奪おうとする自由党の政策に反対した以外は、特に目立った活動はしなかった。一九一一年にはケドルストンのカーゾン伯爵の爵位を与えられ、晴れて連合王国の貴族として上院議員になった。

第一次世界大戦が始まり、長期化すると、アスキスの率いる自由党内閣は保守党との連立に踏み切り、いわゆる「挙国一致内閣」が形成されることになった。アスキスはカーゾンに対して国璽尚書《こくじしょうしょ》として内閣に加わることを求めた。アスキスとカーゾンはともにオックスフォード大学のベイリオル・カレッジの出身で、個人的に親しい間柄だった。アスキスは、「イギリス帝国に関するエキスパート」としてのカーゾンの知見や判断を、党派を超えて活用しようとした。

そのアスキスを追い落とす形で一九一六年十二月に成立したロイド＝ジョージ内閣でも、カーゾンは閣内にとどまった。さらに第一次世界大戦終結後の一九一九年には、同内閣の外相になった。ロイド＝ジョージが失脚し、一九二二年十月に成立したボナ＝ローの率いる保守党内閣でも、カーゾンは外相として留任した。

一九二三年五月、そのボナ＝ローが体調を崩し、首相の地位を辞することになった。カーゾンは、一九一〇年に王位に就いたジョージ五世が、ボナ＝ローの後継者として自分を首相に指名するものと考えていた。しかし、元首相で保守党の重鎮になっていたバルフォアから、上院議員が首相になるのはもはや時流に合わないとの助言を得たジョージ五世は、カーゾンではなくボールドウィンに組閣を要請した。ジョージ五世とバルフォアという、ともにカーゾンに反感を抱く人物による連携プレーが、カーゾンの宿願成就を阻んだことになる。

長年の希望が潰《つい》えた中でも、カーゾンは第一次ボールドウィン内閣で外務大臣の職にとどまり、第二次ボールドウィン内閣では枢密院議長になった。インドを再訪することはなく、一九二五年に死去している。

仮にイギリス帝国に全盛期と呼ぶべきものがあったとすれば、カーゾンはまさしくそうした時代を体現する人物だった。彼は心底からイギリス帝国の人類史的価値を信じており、英領インド帝国を、彼の理想に即して発展させることを目指していた。政治家としても大衆社会の到来を正確に見抜き、それに対応するためにマス・メディアの活用を試みるなど、先駆的な発想力を持つ人物だった。しかしカーゾンは、後代の多くの論者の目から見れば度し難い帝国主義者であり、時代の流れに逆行して敗れるべくして敗れた、とされてきた。

とは言え、近年、カーゾンを再評価する声がないわけではない。二十一世紀初頭にあって、近世以前の国力と自負を取り戻しつつあるインド社会の知識人たちの中には、逆説と皮肉を込めて、カーゾンこそが実は彼の時代のインドの最大の愛国者であり、グローバルなリーダー国になりつつあるインドの外交・戦略を先取りしていた、と論じる者すら現れている。

第四章

ジョージ五世の一九一一年インペリアル・ダーバー

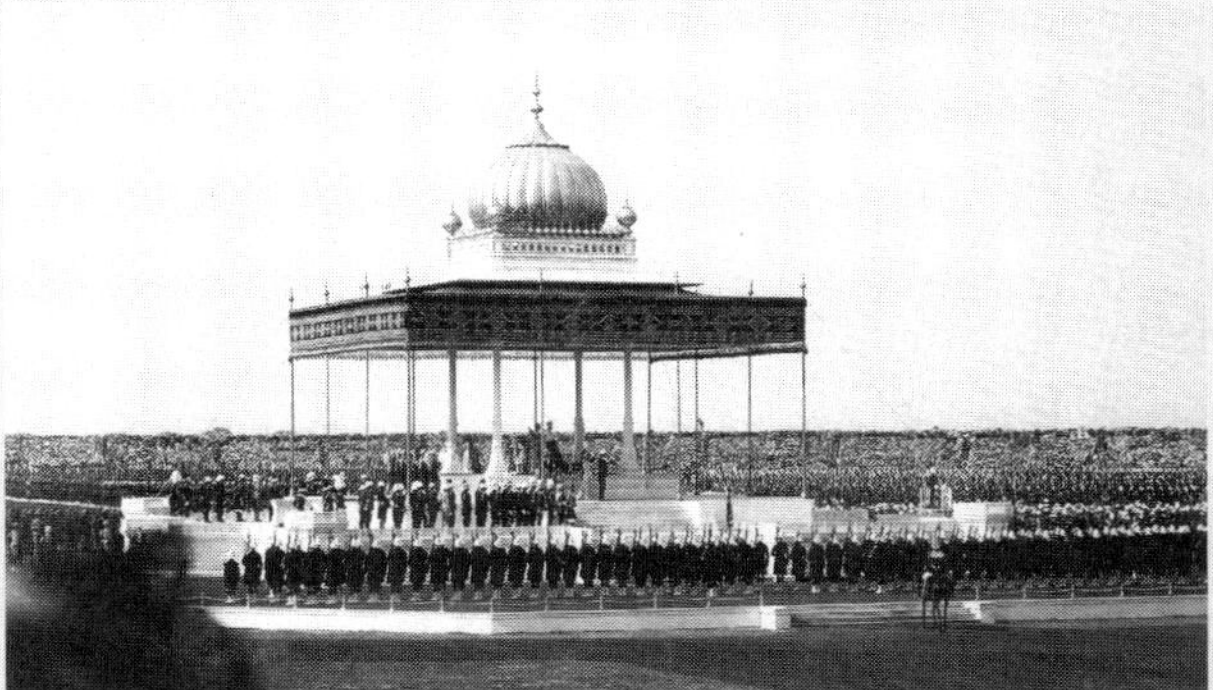

1911年12月12日、インペリアル・ダーバーの式典に際して、インド人藩王たちからの忠誠表明を受けるために高座（デイアス）に着座したジョージ五世夫妻（Volwahsen, Imperial Delhi）

本章では、イギリス国王兼インド皇帝ジョージ五世と一九一一年インペリアル・ダーバーの関わりについて考える。ジョージ五世は一般に「凡庸な国王」として知られており、本人もそのように言われることを受け入れていた。たとえば、次のような言い回しが当時のイギリス社会にはあった。「ジョージは五分の一（英語では、a fifth）であり、残りはメアリ」。ジョージ五世は英語では「George the Fifth」と言われるので、「a fifth」と「the Fifth」をかけているのである。つまり国王夫妻のうち、国王ジョージの重みは実際には五分の一で、残りの五分の四は知的で賢明なメアリ王妃が担っている、という意味だった。彼女の才覚と適性を見抜いていた故ヴィクトリア女王によって、メアリは将来の王妃として選ばれた、とも言われる。

しかし実際にはジョージ五世は、王位を継ぐ以前の海軍将校としての、あるいは王太子としての様々な経験から、イギリス帝国とイギリス君主制のありようや機能について、現実的で的確な識見を持っていた。それゆえに彼は、一九一一年インペリアル・ダーバーという機会を存分に活用して英領インド帝国を安定させ、第一次世界大戦をイギリスが乗り切ることを可能にしたのだった。

第一節　ジョージ王太子の世界情勢認識

ジョージ五世の生い立ちと結婚

ジョージ王子（即位後はジョージ五世）は、アルバート王太子（即位後はエドワード七世）と、アレクサンドラ王太子妃の間に、次男として生まれた。アルバート王太子は、就学時代から女性への強い関心を示しており、後年、多くの愛人を持つことになる萌芽が見られた。息子とは正反対に、あらゆる意味で生真面目だったヴィクトリア女王・アルバート公夫妻は、長男のこうした傾向を心配し、早めに彼を結婚させて生活を安定させ、王位に就くための準備をさせる必要がある、と考えていた。

アルバート公の死後、ヴィクトリア女王は、当時のヨーロッパ諸王家の女性たちの中でもとりわけ美貌と評判の立っていた、デンマーク王家のアレクサンドラ王女を息子の結婚相手として選んだ。しかしアルバート王太子とアレクサンドラ王女の結婚後、デンマークはプロイセンとの戦いに敗れ、二つの州を失った。のちのイギリス国王エドワード七世の妻、そして次の国王ジョージ五世の母親がデンマーク王家の出身であり、プロイセンに強い遺恨を抱いていたことが、国際政治の展開にも影響を与えることになる。またジョージ王子は、祖母ヴィクトリア女王の長い在位期間に生まれて成人したため、同女王の君主としてのありようから大きな影響を受けた（図４－１）。

ジョージ王子は、母親アレクサンドラ妃の実家であるデンマーク王家とのつながりから、ロシア皇帝家の人

図4-2　19世紀末に撮影された、デンマーク王家の夏の別荘での集合写真。デンマーク国王一家、イギリス王太子一家、ロシア皇帝一家が勢ぞろい。

図4-1　1894年にコーブルクで撮影された、ヴィクトリ女王（中央）と、その子孫たち（ヨーロッパ各国の王族）。

びとも親しい関係を持つことになった（図４－２）。母親の妹が、ロシア皇帝アレクサンドル三世と結婚して皇后マリア・フョードロヴナになっており、姉妹は非常に仲が良かったため、イギリスの王太子一家とロシア皇帝一家は、毎年夏、デンマーク王家の別荘で共に過ごすことになった。そして母方のいとこ同士であり、年齢も立場も近く、容貌すら似ていたジョージ五世とニコライ二世は、幼少時から取り分けて仲が良かった。

アルバート王太子とアレクサンドラ妃の長男であり、ジョージ王子にとっては兄であるアルバート＝ヴィクター王子とジョージ王子の関係も密接だった。二人は年子だったため、同じように育てられ、アルバート王太子の判断により、共にイギリス海軍士官となるための教育を受けた。その結果二人は、海軍士官候補生としてブリティッシュ・ワールドの各地を訪問し、イギリス帝国の君主ないし、その補佐役となるための準備を行った。

しかし一八九二年に、アルバート＝ヴィクター王子がインフルエンザのために急死した。とりたてて出来がよいわけではない頼りなげな息子だったが、父母の悲しみは深かった。ジョージ王子は海軍士官としての生活を切り上げ、やがてはイギリスの王位を継ぐことになる者としての準備へシフトした。

亡くなる直前に、アルバート＝ヴィクター王子は婚約していた。相手のメアリはヴュルテンベルク王家の分家であるテック家の王女だった。ヴュルテンベルク公の甥アレクサンダーがハンガリー貴族の女性と「身分違い婚（貴賤結婚）」を行って生まれたのがメアリの父親フランツであり、テック公を名乗った。従って、テック家の人びとは王族ではあったが、ヴュルテンベルク公国の君主になることはできなかった。テック公フランツがイギリス国王ジョージ三世の七男の次女メアリ＝アデレードと結婚し、二人の間に生れたのがメアリだった。

ヴィクトリア女王は、イギリス国王となるにはアルバート＝ヴィクター王子はやや心許ないと考えていたが、そうした孫の伴侶としてメアリがふさわしいと判断した。ジョージ王子は、アルバート＝ヴィクター王子の死後、ヴィクトリア女王からの強い勧奨を受けて、一八九三年にメアリと結婚した。夫婦仲は非常に良かった（図4－3）。

図4-3　1893年7月に結婚し、同年クリスマスに撮影されたジョージ王子とメアリー妃の署名入り写真。

カーゾンとの確執

ヴィクトリア女王の逝去により、ジョージ王子はイギリス王太子となった。新王エドワード七世が高齢であったため、自身の即位が近いことを感じていた。王太子となるための準備はすでにかなり整っており、そのための自覚も備えていた。ヴィクトリアが残した帝国をどのように維持すればよいのかについても考えを巡らしていた。一九〇一年には、新王に代わって王太子妃とともにイギリス帝国の各地を訪ねた。

カーゾンからの提案を受け、一九〇三年にインペリアル・ダーバーがデリーで行われることになったが、エドワード七世は自らインドへ赴く意志はなかった。これに対してジョージ王太子は、父親の代理としてインペリアル・ダーバーに出席することを強く望んだ。イギリス王室と英領インド帝国の絆を強化するための絶好の機会だと判断していたからだった。

しかしカーゾンは、ジョージ王太子のインド訪問を拒んだ。ジョージ王子の王族としてのカリスマ性にカーゾンが疑念を抱いていたことが最大の理由だったが、カーゾンは明らかに、新たな時代の君主となるジョージ王太子の能力を見くびっていた。ジョージ王太子は、少なくともカーゾンが考える以上には、社会全体の感情を察知し、それに沿って行動する能力を有していたからである。

王太子としてのインド公式訪問

カーゾンが失脚しインド副王兼総督職を辞任した直後に、まるで狙いすましてでもいたかのように、ジョージ王太子はメアリ王太子妃を伴ってインドを訪問した。ジョージ王太子はカーゾンとは異なる視点から、すなわちイギリス王室の主要なメンバーとしての立場から英領インド帝国の重要性を認識しており、遠くない将来に父に代わってイギリス国王兼インド皇帝となるはずの自分は、英領インド帝国の状況をつぶさに見ておく必要があると考えていた。

ジョージ王太子は、カーゾンが演出した一九〇三年のインペリアル・ダーバーが、実際にはイギリス君主制の存在感をインド社会に対して十分にアピールできなかったのではないか、と疑っており、自分がインドへ赴くことでそれを補う必要があると感じていた。また、カーゾンの施策から生じた、英領インド帝国という政治単位と在印イギリス人たちの間での感情的な溝を埋める必要があるとも感じていた。

ジョージ王太子は、彼にとって有能な助言者であり補佐役でもあるメアリ王太子妃と共に、比較的自由な立場で英領インド帝国を観察することができた。まだインドの君主ではなく、統治に関わる指揮命令系統の上にもいなかった彼は、英領インド帝国社会を構成する、いずれのコミュニティとの間でも「コミットメント」を持たなかったから、かえってそれらについての客観的な情報を入手することができた。また、長くイギリス海軍の将校として勤務した経験のおかげで、航海の途中で立ち寄る陸上の社会を、一歩退いた視点から捉える術も身に付けていた。

分割統治への批判的視点

その結果、ジョージ王太子は、英領インド帝国の統治システムの要諦《ようてい》が、イギリス国王兼インド皇帝と藩王たちの間の協働関係と、国王兼皇帝への英領インド軍の忠誠にあることを理解した。ジョージ王太子の旅程には、狩猟を名目とする諸藩王国への訪問がふんだんに織り込まれており、そのおかげで藩王たちとの間で個人的な接触を持つことができた。また、インド大反乱、アフガン戦争、ビルマ戦争、義和団事件などでの実戦経験を持つ英領インド軍部隊を訪ね、それらに所属するインド人兵士とも交流を持った。こうした旅程を組むにあたっては、一八七五・七六年にやはり王太子としてインドを訪問した父王からの助言が大きかった。

ジョージ王太子夫妻がインドを訪問したのは、ベンガル分割が実施された直後の時期だった。王太子は現地で、ベンガル分割がインド人新中間層の間でいかに不評であり反発を生んでいるのかを直接目にすることになった。その結果、帝国統治策の神髄として挙げられることの多い「分割して統治せよ」の原理は、必ずしも帝国の長期的維持にとって有益ではないのでは、と批判的に捉えるようになった。従来のように、イギリスによるインド支配のメリットをインド社会の一定の権力者たちと共有するだけでは十分でなく、インド社会全体の中で、帝国に対する情緒的な愛着を醸成する必要があると王太子は認識した。そしてヴィクトリア女王時代の英領インド帝国では、インド人たちからの彼女個人への信頼感が効果的に機能していたが、ベンガル分割はそれを破壊する方向に作用していると危惧した。

ジョージ王太子の王族情報網と世界認識

王太子になってからのジョージは、帝国をめぐる諸情勢について、イギリス国家の制度的な経路を通じて情報に接するようになり、それに基づく見識も備えつつあった。故ヴィクトリア女王とは異なり、父王エドワード七世が王太子に枢要な公文書の閲覧権を与えたことが大きかった。ジョージ王太子は妻メアリの能力を高く評価していたから、それらの公文書を彼女にも読ませて意見を求めた。ジョージ王太子はまた、故ヴィクトリア女王に倣って主要な新聞に広く目を通しており、世論の動向をよくつかんでいた。さらに、これも故ヴィクトリア女王に倣って、帝国各地の王族・貴族層出身の植民地総督や軍司令官との間で個人的な連絡網を持っており、彼らからも確度の高い情報を得ていた。

しかし最も重要であったのは、ジョージ王太子が、王子時代に海軍将校としてブリティッシュ・ワールドの各地に寄港し、また王太子として英領インド帝国を含む多くの英領植民地を訪問した経験から、イギリス帝国の現況についてリアルな認識を持つようになっていたことだった。その結果彼は、イギリス帝国は人類文明にとって有益なシステムとして機能しているが、そうした現状を変更しようとするドイツ帝国からの深刻な挑戦を受けつつある、と考えるようになった。それゆえ王位に就いてジョージ五世となった後には、亡き父エドワード七世が様々な模索の上に到達した、ドイツ帝国を可能な限り囲い込むという術策を継承しようとした。仮に戦争が避けられないとしても、現状の破壊的変更に至らないうちにそれを収束させることを目標にした。そして効果的なドイツ包囲網を形成するために、ブリティッシュ・ワールド側の準備を急がせようとした。具体的には、イギリス本国の政治情勢を安定させ、アイルランドの自治体制を実現し、英領インド帝国での動揺を鎮静させるなどである。

またジョージ王太子は、ドイツ皇帝やロシア皇帝との個人的な交際を通じて、王族としての観点から諸列強の関係の実情も理解していた。ドイツ皇帝ヴィルヘルム二世はジョージ王太子にとって父方のいとこであり（ジョージ王太子の父親であるエドワード七世と、ヴィルヘルム二世の母親であるヴィクトリア皇太后は、それぞれ、ヴィクトリア女王とアルバート公の間に生まれた長男、長女だった）、その独特な性向をジョージ王太子は身近で目撃し、ヴィルヘルム二世を取り巻くドイツ帝国の意思決定システムについても熟知していた。他方、ロシア皇帝ニコライ二世は、ジョージ王太子にとって母方のいとこであり、さらに、ロシア皇后アレクサンドラは父方のいとこだったから

（アレクサンドラの母親は、ヴィクトリア女王の次女アリスだった）、ロシア帝国の意思決定における皇室の位置づけも正確に看取していた。さらにこの時期、ヴィクトリア女王の子や孫の構成する王族ネットワークは、ドイツ皇室やロシア皇室以外にも及ぶようになっており、ジョージ王太子は、そうしたネットワークの要所から、政府間のやり取りとは異なる国際関係の機微にわたる情報を得ていた。

エドワード七世が一九一〇年五月に亡くなり、ジョージ王太子はジョージ五世としてイギリス国王兼インド皇帝に即位した。その時点で彼は、国際情勢の緊張は高まっているものの、諸列強が「イギリスと英領インド帝国の関係は安定している」と判断すれば、それらが冒険主義的な政策を採用することを抑えられるかもしれない、と考えていた。他方で、仮に諸列強の対立が戦争にまで至った場合には、戦線は世界規模に広がるため、イギリス帝国の利害を防衛するには英領インド軍の機動力が不可欠になるはず、だった。

その上で、イギリスと英領インド帝国の関係を安定させるために新たな国王兼皇帝がなしうることは何だったのだろうか。

第二節　国王兼皇帝とインド人民衆の儀礼を通した出会い

ジョージ五世の覚悟

即位した時点で、ジョージ五世は父王とは異なり心身ともに健康で、一九一一年六月のウェストミンスター寺院での戴冠式を無難にこなした。また、国王への即位を宣言するためのスコットランド、アイルランド、ウェールズへの訪問も恙《つつが》なく実施している。

アスキス内閣の下で、当時のイギリス国政は大きく民主化の方向へ進んでいた。ジョージ五世は気質的には自由党の政治家たちを嫌っていたが、民主化の趨勢に対応して君主制のありようも変化する必要があると理解していた。エドワード七世時代末期のイギリスの内政上の焦点は、既得権を維持しようとする地主貴族層、イギリスの国力の充実を望む上層中産階級、国策への協力の見返りに福祉制度の充実を求める民衆層の間での力比べに、どのような形で折り合いをつけさせるのか、ということだったが、ジョージ五世も、そうした未解決の難題に直面することになった。

しかしジョージ五世は、ヴィクトリア女王の孫として、同女王の存在を核として形成されていたヨーロッパ王族たちの親族ネットワークのメンバーでもあったから、上院を構成するイギリス貴族層との一体感は実はそれほど強固なものではなく、したがって上院の権限を削減しようとする改革に関して貴族たちほどには深刻な不安を感じてはいなかった。むしろ、君主である自分は、上院よりは下院へと軸足を移し、国民一般との関係をさらに密なものにしていく必要があると認識していた。

言い換えれば、従来の、貴族層と連携する君主制にこだわるのはもはや時代遅れであり、むしろ国家と国民の間のコミュニケーションを促進する役割に専念するべきだとジョージ五世は考えていた。言語・宗教・人種などの点で実際には多様な人びとによって構成されながら、海洋勢力国家としてのアイデンティティを掲げて国民としての一体感を共有するようになっていたイギリス社会と、そうした社会を統制し、方向性を与えようとする国家の間で仲介者の役割を担うのが君主のあるべき姿だと考え始めていた。

他方でジョージ五世は、イギリスの外政に関しては、君主が果たすべき役割はなお大きいと考えていた。諸列強の競合が危険なほどに高まる中で、イギリス帝国の君主として、帝国の利益を保全するための外交において国王は建設的な貢献をなしうるし、そのように努める義務がある、と。

ジョージ五世のそうした判断には、確かに根拠があった。この時点でイギリス以外の諸列強の主権者の多くは、なお世襲の皇帝たちであり、しかも、イギリス国王とは異なって実質的な政治権力を多かれ少なかれ保持していた。イギリス政府は、そのような皇帝たちに率いられる政府と交渉しなければならず、皇帝たちとの間で近親関係にあることの多いイギリス国王は有益な側面援助をなしうるはずだった。また、イギリス帝国内の諸自治領は自律性を強めており、イギリス政府・議会からの統制を好まなくなっていたため、イギリス帝国の言わばまとめ役としても、自治領の政府を束ねることのできるイギリス国王のポジションは重要なはずだった。さらに、自治領以外のイギリス帝国の諸植民地は、イギリス人の植民地官僚が直轄支配を行う地域以外では、現地の世襲的権力者の支配下にあり、英領インド帝国の藩王たちは、その典型だった。こうした権力者たちとの間でのやり取りに関しても、イギリス国王の有用性は高かった。

ジョージ五世のインド統治観

ジョージ五世は、即位すると同時に、インペリアル・ダーバーを自らが主役とする形で行うことを決意した。インド社会において権力者の交代が起こった際には、こうした儀礼を行うことが不可欠だとすでによく分かっていた。

彼の祖母であるヴィクトリア女王は、自らがそうした儀礼を主宰することを、君主がイギリスから長期間離れることで生じる国政上の問題、また、自分の健康がインドの気候に耐えられるか、などを考慮して、回避した。父エドワード七世も、体調不調のせいでやはりそれを断念した。これに対してジョージ五世は、ヴィクトリアの時代に比べれば旅行手段が格段に発達しており、しかも自分はまだ若く健康であるから、こうした重要なイベントを回避する理由は全くないと判断した。

カーゾンの努力の成果である一九〇三年ダーバーを通じて、政治的単位としての英領インド帝国のイメージは、かなりの程度までインド社会に浸透するようになっていた。しかし一九〇三年ダーバー後に行われたベンガル分割の余波で、逆に英領インド帝国という枠組みへの信頼は大きく揺らいでいた。そのため、再度インペリアル・ダーバーを実施し、しかも従来のような「代理」によってではなく、真正のイギリス国王兼インド皇帝である自分がインドへ渡ってインペリアル・ダーバーの主役を演じることにより、英領インド帝国のイメージをインド社会の人心に堅固に定着させ、帝国への信頼を回復するべきだ、とジョージ五世は考えていた。

インドをイギリス君主の手に取り戻す

ジョージ五世は、ベンガル分割に象徴されるようなカーゾンが行おうとした性急な施策のせいで、インドの状況がアイルランドのそれに近づいているのではないかと警戒していた。カーゾンの方針は、統治システムの効率化の代償として、帝国の中で新たに成長しつつある社会層を抑制ないしは排除しようとするものであり、分割統治による負の統合を意図していた。そうした施策を続ければ、かつての北アメリカ植民地のように、帝国からの離脱を目標とする勢力をインドに生み出すことにつながりかねないとジョージ五世は危惧した。

つまりジョージ五世は、カーゾンとは異なり、イギリス帝国というシステムを長期的に持続させるためには、帝国システム全体への敵対者やそれに感情的反発を抱く者をできるだけ少なくすることが必要だと考えていた。それゆえ彼は、インペリアル・ダーバーの機会を利用してイギリス君主制とインド社会の人びとの間の絆を確認し、英領インド帝国という政治的枠組みとインド社会の人びとの関係を全体として修復することを目指した。折しもインド政庁の最上層部から、インペリアル・ダーバーの場で、ベンガル分割の撤廃とカルカッタからデリーへの遷都を同時に発表してはどうか、というアクロバティックな案が提起された。ベンガル分割の撤廃によりヒンドゥー教徒の不満を解消し、デリーへの遷都によってムスリムの歓心を買おうとするものだった。その大胆さと巧妙さに感銘を受けたジョージ五世は、同案の実施に向けて密かに準備することを決意する。

イギリス国王は、イギリス本国での政治的実権を失ってから久しかったが、植民地統治における君主の権限に関してはイギリス憲法はやや曖昧であり、英領インド帝国の統治に関しても、その曖昧さを利用して君主がイニシアティヴを発揮することが可能だった。ベンガルという、広大で人口も多い領域に関する行政区画の改変は、本来ならば極めて重要な政治課題であり、また、一国の首都の移動についても同様だった。しかしジョージ五世は、英領インド帝国で皇帝がそれらを行うことが法律上可能であることを確認した。

しかし、このアイディアが漏れ、イギリス社会・インド社会で政治的議論の対象にされてその実現が困難になることを警戒したジョージ五世は、彼の周辺のごく限られた者たちとの間だけで発表の準備を進めた。

ジョージ五世の決断を主としてサポートしたのは、インペリアル・ダーバーが実施される約一年前に、アスキス自由党政権によって指名され、ミントーに代わってインド副王兼総督職に就任したハーディングだった。

インペリアル・ダーバーの準備

ハーディングは、イギリス政府の外交官としてのキャリアを歩んできた人物だった。伝統的にイギリスの外交官には貴族階級出身者が多かったが、ハーディングはその典型であり、しかも彼の祖父が十九世紀前半にインド総督を務めていた。

有能な外交官としてハーディングは第一線で活躍していたが、彼は故グラッドストン首相が体現した自由主義に共鳴しており、そのためもあってアスキス自由党内閣によってインド副王兼総督に指名された。直前のポストは外務省事務次官であり、インド副王兼総督職を退いたのちには再度、外務省事務次官となって第一次世界大戦を乗り切り、一九二〇年にはフランス駐在大使という要職に任じられることになる。ジョージ五世はハーディングの外交官としての手腕を高く評価していたため、彼のインド副王兼総督への任命はジョージ五世の希望にも沿うものだった。また、自由党系の副王兼総督の任命は、ベンガル分割反対闘争以降、反イギリスの色合いを濃くしていたインド国民会議派などのナショナリストたちからも好意的に受け止められることが期待され、実際にそのようになった。

エドワード七世は一九一〇年五月に死去しており、したがってハーディングが同年十一月にインド副王兼総督職に着任した時には、インペリアル・ダーバーを行うことはすでに決定されていた。ハーディングは自由主義を信奉し、近代的な考え方をする人物であったから、インペリアル・ダーバーのような「帝国主義的イベント」の意義自体には懐疑的だった。しかし外交官としての経験から、そうしたイベントが人心に与える効果は理解していた。また「イギリス帝国」に関するジョージ五世の積極的な意志を弁《わきま》えていたため、その忠実な官僚として、イベントの成功を期するのが自分にとって当然の義務だと考えた。さらに、カーゾンの置き土産であるベンガル分割は大失敗だったとも考えており、そのダメージを回復させようとするジョージ五世の意欲を共有していた。

ハーディングは、ジョージ五世の意向を踏まえて、今回のダーバーでは一九〇三年ダーバーの際にカーゾンが試みた「全世界からの関心を引き付け、英領インド帝国の認知を求める」ことにはこだわらず、あくまでも英領インド帝国内部でのイベントという形にすることを決めた。ただし、イベントの手順に関しては、カーゾンが残した「マニュアル」に依拠した。パンジャーブ州所属のインド高等文官であるマルコム・ヘイリーがイベント準備の実質上の責任者に任じられたが、この人選にもジョージ五世の意向が働いていた。一九〇五・一九〇六年にジョージ五世が王太子としてインドを訪問した際、その接遇を取り仕切ったのがヘイリーであり、ジョージ五世はヘイリーの手際の良さを評価していた。

「秘密兵器」発表への根回し

一九一一年ダーバーを成功させるための「秘密兵器」である、ベンガル分割撤廃とデリーへの遷都を同時に発表するための根回しは、以下のように進められた。ハーディングの前任のインド副王兼総督ミントーは軍将校としてのキャリアを経て植民地統治官になった人物であり、バルフォア保守党政権によって副王兼総督に指名された。ベンガル分割はミントーの下で遂行されたが、イギリス人官僚に対するテロの頻発など、反対運動の高まりを目にしたミントーは、テロ対策を徹底する一方で、植民地統治機構の行政参事会や立法参事会にインド人を任命するなど、硬軟両様の策でこれに対処し、それなりの成果を挙げていた。

ハーディングも、インドに着任した当初はベンガル分割撤廃に消極的な立場だったが、部下からの提案をヒントにして、デリー・ダーバーでベンガル分割撤廃とデリーへの遷都を同時に発表することを思いついた。ベンガルの再統合を行うにしても、それと同時に帝都の地位をカルカッタから取り上げることにすれば、ベンガル再統合がヒンドゥー教徒たちの分割反対運動の成果であり、インド政庁がそれに屈した、との印象を弱めることができる。他方、ベンガル分割によって東ベンガルで多数派の地位を得たムスリムたちは、再統合でそれを失うことになって不満を抱くだろうけれども、ムガール帝国の旧都であるデリーが英領インド帝国の新都とされることによって、そうした不満の幾分かが押さえられるはずだ、と考えたわけである。

ハーディングは、こうしたアイディアをジョージ五世に進言し、賛意を得た。かくして、インド社会へのイギリス君主制の側からの「和解」の働きかけとして、インペリアル・ダーバーの場でベンガル分割の撤廃とデリーへの遷都を発表するべく、ジョージ五世とハーデンィングの間の連絡を軸にして、両者が信頼できると判断した人びとの間に限って秘密裏に準備が進められた。

他方でハーディングは、カーゾンの残した前例を精査し、インペリアル・ダーバーの要諦が、藩王や英領インド軍兵士の英領インド帝国との一体感を強化することであり、藩王や英領インド軍兵士がイギリス国王兼イ

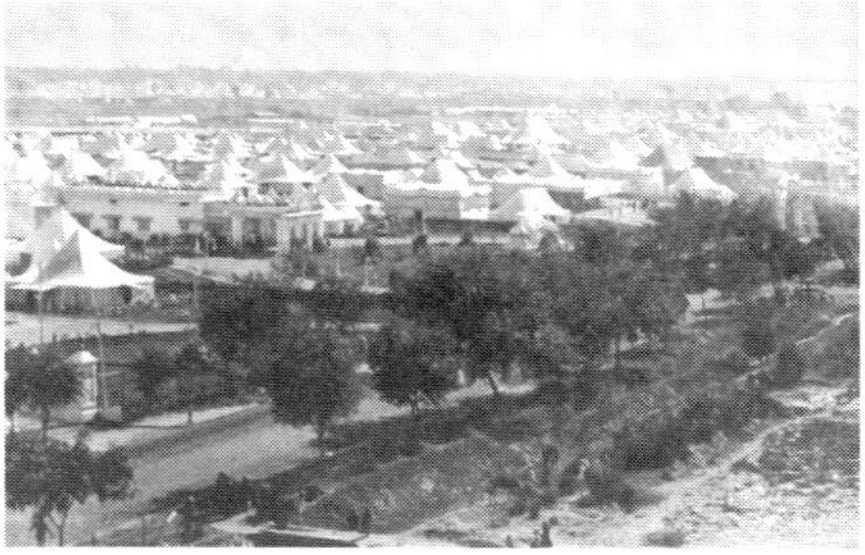

図4-4　1911年のインペリアル・ダーバー参加者滞在場所として設けられた8キロ四方に及ぶテント群。

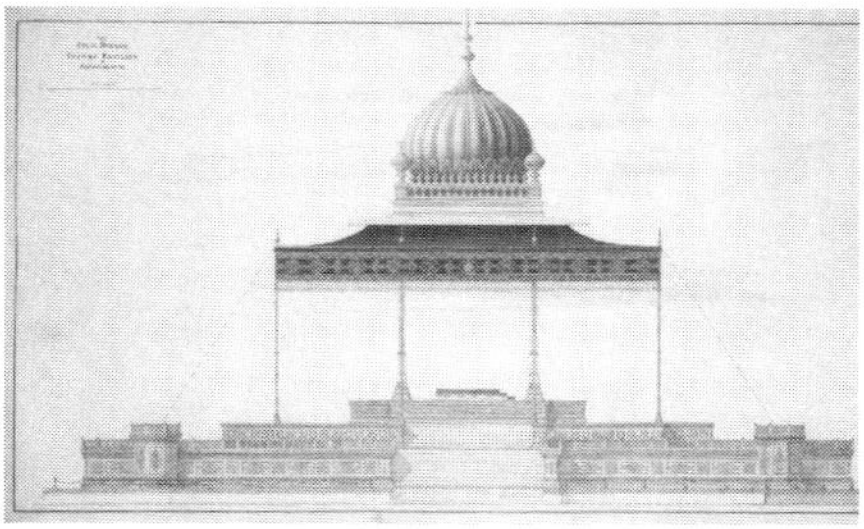

図4-5　式典に際して、ジョージ五世夫妻が着座した高座（デイアス）の側面図。

ンド皇帝に忠誠を捧げているというイメージをインド社会一般に定着させることだ、と理解していた。それゆえ、外交官としての自らの経験を活用し、諸藩王国政府との密な連絡を通じて、このイベントに関する帝国側の意図を周知させ、藩王国政府からの協力を求めた。しかし、英領インド軍部隊の存在をイベントでアピールすることはもちろんだが、多額の予算を用いて過度に勢威を示そうとしている、などの批判を避けるために、一九〇三年ダーバーの際のようには、軍事演習とインペリアル・ダーバーを連動させないことにした。

インペリアル・ダーバー会場の設営

一九一一年インペリアル・ダーバーも、一八七七年、一九〇三年の際と同様に、デリー市北郊の広大な錬兵場を舞台として行われることになった。イギリス国王位に就いたジョージ五世とその妻メアリをインド皇帝およびインド皇后としてインド人臣民に披露し、インド人臣民に彼らへの忠誠を誓わせることがその目的であり、前二回と同様に、インド全土からほぼすべての藩王、有力者たちが招集された。

ダーバーの実施にあたっては、やはり前例に倣って、国王兼皇帝および諸藩王たちが滞在する、美麗なテント村が約六十四平方キロメートルの敷地に整然と設けられ、巨大なテントの数は二百三十三に達した（図4－4）。ほとんど新たな都市が築かれたようであり、その際の関係者たちの経験がニュー・デリーの造営というアイディアにつながった。ただし、ダーバーの期間中に幾度か不審火が発生している。

式典会場の規模は、一九〇三年ダーバーの際よりもさらに拡大された。大小二つの巨大なアンフィシアター（半円形の雛壇式観客席）が対面する形で築かれ、より大きな外側のそれは十万人の観衆を収容し、内側のそれは藩王たちをはじめとする貴顕のために座席を提供した。内側のアンフィシアターの焦点にあたる部分には、高座《ディアス》があり、その中央に国王兼皇帝と王妃＝皇后のための玉座がしつらえられた（図4－5）。式次第における、国王兼皇帝夫妻と藩王たちの所作が、式典会場に参集したすべての人びとにはっきりと見られるようにすることが意図されていた。

一九一一年インペリアル・ダーバーの実施

ラール・キラーからダーバー会場へのパレードも、ほぼ一九〇三年ダーバーの際のフォーマットに沿って行われ、ルートに沿って英領インド軍の兵士たちが配置された。ただしジョージ五世は、カーゾンのように象に座乗せず、騎馬でパレードを行い、藩王たちにも象に乗ることを求めなかった。ハーディング副王兼総督をはじめとするイギリス人の高官たちも、国王と同様に騎馬でパレードに加わり、彼らに囲まれる形でジョージ

図4-6　ダーバーの開始にあたって、騎馬でパレードを行うジョージ五世。

図4-7　ジョージ五世に率いられてラール・キラーからダーバー会場に向かう式典参加者たち。

五世が行進したために、インド人観衆の多くにとっては国王兼皇帝の存在を見分けることが困難になった（図4－6）。メアリ王妃やイギリス人高官の夫人たちは馬車でパレードに参加した。

とりわけて視覚的効果が大きかったはずの巨象のパレードをジョージ五世があえて行わなかった理由についてはよくわかっていない。象への座乗は乗り心地がひどく悪いので、王妃兼皇后メアリがジョージ五世と象に同乗するのを拒んだからだとも言われている。

パレードの経路は、一八七七年アセンブリッジや一九〇三年ダーバーの際と同様に、ラール・キラーを出発し、ジャーマー・マスジドの周囲を廻《めぐ》ってから北上し、ダーバー会場に至る、というものだった。一九〇三年ダーバーの際に比べると、観衆の反応はより高揚したものだった。国王兼皇帝夫妻がパレードの主役を演じていることが人びとの関心を否応なく高めていた（図4－7）。

ダーバーと「皇帝の祭り」

一九一一年十二月十二日に行われたダーバーにおいて藩王たちは、とりわけ彼らがイギリス国王兼インド皇帝夫妻に対して忠誠の誓いを行う際には、儀礼上の規則《プロトコール》を厳密に守ることを求められた（図4−8）。しかしバローダ藩王国のマハラジャが、国王兼皇帝夫妻の面前でその規則に従わなかったために、スキャンダルを生じさせることになった。

ダーバーの主要な政治目的、すなわち、国王兼皇帝自らがベンガル分割の撤廃とデリーへの遷都を抜き打ちで発表するという計画は、滞りなく実行された。ジョージ五世が英語で発表した後、ウルドゥー語でも読み上げられた。それが発表されると、ジョージ五世と、その周辺の人物たちの目論見通り、インド社会には劇的な雰囲気の変化が生じた。広大な式典会場では、国王兼皇帝のスピーチの内容は、拡声器がまだ実用化されていなかったために、実際には聞き取りづらかった。しかし、その内容が人づてに漣《さざなみ》のように伝わり、人びとに衝撃を与えた、と言われる。その二日後の十二月十四日、三万人に及ぶ英領インド軍将兵が、国王兼皇帝の前でパレードを披露した。ジョージ五世は日記の中で、それは「自分がこれまで目にした中で最も素晴らしく、美しい情景だった」と記している。

一九〇三年ダーバーの際と同様に、ラール・キラーを会場としてインド社会のエリート層を招いてのガーデン・パーティーも催された。しかし一九一一年ダーバーでは、これに

図4-8　式典において、ジョージ五世夫妻への忠誠表明を行うハイデラバードの藩王。

図4-9　1639年頃、ラール・キラーのジャロカ（飾り窓）から象のレスリングを見物するムガール皇帝シャージャハン。

図4-10　ダーバーの際の「皇帝の祭り」を、ラール・キラーのジャロカから見つめるジョージ五世夫妻。

図4-11　1912年ロンドンのスカラ・シアターで公開上映された、ダーバーの記録映画「我らが国王・王妃と共にインドを行く」のポスター。

加えて、デリー市民の側からの提案に基づいて、デリー市民が主体となって新たなインド皇帝の誕生を祝うイベントが企画され、「皇帝の祭り」(バードシャーヒ・メラ)と名付けられて実施された。メラの会場は、かつてムガール皇帝がラール・キラーの豪華な装飾を施された石造りの出窓(ジャロカ)から、その下に集った民衆に向かって「お目見え」(ダルシャン)を行った場所に設けられた(図4-9)。

デリーに在住するイギリス人とインド人が協働して「祭り」の準備を進めたが、結局、パンジャーブ州政庁の公共事業局の協力に頼ることになった。デリー近郊から十数万人の民衆が集まり、数日間にわたって様々な娯楽が提供された。ダーバーが行われた日の翌日、会場に面したそのラール・キラーの出窓からジョージ五世夫妻が「お目見え」を行い、出窓の下を行進して通り過ぎる民衆からは「皇帝万歳」の声が湧き上がった(図4-10)。

また植民地政庁側は、やはり一九〇三年ダーバーの際と同様に、マス・メディアに対する積極的な便宜提供を行った。前回に比べて映画の一層の活用が目指され、実際により多くの映画製作会社を集めることに成功した。撮影されたフィルムは直ちにイギリスへ送られ、インペリアル・ダーバーの状況を速報した(図4-11)。イギリス本国やイギリス帝国の諸植民地だけでなく、アメリカ合衆国やヨーロッパ諸国へもダーバー映画は輸出されている。

藩王たちとの親交

インペリアル・ダーバーを利用してのイギリス側からの藩王たちへのアプローチに関しては、儀式の場で藩王たちに国王兼皇帝への忠誠を誓わせるだけでなく、彼らと国王兼皇帝との間でパーソナルな親交を深め、その提携関係を強化することも意図されていた。

ダーバーにおける国王兼皇帝への忠誠の誓いは、バローダ藩王を除いて大過なく行われた。また一九〇三年ダーバーの際と同様に、藩王の子弟によって構成される帝国士官候補生部隊《インペリアル・カデット・コール》が、イベントの様々な局面で活躍した。「皇帝の祭り」に際しては、国王兼皇帝夫妻の裳裾《トレーン》運びを諸藩王国の幼い王子たちが担当し、二人の傍らに侍した。また、藩王たちが国王兼皇帝夫妻主催のガーデン・パーティーに招かれたことは言うまでもない。藩王たちへの羽振りのよい叙勲も一九〇三年ダーバーの時と同様だった。

第三節　一九一一年ダーバーの余波とニュー・デリー造営

ハーディング暗殺未遂事件

当初、ジョージ五世やハーディングは、東インド会社がムガール帝国政府との交渉のためにシャージャハナバード（現在のオールド・デリー）の北方に設けた「シヴィル・ラインズ」と呼ばれる地域を拡充して新都の官庁街やイギリス人居住区にし、藩王たちにはインペリアル・ダーバーの式典会場に宮殿を建てさせて住まわせることを考えた。そのためにジョージ五世は、デリーに滞在していた間に新都造営の起工式をシヴィル・ラインズで行った。

しかし間もなくして、シヴィル・ラインズは手狭であり、また、インペリアル・ダーバーの式典会場は地盤が弱いために宮殿の建設には不向きだと判断された。ジョージ五世からの賛意を得て、デリーの南側に全く新たな首都を建設することが決定した。

ただしこの間、ハーディング自身は悲惨な運命に見舞われた。一九一二年十二月までにインド政庁は首都移転の準備を終え、ハーディングは同月二十三日にデリーの鉄道駅に到着した。演出効果を期待したハーディングは、妻とともに象に乗り、随員たちの座乗する象を従えて、鉄道駅のあるラール・キラーを出てからデリー市街をパレードし、シヴィル・ラインズへ向かおうとした。一年前のインペリアル・ダーバーでは、一九〇三年ダーバーの際のような巨象を連ねる大パレードが行われなかったために、イベントとしての盛り上がりに欠けた、との評があった。それを一年遅れで補おうとしたのだった。

その日のデリーは街全体が祝祭気分に満ちており、ハーディングの指示に基づいて副王夫妻の警護の水準も下げられていた。デリー随一の繁華街である「月光通り」（チャンドニ・チョーク）を進んでいた際、テロリストがハーディング夫妻の座る象籠めがけて爆弾を投げつけた。同乗していたインド人従者一名が即死し、ハーディングは背中から首にかけて傷を負ったが、ハーディング夫人は無事だった。ハーディングは傷の痛みに耐えながらパレードを続けさせた（図4－12）。

図4-12　1912年のインド副王兼総督ハーデンィング夫妻暗殺未遂事件を描いた、フランスの雑誌のイラスト。

犯人らはベンガル分割反対運動への弾圧を見てテロという手段を選んだベンガル出身のインド人ナショナリストだった。彼らは英領インド帝国の転覆を目指しており、インペリアル・ダーバーでのジョージ五世によるベンガル分割の撤廃も、植民地支配を継続しようとするイギリス人の狡猾な欺瞞に過ぎない、とみなしていた。犯行グループの中には、後に日本へ亡命してインド独立運動を指導することになる、ラース・ビハーリー・ボースも含まれていた。実行犯は逮捕されたが、ラース・ボースは逃亡に成功した。

ハーディング暗殺未遂事件は、世紀転換期の欧米諸国で頻発していた、反体制派による君主や大統領暗殺のテロ活動が植民地に波及し、実行されたものだった。ボースたちは、植民地支配体制の頂点にあたる部分を攻撃することで体制の脆弱性を露呈させ、インドの「民衆」がその転覆に立ち上がることを期待していた。しかしハーディングの率いるインド政庁側はテロリストたちのこうした狙いを熟知していたため、インペリアル・ダーバーに際してジョージ五世によって示された方針、すなわち英領インド帝国という政治的枠組みとインド社会の和解を図るという路線を継続した。

ハーディングは治療に努め、数週間後には副王兼総督としての職務に復帰することができた。しかし、ハーディングの統治官としての自負は、インド人の彼に対する「忘恩」のせいで蝕まれたという。

ニュー・デリーの造営と歓迎する世論

新都造営プランの策定にあたっては、イギリス社会における都市計画の専門家たちを招聘して検討委員会が設置され、提言を得た。その結果、巨大な帝国の首都として求められる統治上の機能を果たしながら、それと同時に、そこで生活する人びとに快適な居住環境を提供する田園都市であることも目指す、という野心的な方針が採用された。

インド社会において長く首都としての地位を占めてきたデリーの歴史的背景に敬意を表することも、計画に組み入れられた。具体的には、新都の予定地のあちらこちらに散在する旧王朝の遺跡を公園などの形で保存し、活用しようとした。都市計画のコンセプトの具体化と主要な建物の設計については、当時のイギリス社会を代表する二人の建築家、エドウィン・ラッチェンスとハーバート・ベイカーに委嘱《いしょく》することになった（図4－13）。

ニュー・デリーの造営は、英領インド帝国の君主の代替わりに伴う記念工事でもあった。前回の君主の代替わりの際の記念工事だったヴィクトリア女王記念館の造営は、臣下の一人であるインド副王兼総督カーゾンの発意により、英領インド帝国臣民からの自発的な醵金《きょきん》で賄《まかな》う、という形がとられた。これに対してニュー・デリーの造営は、新たな君主自身の発意に基づくものであり、英領インド帝国の国庫から資金を投入して実施されることになった。

図4-13　ニュー・デリー造営計画の設計者、エドウィン・ラッチェンス（1869年生れ、1944年歿）。

興味深いことに、こうした財政上の措置についてインド社会側からの反対はほとんど見られなかった。イギリス人たちによって造られた植民都市であるカルカッタを捨て、あえて古都デリーを英領インド帝国の首都にするという大胆なアイディアが、インド社会の人びとから歓迎されたことが、巨額の出費が予想されたにもかかわらず目立った反対がなかった理由であろう。またインド社会には、歴史的に見ても、公権力が大規模な建築を行うことを人びとが受け入れ、歓迎する素地が存在した。巨大な人口を抱える社会であるため、大規模な建築事業は多くの人に長期の雇用を保証する公共事業でもあるとみなされたから、である。

新都造営に関するインド政庁側の責任者は、インド高等文官のマルコム・ヘイリーだった。ヘイリーはジョージ五世から個人的な信頼を得ており、それもあって一九一一年ダーバーの実施責任者になったが、激務から心労がたまり、イベントが実施された際には休職していた。高級官僚としてのキャリアという観点から見れば深刻な挫折であり、ヘイリー自身も転職を考えたほどだったが、ジョージ五世はヘイリーを見捨てなかった。ニュー・デリー造営を彼に任せることで、ヘイリーのインド官界での復活を可能にした。そうした国王からの庇護もあってヘイリーは、一九二〇年代から一九三〇年代にかけて、当時の英領インド帝国において最も重要な州になっていたパンジャーブ州と連合州の総督を連続して務めることになり、一九三〇年代後半にはインド副王兼総督の候補者にすら挙げられた。

第一次世界大戦が始まる直前の段階で、新都造営計画はほぼ完成しており、基礎的な工事も始まっていた。しかし第一次世界大戦の開戦を受けて工事は中断を余儀なくされた。そして第一次世界大戦の末期から、英領インド帝国では一九一九年インド統治法の制定を争点として政治的激動の季節が始まる。しかし第一次世界大戦が終結すると、新都造営のための財源が再度確保され、工事が再開された。見方を変えて言えば、インド・ナショナリズム運動の指導者たちもニュー・デリーの造営自体には異論を抱いていなかったことになる。ただし結局のところ、新都の完成は一九三〇年代初頭まで待たなければならなかった。

第四節　英領インド軍兵士の動員と王室

英領インド軍兵士の活躍

第一次世界大戦が始まった時点の英領インド帝国の政治情勢は、一九一一年インペリアル・ダーバーの効用もあり、それなりに安定していた。そのことが、イギリス国家が第一次世界大戦を乗り切っていく上で重要な条件を構成することになる。

イギリスの軍事力は海軍が中心であり、開戦当初、陸軍は志願制で編成されていた。したがって、他の列強に比べると陸軍の規模は小さかった。そうした中、インドの情勢が安定していたために、参戦を決めたイギリス政府は、言わば後顧の憂いなくインドに駐屯していたイギリス軍部隊をインドから呼び戻し、ヨーロッパ大陸の戦場に展開させることができた。さらに重要だったのは、英領インド軍に属する多数のインド人兵士をインド以外の戦域で戦わせることができたことだった（図4-14）。ヨーロッパ、中東での戦闘に従事させられたインド人兵士らは故郷の家族へ手紙を書き送ったが、その中では、イギリス国王兼インド皇帝ジョージ五世に対する忠誠心を語ることが多かった。

図4-14　1916年7月、フランス・ソンムの戦場で活動するインド人兵士たち。

図4-15　1892年7月撮影の、ヨーク公爵ジョージ（右側、後のジョージ五世）とロシア皇太子ニコライ（左側、後のニコライ二世）。二人はよく見間違えられた。

ジョージ五世と「いとこたちの戦争」

ヴィクトリア女王の晩年には、いわば彼女を族長とでもするかのように、主としてプロテスタント系の信仰を奉ずるヨーロッパの諸王室が、密接な血縁上の絆で結ばれるようになっていた。こうした背景の下で起こった第一次世界大戦は、皮肉にも三人のいとこ関係にある皇帝たちの間での戦争になった。イギリス国王兼インド皇帝であるジョージ五世は、ドイツ皇帝ヴィルヘルム二世との間で父方のいとこ同士であり、またジョージ五世は、ロシア皇帝ニコライ二世と母方のいとこ同士だったから、である（図4－15）。第一次世界大戦が始まる直前まで、ジョージ五世は近親者であるこうした君主たちと連絡を取り合っていた。そのため君主たちは、とりわけヴィルヘルム二世は、少なくとも開戦当初、こうした関係を活用して早期に終戦に持ち込める、との見通しを持っていた。

しかし、君主たちのそのような思惑をはるかに超えて戦争は拡大し、それ自体の推進力《モメンタム》で動き始めた。もはや君主によるコントロールなど不可能だった。ジョージ五世も、我が身と家族の安全を守ることを最重要視するところにまで追い詰められ、そうした状況は終戦後も数年間にわたって続くことになった。

王室の「イギリス化」

大戦が長期化する中で、ジョージ五世をはじめとするイギリス王室のメンバーは、イギリス国民を戦争努力に向かわせる活動に熱心に従事し、総力戦体制の構築に貢献した。まず、王室の日常を可能な限り質素なものにし、その事実を国民に周知する努力を怠らなかった。さらには、ドイツ系であることが明白なザクセン・コーブルク・ゴータ家という王室の家名を、イギリス国民の心情に配慮してウィンザー家に改めさえした。

大戦に勝利するためにイギリスは、イギリス帝国を挙げて戦う体制を整える必要にも迫られていた。イギリス国王はイギリス帝国全体を統合する役割も担うようになっていたから、ジョージ五世はイギリス政府から、世界中に散在するイギリス帝国臣民へのはたらきかけを行うことを期待された。実際にジョージ五世は、そうした地域の住民からのイギリス君主制への忠誠心に訴えつつ、「母国」であるイギリスの戦いへの助力を彼らに呼びかけた。

国王の戦場視察と慰問

国王はイギリス軍の最高司令官であったから、ジョージ五世は戦争の推移について具体的な報告を受けていた。ただしジョージ五世は、海軍将校としての勤務経験を過去に持っていたにもかかわらず、軍当局の戦争指導に口をはさむことはほぼなかった。自らの適性を弁えた上での立憲君主としての判断だった。

戦時のジョージ五世が自分の役割の中で最も重要だと考えていたのは、ヨーロッパ大陸の前線で戦う軍部隊を慰問し、激励することだった。可能な限りそうした活動を行うつもりであることを軍当局に伝えており、そして実際に、兵士たちの士気を高めるために国王の慰問が有用だと当局が判断した部隊に関しては、こまめに

図4-16　1918年8月5日、フランス・パドカレー県のイギリス第二軍本部でヴィクトリア勲章を授与するジョージ五世。

図4-17　1916年、ロンドン・ハックニーの街路に自然発生的に設けられた、戦没者追悼記念碑を私的に訪問するメアリ王妃。

訪問した。訪問した際には、個々の将兵と直に対話することを心掛けた（図4－16）。

ジョージ五世はイギリス国内でも、軍需工場などへの訪問を行う傍ら、各所に設けられた傷病兵の医療施設への慰問も頻繁に行った。そうした機会にも個々の当事者と対話することに努めている。

またジョージ五世は、エドワード王太子に実戦への参加はさせなかったが、可能な限り前線に近い場所で軍務に就かせている。王太子以外の王族男性たちに対しては、一般の国民と異なることなく、最前線で戦うことを求めた。王妃や王女たちに対しては、赤十字などを通じての慰問や看護活動に従事するように促した（図4－17）。

ジョージ五世およびイギリス王族たちによるこうした活動は、マス・メディアを通じて、イギリス本国のみならずブリティッシュ・ワールド全体に伝えられた。

インド社会への大戦の影響と対策

ジョージ五世とイギリス政府は、英領インド軍兵士たちからの国王兼皇帝への忠誠心の維持に関しても、細心の注意を払った。それまでも英領インド軍部隊はイギリス帝国の戦略目的のために活用されてきたが、第一次世界大戦に際しての動員は、従来の規模をはるかに超えるものだった。そのために大戦中は、多様な背景を持つインド人兵士に共通する忠誠の対象が国王兼皇帝であり、その国王兼皇帝がインド人兵士たちの活躍をとりわけて期待している、との呼びかけが、一九一一年ダーバーの際の記憶を援用しながら強調された。

とは言え、英領インド軍は本質的に傭兵部隊であったから、インドから遠く離れた地域での長期の軍事行動を求められれば、通常の国民軍の兵士たちに比べて不満を強める可能性が高かった。そのため軍当局は、インド人兵士たちがどのような心情であるのかを常にモニターし、問題があればそれに迅速に対応することを目的として、兵士たちが郷里の家族や知人との間で交わす手紙の内容を検閲し、その分析を行った。

そうした中でイギリス王室のメンバーは、ヨーロッパ戦線に送られてきたインド人兵士を精神面でケアすることに努めた。ジョージ五世自身が、前線の英領インド軍部隊を慰問した。また、イングランド南部の保養都市ブライトンにある「ロイヤル・パヴィリオン」が、負傷したインド人兵士のための軍病院に改装されたが、この臨時病院にまつわるエピソードも巧妙に活用された。当時、ロイヤル・パヴィリオンはすでに王室の所有から離れてブライトン市のものになっていたが、「イギリス王室の宮殿の一つが、負傷したインド人兵士のために活用されている」との噂が広まり、インドでもそのように伝えられた。これに対してイギリス政府は、そうした噂をあえて打ち消そうとはしなかった。また、戦功を挙げたインド人兵士にジョージ五世が自ら勲章を授与する姿や、ロイヤル・パヴィリオンに収容されている負傷したインド人兵士を王族が見舞う姿が写真や映像に撮影され、インド社会に報じられた。

しかし大戦が長期化するにつれて、インド人兵士の不満は高まっていった。その理由の一つは、傭兵である彼らにとっては一度の負傷でインドへの帰国が認められるべきなのに、兵員不足に悩むイギリス政府が、イギリス人兵士と同様にインド人兵士に対しても、傷が癒えた後には前線に戻ることを求めたことだった。インド人兵士たちは、こうした措置は自分たちの名誉への侮辱だと捉えた。自分たちは戦士としてイギリス人たちと契約を交わして一定の条件のもとで戦っているはずなのに、死ぬまで戦わされるのは奴隷としての扱いだ、と。

他方、インド社会において政治的指導力を手にしつつあった新中間層は、大戦においてインド人たちがイギリスの戦争に積極的に協力すれば、戦後にはインド社会に自治が認められるはずだ、との展望に基づいて行動していた。インド人たちのそうした期待に応える形で、新たなインド統治法を定める準備としてインド担当大臣モンタギューがインドを訪問し、インド副王兼総督チェルムスフォードと共に調査を行った。両者の名を掲げた報告書が作成され、一九一八年半ばに公表されたが、その骨子は、インド人たちの期待を裏切るものだった。インドの州レベルで、しかも限られた分野でだけ、選挙を通じて選ばれたインド人政治家に権限を認める、というものだったからである。

新たなインド統治法が、同報告書の提言に基づいて制定されるだろうことは明白だったため、インド各地でイギリス側への不満を表明する集会が開かれた。イギリス人たちがとりわけ神経をとがらせたのは、パンジャーブ州での状況だった。パンジャーブ州は英領インド軍兵士の一大供給地であり、そのために大戦中から不満の蓄積が顕著になっていた。こうしたインド社会側の不満の高まりを見て、それを抑えるためには「見せしめ」が必要だと考える、短慮で愚かなイギリス人将校が現れた。

一九一九年四月三日、パンジャーブ州の主要都市の一つであり、シーク教徒の聖地があるアムリッツァルの公園で抗議集会が開かれた。その愚かなイギリス人将校ダイヤーは、自分の指揮するグルカ兵部隊に対して集会に参加中の人びとに向けて水平射撃を行うことを命じ、多数の死傷者を出した。のちに「ジャリアンワラ・バーグ虐殺事件」と呼ばれることになる、この惨劇の発生を受けて、ガンディーはインド人すべてに対してイギリス側への非協力を呼びかける運動を開始した。この事件こそが、英領インド帝国の運命を急転回させることにつながったのだった。

第五章　帝国のもう一方の主役、インド人藩王たち

1891年3月11日にハイデラバード藩王国のチョウマハラ宮殿で、藩王がロシアのアレクサンドル・ミハイロヴィチ大公一行を歓待した際の集合写真（Worswick, Princely India）

本章では、十九世紀半ばにまで時間を遡り、インペリアル・ダーバーにおいて英領インド軍と並んで「もう一方の主役」を務めた、インド人藩王たちに注目したい。具体的には、英領インド帝国に関わってとりわけて人びとの関心を引く生涯を送った、と思われる三人の藩王たちを取り上げ、「英領インド帝国の政治的イベントにおいて、藩王たちはどのような役割を果たすことを期待されていたのか」、「英領インド帝国の政治的イベントに登場することが、藩王たちにどのような影響を与えたのか」、「藩王たちが英領インド帝国の政治的イベントに登場することが、インド社会の人びとにどのような効果をもたらしたのか」などの点について、検証を行うことにする。

第一節　最後のシーク王国国王ドゥリープ・シング

初代国王ランジート・シングの息子

英領インド帝国は、イギリス人の植民地官僚がそのすべてを統治するという政治体制ではなかった。その領域や人口の多くが、実はムガール帝国以来の伝統を有する、インド人藩王たちの統治に委ねられており、それらに関しては、イギリス人統治官たちは上級権力として監督するにとどまった。言い換えれば、英領インド帝国は、数百に及んだ藩王国によって、その大きな部分が支えられていたことになる。しかし、インドの藩王たちは、帝国の統治において独自の権力を保持してきたにもかかわらず、二十世紀半ばの英領インド帝国の解体に際して、帝国とその運命をともにすることになる。本章では、彼らがそうした運命を辿ることになったメカニズムについても、考えてみたい。

一八三八年に生れたドゥリープ・シングは、十九世紀初頭のパンジャーブにおいて一代でシーク王国を築き上げた英雄、ランジート・シングの息子であり、後継者だった。水利に恵まれたパンジャーブ地方はインド亜大陸の穀倉地帯であり、イスラーム文化圏とヒンドゥー文化圏が交錯する場所でもあったため、ムガール帝国にとっては是非とも抑え続けなければならない要地だった。しかし、パンジャーブ住民の中では、イスラームからの影響を受けた人びとがカースト制度の廃止を唱えるシーク教の教えを熱心に信仰するようになり、ムガール皇帝の権力に反抗する姿勢を示していた。そして十八世紀以降のムガール帝国の弱体化に乗じ、シーク

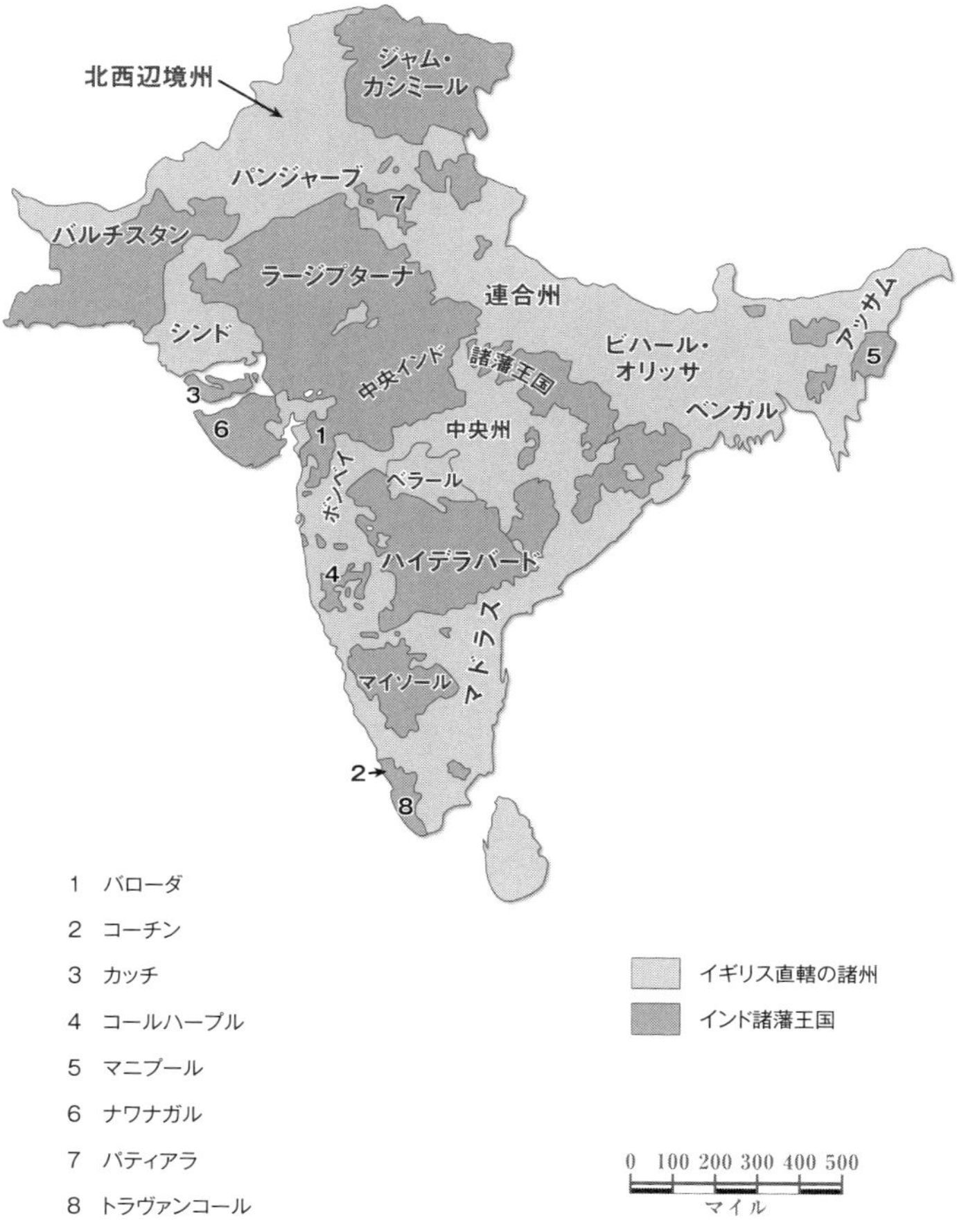

地図6　1939年の英領インド帝国におけるイギリス直轄地域と藩王国の領域
（Ashton, British Policy Towards the Indian Statesに基づいて作成）

教徒の勢力を糾合してパンジャーブ地方のほぼ全域を支配下に収め、「王」を名乗るようになったのがランジート・シングだった。

シーク王国は強大な軍事国家であり、そうであったからこそ、周辺の諸勢力に対抗することができた。シーク王国の軍事体制は、十八世紀後半以降インド亜大陸で勢力を伸ばしていたイギリス東インド会社の軍隊から、その組織原理や戦闘方法などを学んでいた。しかしランジート・シングは、まだ赤子だったドゥリープ・シングを残して一八三九年に死去した。王国の有力者たちは一八四三年に五歳になったドゥリープを国王に即位させ、彼らが新王を後見する体制を整えた。

図5-1　第一次イギリス＝シーク戦争に敗れて1846年に降伏した、幼い国王ドゥリープ・シングの姿を描いたイラスト。

ランジート・シングが死去した時点で、インド亜大陸では事実上シーク王国だけがイギリスによる支配から独立し、それに対抗しうる力を保持する存在になっていた。パンジャーブの経済的潜在力は大きく、また何よりも同地は軍事的要衝であったため、イギリス側には、インド亜大陸のイギリスによる支配を安定させるために、最後のピースとしてパンジャーブを手に入れることが不可欠だと考える者が多かった。そして実際にイギリスは、ランジート・シングの死によって動揺していたシーク王国に二度にわたり戦争を仕掛けて同王国を解体し、一八四九年にパンジャーブを自らの支配下に置くことに成功した（図5－1）。

イギリスに連れ去られたドゥリープ・シング

同年、イギリスはドゥリープ・シングをシーク王位から退かせた。また彼は、その家族をはじめとするパンジャーブの人びとから切り離され、イギリス人医師夫妻によって身の回りの世話をされ、教育されるようになった。同夫妻のはたらきかけから、ドゥリープ・シングはキリスト教信仰に親しむようになり、やがてそれを受け入れた。

ドゥリープ・シングの利用方法を検討した上で、インド政庁の要人たちは彼をイギリスへ向かわせることにした。ドゥリープ・シングをイギリスで「文明化（イギリス化）」し、イギリス王権に忠誠を誓う存在へと仕立て上げることによって、インドに対するイギリスの文明的優越を示す証拠にしようと考えていた。しかしその一方でイギリス人は、パンジャーブのシーク教徒が構成する社会を警戒しながら、それに一定の共感を抱くようにもなっていた。ドゥリープ・シングを言わば「人質にとる」ことによって、パンジャーブ社会との間でのコミュニケーションの窓口にすることもイギリス側は期待していた。

シーク戦争後のパンジャーブ州でイギリス人たちが行った統治は、父権主義的《パターナリスティック》なものだった言われる。パンジャーブの住民を「未成熟で無軌道な子供」とみなし、「成熟して強く賢明なイギリス人植民地官僚」が彼らを統治する、というイメージである。実際には、軍事国家だったシーク王国の統治システムをイギリス人たちはそのまま引き継ぎ、その指導的な部分に自分たちが滑り込む形をとった、と考えるべきだろう。こうした現実的な手法がとられたことで、比較的短期間でパンジャーブ州の統治は安定した。シーク戦争が終結してから数年後にインド大反乱が起こったが、パンジャーブ州は動揺せず、イギリス側は同州に駐屯していた部隊を反乱軍の鎮圧に振り向けることすらできた。

かくして、ランジート・シングが残し、イギリス側が温存しようとしたシーク国家の軍事システムは、英領インド帝国の軍隊の基軸を構成することになった。イギリス王室が、シーク国家の最後の王だったドゥリープ・シングの扱いに多大な関心を寄せたのは、自然な成り行きだった。

イギリスにとり使い勝手の良い「藩王イメージ」

図5-2　イギリスで成人した後のドゥリープ・シング。

一八五四年にイギリスへ移動させられた後も、ドゥリープ・シングはイギリス人医師夫妻と共に生活していた。しかしヴィクトリア女王夫妻と面談した後、イギリス王室の一員のような扱いを受けるようになった。つまり、ヴィクトリア女王夫妻が言わば「親代わり」であり、またアルバート王太子とはほぼ同年代であったために、彼との間で兄弟のように親密な関係を築くことになった。

ヴィクトリア女王夫妻がその子供たちのために行っていた教育プログラムをドゥリープ・シングにも適用し、近代的で英明な君主に育て上げた後、彼をインドへ帰還させ、政治的な地位につけることも当初は考えられていた。アルバート公は、イ

図5-4　『ザ・グラフィック』紙（1870年3月5日号）に掲載された、バッキンガム宮殿の公式行事に参加するドゥリープ・シングの後ろ姿。

図5-3　1875年頃、王太子アルバート（後のエドワード七世）と共に狩猟を楽しむドゥリープ・シング。

ギリス国王を頂点とするイギリス帝国の支配層のヒエラルキーにインド人藩王たちを取り込むことを意図して、一八六一年に「インドの星」勲章騎士団を創設した。そしてドゥリープ・シングは、その際に最初に叙任された二十五人の騎士の一人だった（図5－2）。

ヴィクトリア女王はドゥリープ・シングの成長を絶えず気にかけていた。しかし一八六一年にアルバート公が亡くなり、教育上の監督が十分に行われなくなると、とりわけ狩猟などを通じてドゥリープ・シングはアルバート王太子の無二の「遊び仲間」になった（図5－3）。

他方でドゥリープ・シングは、イギリス王室、そしてイギリス国家にとって都合のよい形でインド人藩王のイメージを体現する存在となることを期待されるようになった。イギリス本国においてドゥリープ・シングは、「インド皇帝でもあるイギリス国王は、インドにおいて〔ドゥリープ・シングのような〕藩王たちを代表とする、インドの人びとから心から尊敬され、忠誠を誓われている」とのイメージを醸し出すための、いわば広告塔の役割を担わされた。

具体的には、ヴィクトリア女王とアルバート公の子供たちの結婚式など、王室に関わる儀礼において、王室の準メンバーとして、しかしターバンを被りインド風のガウンを羽織るなど、いかにもインド人藩王らしい装束に身を包んで参加した。そうした彼の姿を描いた銅版画を、雑誌や新聞などのマス・メディアは盛んに掲載した（図5－4）。一八七〇年代半ばに、アルバート王太子が自らインドを訪問し、現地で藩王たちとの関係を深めるという計画を首相ディズレイリに持ちかけるにあたっても、幼少時からのドゥリープ・シングとの親しい交友が動機付けの一つになっていた。

イギリス帝国への反抗とその挫折

ドゥリープ・シングは一八六〇年にインドへ里帰りし、カルカッタのホテルで、それまでネパールのカトマンズに亡命していた、故ランジート・シングの王妃である実母と再会した。イギリス政府からの許可を得て母親を伴ってイギリスへ戻ったが、その後、母親とその周辺のかつてのシーク王国の宮廷人たちから、イギリスへの恨みと敵意を聞かされるようになった。亡くなった母親の遺体を火葬するために一八六三年にパンジャーブを訪ねた際には、シーク王国のマハラジャだった自分のカリスマ性がパンジャーブの民衆層でなお健在であることを目のあたりにした。

かくしてドゥリープ・シングは、英領インド帝国にとって都合のよい藩王イメージを演じながらも、とりわけ一八六〇年代半ば以降、その内心ではイギリスへの反発を強めていった。自らの周辺にシーク王国の復活を企図する人びとを集め、シーク王国国王としての財産をイギリスから取り戻す工作を開始した。そのために、パンジャーブ併合にまつわって作成された公文書をロンドンのインド省文書館で詳細に調査した。ドゥリープ・シングがとりわけてこだわったのは、コ・イ・ヌールと呼ばれる巨大なダイアモンドをイギリス王室から取り戻すことだった。

そうした中、ドゥリープ・シングは三度《みたび》インドへ戻り、そこでシーク教に再改宗する意向を表明した。イギリス政府の反対を押し切って一八八六年三月にインドを目指したが、英領インド帝国の保護領であるアデンに寄港した際、インド副王兼総督の発した逮捕状に基づいて抑留された。やむなくアデンで再改宗の儀式を行ったものの、それをインド現地で行っていれば生じたはずの、パンジャーブの民心へのインパクトを得ることはできなかった。

イギリスへの帰国を命じられたドゥリープ・シングはフランスにとどまって亡命生活を始め、シーク王国を復活させるためにロシア帝国と提携することすら試みた。しかしイギリス側は、ドゥリープ・シングの身辺にアメリカ人の元軍人をスパイとして送り込んでおり、彼の動静を逐一つかんでいた。ドゥリープ・シングへのイギリス政府からの年金支給は停止され、一家の生活は困窮した。結局ドゥリープ・シングはロンドンへ戻り、涙ながらにヴィクトリア女王から赦《ゆる》しを乞うた。

ドゥリープ・シングは、一八六四年にインドから戻る帰路で、エジプト人のキリスト教徒女性と結婚しており、男女を合わせて数人の子供を得ていた。しかし、息子たちはイギリス国王に忠誠を誓うようになっており、父親の行動に批判的だった。他方、娘たちは、反イギリス的な傾向を示すことが多かった。

ドゥリープ・シングの生涯は、イギリス人たちが彼らの支配する英領インド帝国の統治システムにおいて、インド人藩王をどのように位置づけ、どのように利用しようとしていたのかを端的に示している。逆に、イギリス側のそうした意図に気付いたドゥリープ・シングは、インドの王としての誇りを取り戻すために涙ぐましい努力を重ねながらも、結局はイギリス側の張り巡らした術策にからめとられ、深い失望の中に沈むことになった。ドゥリープ・シングは一八九三年にイギリスで亡くなった。

第二節　ジョドプール藩王国摂政プラタープ・シング

ラージプターナの宗教都市アジメール

インド共和国北西部にあるラジャスタン州は、英領インド帝国時代はラージプターナと呼ばれ、その名称は「ラージプート族の地」を意味した。ラージプートはヒンドゥー教徒の戦士カーストであり、複数の王国をラージプターナで形成していた。ムガールがインド亜大陸への侵攻を始めると、ラージプートの諸王家はヒンドゥー教信仰を維持しながら、ムガールの同盟者となる途を選んだ。その結果、ラージプート諸王国の軍事力はムガール帝国の形成に大きく貢献した。

そのラージプターナのほぼ中央に位置する宗教都市アジメールには、イスラーム神秘主義スーフィズムの聖人ムイーヌッディーン・チシュティーの墓廟（ダルガー）があり、ムスリム、ヒンドゥー教徒双方の巡礼地になっていた。ムガール皇帝アクバルは、定期的にそのアジメールの墓廟へ参詣して世継ぎの誕生を祈願したと

図5-5　アジメールに所在する、イスラーム神秘主義の聖人ムイーヌッディーン・チシュティーの墓廟正門付近。

ころ、ラージプート王家出身の妃との間で待望の男子、次代の皇帝ジャハンギールを得た、とされる。アクバルはアジメールに宮殿も設けていた（図5－5）。

このエピソードは、ムガール皇帝家がラージプート諸王家との友好関係を重視し、そうした関係を継続させるための方途として、スーフィズムとアジメールの聖人の墓廟を活用したことを示している。歴代のムガール皇帝の中でもアクバルは、自らが信仰するイスラーム教スンナ派以外の宗派や他の宗教に対して寛容だったことで知られるが、ヒンドゥー教徒側の支配層で、そうしたアクバルの姿勢に対応したのがラージプートの諸王家だったわけである。

これとは対照的に、インド共和国中西部のマハラシュトラ州を中心に存在したマラーター諸国は、ヒンドゥー教の信仰を高く掲げ、ムガール帝国との間で長く激しい戦いを続けた。そしてムガール皇帝権力が衰退し、イギリス東インド会社がインド亜大陸全域を手中に収めようとする中で、ムガール帝国の後継国家としての地位を東インド会社と争ったのがマラーター同盟だった。イギリス東インド会社軍とマラーター同盟軍の戦いの際、ラージプート諸王国は、かつて彼らの先祖がムガール皇帝と同盟を結んだように、イギリス東インド会社との同盟を選んだ。

プラタープ・シングの生い立ち

インド大反乱が勃発した際にラージプート諸王国が行った選択も、イギリス人たちに強い印象を与えた。アジメールに駐屯していたイギリス東インド会社軍のインド人兵士たち（シパーヒー、セポイ）が反乱を起こすと、ジョドプール王タクト・シングは、反乱に加勢すべきだとする臣下の意見を抑え、アジメールで孤立していたイギリス人を救うためにジョドプール王国軍を派遣し、自国に導いて保護した。その後のインド大反乱の推移の中でもタクト・シングに率いられたジョドプールをはじめとするラージプート諸王国はイギリス側につく立場を崩さなかった。

イギリス側はラージプート諸王国のこうした姿勢を高く評価し、それがやがてはインド大反乱後のイギリスのインド統治政策の根本的転換にまで結びついた。インド大反乱以前のイギリス東インド会社政府は、彼らの掲げる「インド社会近代化（イギリス化）計画」に基づいて、彼らの目には時代遅れと映じた藩王国を徐々に一掃しようとしていた。具体的には、藩王たちに世継ぎがいない場合は藩王国を取り潰し、その領土を東インド会社領へと併合するという、いわゆる「失権政策」を実施した。しかしインド大反乱後は、イギリス人たちは逆に、藩王たちこそが彼らにとって最も有益で都合のよい同盟者だと考えるようになり、藩王国を温存し、共存共栄を図ろうとし始めた。こうしたイギリス側の一八〇度の政策転換をラージプート諸王国側も、かつて彼らがムガール帝国との間で締結した同盟関係の復活であると捉え、歓迎した。

インド大反乱が発生する約十年前の一八四五年にプラタープ・シングは、ジョドプール王タクト・シングの三男として生まれた。したがって彼は、ムガール帝国の滅亡と英領インド帝国の事実上の誕生、そしてそれに伴うラージプート諸王国を取り巻く政治環境の変化を十代半ばの年齢で目撃した。幼いながらも王族としての政治的嗅覚に恵まれていたプラタープ・シングは、インド大反乱を契機としてラージプート諸王国がイギリス側に賭けることを選択し、新たな方向へと乗り出したことを理解したはずである。

インド大反乱が発生する以前、ラージプートの王族としてプラタープ・シングは伝統的な仕方で育てられ、そのようなアイデンティティを内面化しつつあった。具体的には、ヒンドゥーの信仰を核としながら戦士カーストの王族として武芸の修練に励み、また、ムガール帝国のエリート層にふさわしい教養を積んでいた。しかし、インド大反乱が鎮圧されて以後、プラタープ・シングの生育環境は大きく変化した。インド政庁の外務・政務局から派遣されてくるイギリス人政務官との間で、高位の王族としていかに交渉するかが、プラタープ・シングにとり最も重要な学習課題になった。

上述のように、ムガール帝国時代、ラージプターナの巡礼都市アジメールは、ムガール皇帝とラージプート諸藩王の間で結節点として機能していたが、イギリス人も帝国運営におけるアジメールのこうした地理的有用性に目を付けた。インド大反乱鎮圧後の一八七五年、イギリス人たちはアジメールにイギリス式パブリック・スクール、メイヨー・カレッジを開校している。そして同校に入学を認められたのは、諸藩王国の王族・貴族の子弟に限られていた。つまり、ムガール皇帝家がスーフィズム信仰を通じてラージプートの諸藩王家とつながろうとしたのに倣って、イギリス人たちは、藩王国エリート層の子弟にパブリック・スクール教育を施すことによって彼らをイギリス文化に親しませ、統治の安定を狙ったわけである（図5－6）。

プラタープ・シングは、メイヨー・カレッジが設立された時には成年に達していたため、同校で学ぶことは

図5-6　インド人藩王家子弟のためのパブリック・スクールとして創立された、アジメールのメイヨー・カレッジ。

なかった。しかし、イギリス文化からの影響は彼の周辺にも及んでいた。すでに十九世紀前半からイギリス人たちは、とりわけブラーフマン・カーストで見られた、夫が死んだ時には妻はそれに殉じるのが望ましいとする、いわゆる「寡婦殉死」（サティー）や、年齢の高い男性が持参金目当てに少女と結婚する幼児婚など、イギリス人たちの目には不適切に見えたインド社会の慣習に批判を加え、法的介入を試みるようになっていた。伝統的慣行への介入に対するインド社会側からの反発は激しかったが、インド人知識層の中では、イギリス人の批判を冷静に受け止め、問題をはらんだ自分たちの慣行を改めようとする動きも生じた。そしてプラタープ・シングも、そのような、ヒンドゥー教の改革を目的とする団体の一つ、アーリヤ・サマージに加わって活動するようになった。

また、プラタープ・シングはポロの名手だったため、その競技活動を通じても、イギリス人たちとの親交を深めた。ラージプートの王族・貴族にとって騎馬や馬上戦闘の技能は不可欠の素養であり、ポロは、スポーツの形でそうした技能を磨き、優劣を競うための方途として活用されていた。ポロの試合はまた、エリートの武勇と権威を被支配層に見せつける手段でもあった。

元来ポロは、中央アジア出身のムスリム戦士がインド社会へ持ち込んできたスポーツであり、とりわけムガール帝国時代にエリート層の男性の間で広く行われるようになった。それを目にしたイギリス人も、やが

図5-7　プラタープ・シング（右から二人目）の率いるポロ・チーム。

てポロを楽しみ始めた。インド大反乱後、文化的な意味でもイギリス人がインド社会の支配者となった後には、今度はイギリス人を中心にしてポロの形式が整えられ、英領インド帝国のエリート層に属する人びとが親交を深める手段になった。

やがて、インドでの勤務を終えて帰英したイギリス人を中心にして、イギリス本国のエリート層でも、ポロを楽しむ者たちが現れた。そうした中で、インド藩王層の代表としてイギリスを頻繁に訪ねるようになったプラタープ・シングは、イギリス訪問の際にジョドプールのポロ・チームを同伴し、イギリス人チームとの交流試合を行うことになる（図5－7）。

プラタープ・シングと一八七七年インペリアル・アセンブリッジ

プラタープ・シングはジョドプール王家の王子だったが、ジョドプール王家と、やはりラージプートの藩王家だったジャイプール王家は長く姻戚関係で結ばれていたため、プラタープ・シングはジャイプールで国家統治に関する修行を行った。ジャイプールにもイギリス人政務官たちが駐在しており、また、指導役としてイギリス人将校たちがジャイプール軍に送り込まれていたから、プラタープ・シングとイギリス人たちの接触は、さらに深まっていった。

一八七三年にジョドプールで父王タクト・シングが亡くなると、プラタープ・シングの兄ジャスワント・シングが後を継いだ。兄王はプラタープ・シングに対し、ジョドプールに戻って国務全般を見ることを求めた。そのためプラタープ・シングは、一八七七年のインペリアル・アセンブリッジに赴くジョドプール藩王国代表団を指揮した。これにより、それまで基本的にはジャイプール王国やジョドプール王国の範囲にとどまっていたプラタープ・シングの政治的視野が、英領インド帝国規模にまで広げられた。

プラタープ・シングはインド社会の旧体制のエリートとしての背景を持っていたが、今や、インド社会が新たな帝国として再構築されつつあることを実感した。最も重要だったのは、かつてのムガール帝国の政治的枠組みが、それを基本的に維持する形で新帝国の枠組みへ変えられつつあるのを悟ったことだった。また、帝国の最上位の支配者であるイギリス人たちが、インド人の王族を帝国の無二のパートナーとみなし、彼らが帝国に貢献するのを期待していることも理解した。

一八七七年インペリアル・アセンブリッジが行われた直後に、英領インド帝国はアフガン王国との間で第二次アフガン戦争（一八七八〜一八八一年）を戦った。プラタープ・シングはジョドプール藩王国の宰相になっていたが、自ら騎兵部隊を率いてこれに参戦し、英領インド軍の殊勲者公式報告書に記載される軍功を挙げた。

一八九五年に兄王ジャスワント・シングが亡くなり、その息子で十五歳のサルダル・シングが即位すると、プラタープ・シングはサルダル・シングが成年に達するまで摂政を務めた。次いで一九一一年にサルダル・シングが亡くなり、その息子のスメル・シングが即位するとプラタープ・シングは再び摂政になり、スメル・シングが亡くなる一九一八年まで、その地位にあった。スメル・シングの後を継いだ、その弟のウメイド・シングのためにも、プラタープ・シング自身が亡くなる一九二二年まで摂政を務めた。

さらにこの間プラタープ・シングは、ジョドプール王家の分家が代々マハラジャであり、現在のグジャラート州にあったイダールのマハラジャが一九〇二年に亡くなった後を継いで同国のマハラジャになったが、一九一一年に養子を迎えてマハラジャ位を退いた。これは、ジョドプールへ戻り、スメル・シングの摂政になるためだった。

ヴィクトリア女王への忠誠

一八八七年のヴィクトリア女王即位五十周年記念式典《ゴールデン・ジュビリー》に際してプラタープ・シングは、ジョドプール藩王国政府宰相としてロンドンへ赴いた。ロンドン市内で行われたパレードではジョドプール軍の騎兵部隊を率いて行進している。

式典の直前、プラタープ・シングはバッキンガム宮殿でヴィクトリア女王に謁見していた。謁見に際してイギリス国王に贈り物をすることは禁じられていたが、その規則をプラタープ・シングはあえて破り、自分の被るターバンに縫い付けられていた高価な宝石飾りを外して女王に進呈した。女王は驚きながらも、それを受け取った。そして同日の夜に開かれた晩餐会で女王は、その宝石を身に帯びて現れ、後日、自身の肖像が描き込まれたブローチをプラタープ・シングに与えた。以後、プラタープ・シングは常に、そのブローチを自分のターバン飾りとした。この洒脱なエピソードはマス・メディアで広く伝えられた。

かくしてイギリス社会で「有名人」になったプラタープ・シングは、一八九七年のヴィクトリア女王即位六十周年記念式典《ダイアモンド・ジュビリー》に際しても、今度はジョドプール王国の摂政としてロンドンへ赴き、前回と同様にジョドプール軍の騎兵部隊を率いてロンドン市内でのパレードに参加した。さらにヴィクトリア女王に謁見して旧交を温めた際には、アルバート王太子の侍従武官の一人に任命され、その地位をエドワード七世が亡くなる一九一〇年まで保持した。またプラタープ・シングは、この訪問の際に自身が主将を務めるジョドプールのポロ・チームを伴って訪英しており、イギリス人たちのチームとの間で交流試合を行い、その結果がやはりマス・メディアで報道された（図5－8）。

図5-8　イギリスのタバコ会社の広告に使われたプラタープ・シングの肖像。

プラタープ・シングは軍務も続けていた。一八九八年には、英領インド帝国の北西辺境地域での部族反乱鎮圧作戦に英領インド軍のウィリアム・ロックハート将軍の指揮下で参戦して負傷し、名誉大佐に昇級した。さらに義和団事件（一八九九～一九〇一年）に際しては中国へ派遣されるジョドプール王国軍部隊を指揮し、その功から名誉准男爵の地位を得た。やがてイギリスは、第一次世界大戦を「イギリス帝国のための戦い」と呼号し、英領インド軍を不可欠の要素とする「帝国の総力戦体制」を樹立することになるが、その直前の時期の、プラタープ・シングと彼の率いるジョドプール王国軍のこうした活躍は、そうした体制を準備するための助走でもあった。

図5-9　1903年インペリアル・ダーバーに際してのプラタープ・シング。ヴィクトリア女王を描き込んだブローチを、ターバン飾りにしている。

プラタープ・シングとカーゾン

ヴィクトリア女王が亡くなってロンドンで葬儀が行われた一九〇一年一月にはプラタープ・シングは中国におり、参加は叶わなかった。しかし翌一九〇二年八月にロンドンで行われたエドワード七世の戴冠式には、イダールのマハラジャとして参列した。

この時期、英領インド帝国の将来像に関して、プラタープ・シングとインド副王兼総督ジョージ・カーゾンは、相互に補完的なイメージを共有するようになっていた。両者は、ヴィクトリア女王に心酔し、彼女を信奉する点でも共通していた。

それゆえ、藩王層子弟のために帝国士官候補生部隊《インペリアル・カデット・コール》を創設するというカーゾンの発意にプラタープ・シングは賛成し、実際にそれが設立されると、同部隊の名誉指揮官の役を引き受けた。また一九〇二年には、英領インド軍の名誉少将へ昇級している。

プラタープ・シングは一九〇三年のインペリアル・ダーバーに際して、カーゾンが彼に期待する役割も十分に理解していた。式典が始まるにあたり騎馬で帝国士官候補生部隊を率いて入場し、インド人観衆からの喝采を浴びた（図5－9）。

一九一〇年にエドワード七世が死去してジョージ五世が即位すると、プラタープ・シングはロンドンでの新国王の戴冠式に、再度イダールのマハラジャとして参列した。プラタープ・シングは、今や藩王層における長老であり、イギリス帝国のありようと、その中で英領インド帝国が果たすべき役割を熟知する存在として、新国王兼皇帝をサポートすることをイギリスとインド双方の支配層から期待されていた。ジョージ五世との間でも、プラタープ・シングはすでに個人的な親交を持っていた。翌一九一一年のインペリアル・ダーバーに際しては、やはり一九〇三年ダーバーの際と同様に、帝国士官候補生部隊の騎馬隊を先導して式典会場に入場した。

第一次世界大戦が始まると、すでに七十代に達していたプラタープ・シングは、高齢を押してジョドプールの摂政としてジョドプール国軍の槍騎兵連隊を率い、ヨーロッパ戦線および中東戦線で戦った（図5－10）。一九一六年には中将に昇級している。第一次世界大戦後の一九二二年に死去した。

図5-10　第一次世界大戦に従軍した際のプラタープ・シング。

プラタープ・シングは、藩王たちの中でも最も自発的で積極的な、英領インド帝国の協力者だったと言えるだろう。英領インド帝国にとり彼は、イメージ面でも、政治面でも、軍事面でも、イギリス人たちが望む通りに効果的に振舞ってくれる得がたい存在だった。プラタープ・シングのこうした姿勢は、彼の属する家系の歴史的沿革に基づいていた。ラージプートの藩王たちは、すでにムガール帝国時代から帝国の協力者、そして帝国のエリートとして振る舞うことが自分たちの権力とステータスを維持するために最良の方策だと判断していた。

インド独立後、ラージプートの藩王たちも他の藩王たちと同様に政治的権力を失ったが、彼らの中には、宮殿を改装し、「マハラジャ・ホテル」と称して世界でも最上級のホテルとしての評価を得て利益を上げている者がいる。また、パトロンとして文化・芸術事業に積極的に関わって社会的威信を維持するなど、数多くの藩王たちの中で目立ったしぶとさを示している。

第三節　バローダ藩王国国王サヤージー・ラーオ・ガーイクワード三世

マラーター同盟とバローダ王国

本章で取り扱う三人目の、そして最後の藩王は、サヤージー・ラーオ・ガーイクワード三世である。ヒンドゥー教徒の藩王であり、長期にわたって英領インド帝国の協力者として振る舞ったが、実はそれは面従腹背であり、帝国政府との関係は常に緊張をはらんでいた。それは、彼の家系的背景が、ムスリムのムガール帝国、そしてキリスト教徒であるイギリス人たちの帝国による支配に、ヒンドゥー教徒として最後まで抵抗を続けた人びとに連なるものであったことに起因していた。

サヤージー・ラーオ・ガーイクワード三世は一八六三年に生まれ、一八七五年にバローダ藩王として即位し、亡くなる一九三九年までその地位にあった。バローダ藩王国はムガール帝国に敵対し、イギリス東インド会社とも抗争を繰り広げたマラーター勢力に端を発していた。

インド中部のデカン地方では、デカン・スルターン朝支配の下、元来は農耕カーストだったマラーターたちの中から社会的上昇を果たし、郷主や行政官になる者が現れた。十七世紀に入るとデカン・スルターン朝の一つだったアフマドナガル王国が、ムガール帝国からの圧迫を受け始めた。そうした中でマラーターたちを糾合し、ムガール帝国の国制や軍事システムに学びながら、ムガール皇帝アウラングゼーブの好敵手になったのがシヴァージー・ボーンスレーだった。シヴァージーは一六七四年にマラーター王国を建国したが、彼の死後、同王国の実権は宰相によって握られた。

ムガール帝国の衰退に乗じて広大な版図《はんと》を手にしたマラーター王国では、宰相がマラーター諸侯（サルダール）に征服地を領有させる、という統治システムが採用された。そうした諸侯の一つが、バローダ（現在のグジャラート州の一部）を領有するガーイクワード家だった。この広域統治システムがやがて「マラーター同盟」と呼ばれるようになった。十八世紀末以降、マラーター同盟は三度にわたってイギリス東インド会社軍と争ったが、結局、十九世紀初頭に東インド会社側が勝利を収めた。

マラーター同盟の旧領では東インド会社が直轄支配を始めることが多かったが、東インド会社は幾人かの諸侯に対しては、東インド会社の宗主権を受け入れることを条件として、その主権を維持することを認めた。その中でも、三度のマラーター戦争を通じて東インド会社に敵対しなかったことを評価されたのがバローダ侯国だった。十九世紀半ばのインド大反乱はインド最西部にまでは波及しなかったため、バローダ侯国は無傷のまま、名門の富裕な藩王国となり、それに相応しい扱いを受けるようになった。

しかし、ラージプートの藩王国がムガール帝国との間で結んだ同盟の型を英領インド帝国との関係にも持ち込んだのに対して、バローダ藩王国の英領インド帝国に対する姿勢は、面従腹背だった。そのことを英領インド帝国側も感知していたが、バローダ藩王国がヒンドゥー教徒系の藩王国の中ではマイソールと並んで最有力であり、ムスリム系の藩王国との間でバランスをとるための重りとして有用性が高かったために、同王国のそうした態度は黙認された。

開明的君主、サヤージー・ラーオ

一八七五年一月、バローダ藩王国と英領インド帝国の間での緊張関係が表面化する事件が起こった。バローダ藩王マルハール・ラーオが、帝国から派遣されたイギリス人政務官を毒殺しようとしたとの嫌疑をかけられ、廃位に追い込まれた。しかし帝国側は、王家がガーイクワード家一族の中から養子を迎えることは認めた。それを受けて急遽、同年六月に即位したのがサヤージー・ラーオだった。

一八七五・七六年のアルバート王太子（後のエドワード七世）のインド訪問に際しては、十三歳になっていたサヤージー・ラーオは他の藩王たちとともに、ボンベイ（現在のムンバイ）に到着したアルバート王太子を出迎えた。王太子はすぐに鉄路でバローダへと向かい、数日にわたってバローダ藩王国政府が念入りに準備した狩猟や闘象見物などを楽しんだ。お家騒動直後のバローダ藩王国政府は、こうした歓待を通じてイギリス王室に好印象を与え、王国の安泰を図ろうとしていた。

一八七七年のインペリアル・アセンブリッジにも、サヤージー・ラーオは即位後間もない若い君主として参加した（図5－11）。ヒンドゥー系藩王国中の筆頭国の君主だったため、それなりに重要な役割を果たした。

リットン副王兼総督と面談するなど、英領インド帝国の支配層に属する人びととの間で広く知己を得た。

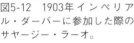

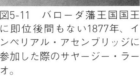

成年に達したサヤージー・ラーオは、開明的で近代的な君主との評判を得ていった。児童婚の禁止や教育の普及に努め、不可触民制問題にも関心を示した。後に反不可触民制運動の指導者となるビームラーオ・ラームジー・アンベードカルに奨学金を与え、ニューヨークのコロンビア大学やロンドン政治経済学校で学ばせた。経済政策としては、バローダの繊維産業を奨励し、海外との交易を行うバローダ商人たちの便宜を図ることを目的として、一九〇八年にバローダ銀行を設立させている。

図5-11　バローダ藩王国国王に即位後間もない1877年、インペリアル・アセンブリッジに参加した際のサヤージー・ラーオ。

図5-12　1903年インペリアル・ダーバーに参加した際のサヤージー・ラーオ。

一九〇三年インペリアル・ダーバーにも参加した。しかし、インド副王兼総督カーゾンからの要請により、ハイデラバード藩王やマイソール藩王が座乗する象と並んで、サヤージー・ラーオの座乗する象が藩王たちのパレードを先導するはずだったが、サヤージー・ラーオはそれを拒んだ。自分の義母が亡くなったばかりなので、そうした晴れがましい行事に参加するのは適当でない、というのが拒否の理由だった。しかし実際には、藩王たちを利用して帝国の権力を見せつけようとするカーゾンの演出意図への、暗黙の抵抗だった（図5−12）。

一九一一年ダーバーでの「不敬事件」

一九一一年インペリアル・ダーバーが行われる直前の時期、英領インド帝国政府は、サヤージー・ラーオの帝国への忠誠心に疑念を深めていた。帝国の治安当局が追及する、インド国民会議派の急進派の活動家たちがバローダに匿《かくま》われている、と帝国政府はみなしていた。

また同じ頃、バローダ藩王国に駐屯する英領インド軍部隊所属のムスリム兵士が、ブラーフマンの青年によって殺害される事件が起こった。犯人の扱いをめぐって厳罰を求める帝国政府と、軽い処罰にとどめようとするバローダ藩王国政府との間で軋轢《あつれき》が生じた。

英領インド帝国政府は、サヤージー・ラーオ自身の性的なスキャンダルも摑んでいた。頻繁にイギリスやヨーロッパを訪れていたサヤージー・ラーオは既婚のスコットランド人女性と不倫関係にあったようであり、彼女の夫から、「妻の不貞を理由に離婚訴訟を起こし、サヤージー・ラーオを証人として喚問する」と脅された。事が公になるのを嫌ったサヤージー・ラーオは、示談金を払って訴訟を撤回させた。

一九一一年ダーバーに先立ち、イギリス本国政府と英領インド帝国政府は、藩王たちのインペリアル・ダーバーへの熱意を高めることを目的として、勲位の大盤振る舞いを行った。しかし上記のような事情から英領インド帝国政府との関係が険悪化しつつあったサヤージー・ラーオに対しては、彼と同格の藩王たちには与えられた勲爵士の称号が与えられなかった。

こうした経緯の中でサヤージー・ラーオは一九一一年ダーバーに参加した（図5－13）。そして、その最も重要な儀礼の際に、彼はイギリス国王兼インド皇帝に対して「不敬」な振る舞いを行ったのではないか、と疑わせる事態が発生した。すなわち、多数の参観者たちが見守る中、藩王たちが次々と国王兼皇帝夫妻の前に進み出て夫妻に忠誠を誓う、という場面で、サヤージー・ラーオはあえて質素な服装で現れ、直前になって身に帯びていた宝石類をすべて外し、同伴していたバローダの王子にそれらを委ねた後に高座《ディアス》へ登り、国王兼皇帝夫妻に向かって軽く頭を下げるだけの明らかにぞんざいな仕方で忠誠の宣誓を行い、さらに、退場にあたっては後ずさりをしなければならないとの厳密な指示を受けていたのにもかかわらず、それを破って途中から皇帝夫妻に背を向け、しかも、手にしていた杖をふざけているかのように振ってみせた。

サヤージー・ラーオの振る舞いの異様さに気付いた参観者たちはざわめいたが、サヤージー・ラーオに続いて他の藩王たちの忠誠宣誓が行われなければならなかったために、何事もなかったかのように式典は続けられ終了した。

図5-13　1911年インペリアル・ダーバーに際してのサヤージー・ラーオ。

バローダ駐在の政務官からの忠告を受けて、式典が終わった直後にサヤージー・ラーオは、副王兼総督ハーディングに弁明と謝罪の手紙を送った。自分はリハーサルに参加しておらず、自分の前に忠誠の誓いを行ったのがハイデラバードとマイソールの藩王たちだけだったので、どのように振る舞えばよいのかがよくわからなかった、と。

事の次第はすべて映画に撮影されており、式典後にフィルムがイギリスへ送られ、サヤージー・ラーオの姿もそのまま映画館で公開された。インド政庁やインド省の官僚たちは、当初、事態をそれほど深刻には捉えていなかったが、イギリス本国で映像を目にした一般のイギリス人から憤りの声が上がり始めた。かくして、イギリス、インド双方の新聞で「バローダ藩王の不敬問題」が取り上げられるようになり、彼の真意をめぐって議論の応酬となった。帝国政府内ではサヤージー・ラーオの退位あるいは追放の可能性も検討されたが、そこまでは踏み込まれなかった。

サヤージー・ラーオ再評価の動き

サヤージー・ラーオは、自分が帝国政府からの歓心を買う必要に迫られていると認識していた。そのため、第一次世界大戦が始まり英領インド帝国もそれに参戦することが決まると、国王兼皇帝に対する忠誠心を示すための願ってもない機会だと判断した。バローダ藩王国軍の騎兵部隊を英領インド軍の一部として戦線へ派遣することを申し出、それを実行した。さらに、イギリス政府の戦争努力への一助として多額の資金を献上した。

サヤージー・ラーオは、一九三〇年代初頭にロンドンで開かれた第一次英印円卓会議と一九三一年の第二次会議に、インド諸藩王国の代表の一人として参加している。この時点までにはサヤージー・ラーオは、イギリス人政治家たちとインド人政治家たちの双方から、仲介者的な役割を担いうる人物だとみなされるようになっていた。第一次世界大戦後の帝国権力の弱体化を象徴的に示している。第二次世界大戦が始まる直前の一九三九年に、サヤージー・ラーオは死去した。

近年、サヤージー・ラーオを再評価しようとする動きが、旧バローダ藩王国地域を含むグジャラート州を中心に高まっている。現インド首相のナレンドラ・モディは、インド首相になる以前はグジャラート州の州首相だった。モディ首相は、サヤージー・ラーオの名誉を回復し、むしろ彼のインペリアル・ダーバーに際しての行動を顕彰する機会を窺《うかが》っているのかもしれない。

インド人藩王たちと英領インド帝国は、言わば運命共同体だった。しかし個々の藩王は、それぞれが有する歴史的、宗教的、文化的な沿革から、元来極めて多様であり、帝国との間での結びつき方も、それぞれが独自だった。藩王たちが多様であることが帝国にとって有用であったために、彼らの多様性を帝国が支持し、助長していた面も強かった。したがって、帝国に代えて中央集権的な国民国家を築き上げていくことを目指すインド国民会議派とムスリム連盟が、独立後のインドとパキスタンの政権をそれぞれ掌握することが決まった時、それらに対抗して自らの独自性を保持するためには、皮肉な言い方になるが、藩王たちは一体となって行動する必要があった。しかし彼らには、帝国という上級権力の存在なしで一体として行動した経験も、互いの間での有効なネットワークを持ったこともなかった。そのために藩王たちは、新たな権力者からの好意と約束に期待するほかはなく、結局はそうした期待は裏切られて、政治主体として消滅することを余儀なくされた。

第六章　マハトマ・ガンディーの影に脅《おび》えて

ニュー・デリーのインド副王宮殿（現、インド大統領官邸）の謁見室（ダーバー・ホール）（Stamp, Edwin Lutyens Country Houses）

本章では、第四章末尾までの話を引き継ぎ、第一次世界大戦終結の時点から第二次世界大戦末期までの英領インド帝国の趨勢を眺める。焦点は、イギリス王家の人びとが二度の世界大戦でイギリス、インドにもたらされた変化にどのように対処したのかである。ジョージ五世が一九三六年に亡くなった後、その息子であるエドワード八世とジョージ六世は、イギリス国王兼インド皇帝の地位に続けて即位した。その際、インド統治を担うイギリス人の多くが、両王がインペリアル・ダーバーを行うことを期待し、それを実施するための条件も整っていたにもかかわらず、結局、兄弟がともに、その機会を見送った経緯を明らかにする。さらに本章の後半では、第一章で最後のインド副王兼総督として英領インド帝国の幕引き役を演じたイギリス王室の異端児マウントバッテンが、そうした役割をのちに果たすための基盤をどのようにして培ったのかについても検討したい。

第一節　エドワード王太子のインド公式訪問

第一次世界大戦後のヨーロッパ皇帝家の凋落

イギリス国家と王室は、同盟国であるロシアの戦線からの離脱など、危機的な状況に直面しながらも、アメリカ合衆国の連合国側への参戦などを得て、辛くも第一次世界大戦での勝利を手にした。しかし大戦後の国際秩序の再建にあたっては、君主国ではない、国民が自らの代表を選ぶ共和国としてのアメリカ合衆国が、世界の指導権を握ることが明らかになっていった。逆に、大戦前の国際政治を牛耳《ぎゅうじ》っていた国王や皇帝たちは、すでにその多くが失脚していた。

とりわけロシア皇帝家が辿った運命が、ジョージ五世の心に深い傷を残した。大戦前、イギリス王家とロシア皇帝家は親密な関係にあり、それもあって、ロシア革命の渦中でニコライ二世一家はイギリスへ亡命することを望んだ。イギリス政府はロシア皇帝家の受け入れに前向きだったが、驚くべきことに、ジョージ五世がそれを阻んだ。ロシア皇帝家をイギリスに呼べば、ロシア皇帝家に対するロシア民衆の怒りがイギリスの民衆層にも伝染し、それが延いてはイギリス王室に向かうことになりかねない、と危惧したからだった。

また、父方のいとこ同士だったドイツ皇帝ヴィルヘルム二世は敗戦後に退位を余儀なくされ、ドイツ帝国自体が解体された。大戦に際して敵味方に分かれたものの、大戦前には国際政治を牛耳る当事者だったいとこたちのこうした凋落ぶりは、ジョージ五世にとって衝撃だった。

図6-1　1919年のアメリカ合衆国訪問に際して、ジョージ・ワシントンの墓に献花するエドワード王太子。

エドワード王太子による帝国各地の歴訪

他方でジョージ五世は、イギリス社会の民主化が大戦中の総力戦体制構築を通じて急速に進展したことをよく認識していた。また、ロシア革命などの影響から、イギリスでも社会主義的な傾向が強まるだろうことも予想していた。そうした条件のもとでジョージ五世は、イギリスの国政を安定させ、国民からのイギリス王室への支持を維持するために、大戦中以上に王室が国民に「よりそう」姿勢を打ち出す必要があると考え、行動を起こした。戦死者追悼行事に国王夫妻は熱心に参加し、戦傷者や遺族を慰問し、戦後の経済的苦境に喘《あえ》ぐ地域を訪ね、人びとを励ました。

またジョージ五世は、イギリス君主制にとっての、イギリス本国とイギリス帝国内の諸地域をつなぐという役割の比重が大戦を通じて飛躍的に高まったことも弁えていた。そのため、大戦中にイギリス本国に多大な貢献をした自治領や植民地への王室からの「謝意」を、目に見えるイベントの形で表現する必要があると考えた。しかし、国王であるジョージ五世が長期にわたってイギリスを離れることはためらわれたため、その代理として王太子が帝国各地および大戦中の同盟国に派遣されることになった。

エドワード王太子は、一九一九年から一九二五年にかけて四回にわたってブリティッシュ・ワールド公式訪問ツアーを行った（図6－1）。一九一九年八月から十一月にかけてはカナダとアメリカ合衆国、一九二〇年三月から十月にかけてはオーストラリアとニュージーランド、一九二一年一〇月から一九二二年六月にかけてはインド、日本、フィリピン、ボルネオ、マラヤ（現在のマレーシア、シンガポール）、セイロン（現在のスリランカ）、エジプトを訪れた。さらに一九二五年三月から十月にかけてはアフリカ（ガンビア、シエラレオネ、ガーナ、ナイジェリア、南アフリカ）、南アメリカ（アルゼンチン、ウルグアイ、チリ）を訪れた。

ただしエドワード王太子は、ジョージ五世の指示に従いながらも、イギリス君主制やイギリス帝国の今後のあるべき姿について、徐々に父親とは異なる考え方をするようになっていった。

エドワード王太子にとっての第一次世界大戦

ジョージ五世の子供たちへの教育方針は厳しく、メアリ王妃の子育ての姿勢も必ずしも親密なものではなかった。ジョージ五世は、エドワード七世の教育方針に倣い、自分と同じように長男エドワードの教育を海軍兵学校で行わせた。次男のアルバートも、やはり海軍将校となるための教育を受けた。

第一次世界大戦が始まると、陸軍が比較的小規模だったイギリスでは志願兵が募られ、多くの若者がこれに応えた。エドワード王太子も前線で戦うことを望んだ。しかし陸軍大臣になっていたキッチナーが、仮に王太子が捕虜となった場合には戦争の遂行に大きな障害になると唱えて反対したため、エドワード王太子の願いはかなわなかった。

エドワード王太子の失望感は大きかったが、それには弟のアルバート王子が海軍士官として前線で勤務していたことも影響した。しかしエドワード王太子は、戦場の後方で勤務しながらも、前線から戻ってきた部隊を熱心に訪ねて将兵を慰問し、激励した（図6－2）。エドワードの率直な態度と姿勢は兵士たちの間で共感を生み、戦意の高揚に結びついた。そうした活動が評価されてエドワードは勲章を授与されたが、自分は受勲に値するような行動は何もしていないと密かに漏らした。

図6-2　1914年、近衛歩兵連隊の中隊を率いて行軍するエドワード王太子（左から二番目）。

図6-3　第一次世界大戦直後、ウェールズのカムメル炭鉱を訪問するエドワード王太子。

エドワード王太子はアメリカと相思相愛に

大戦終結後、エドワード王太子は、父王と手分けする形でイギリス国内の各地を訪問した。戦後の経済的苦境に喘ぐ地域に若く魅力的な王太子を送り込むことで、そうした地域で社会主義的あるいは反君主制的な動きが広まるのを抑えることを、イギリス政府および王室は意図していた。その結果、エドワード王太子は「庶民の苦しみ」に強い同情と共感を抱くようになり、彼のそうした心情を感知した民衆の側でも、エドワード王太子の人気が高まった（図6－3）。

またエドワード王太子は、父王からの指示に従って数多くのイギリス自治領や植民地を訪問し、人びとが王族に期待する仕方で振る舞い、謝意を伝え、本国と自治領及び植民地の間の絆を維持しようとした。しかしエドワード王太子の目には、イギリス帝国という政治システムは権威主義的で時代遅れに見えており、彼は内心で、帝国に対する嫌悪感すら抱くようになっていった。

他方でエドワード王太子は、北アメリカ訪問ツアーの際に初めて訪れたアメリカ合衆国に魅了され、強い好感を抱いた。イギリス社会の将来は、帝国の支配者としてのありようを脱し、アメリカ合衆国のように徹底して民主主義的な社会を築いていくことにあるのでは、とすら考えるようになった。後年、国王エドワード八世となった彼が、離婚経験者であるアメリカ人のウォリス・シンプソンと結婚することに固執し、そのために王位を捨てることもためらわなかった背景には、青年期のアメリカ合衆国訪問によって得たアメリカニズムへの強い共感があった（図6－4）。

図6-4　1919年のアメリカ合衆国訪問に際して、ニューヨークでアメリカ軍部隊の閲兵を行うエドワード王太子。

インドでショックを受けたエドワード王太子

一九二一年には、エドワード王太子の海外歴訪の重要な一環として、まず英領インド帝国を訪問し、その後、東南アジアや東アジアにおけるイギリス帝国の諸植民地を訪れ、さらに長く同盟関係にある日本も訪問する、というプロジェクトが実施された。

インド訪問に関しては、一九一九年インド統治法が一九二一年に施行された後のインド社会の動揺を静める効果も期待されていた。当時インドでは、自治に関する同法の不徹底さに抗議する、ガンディーの率いる非協力運動が高揚していた。イギリス側としては、エドワード王太子を送り込むことにより、新たなインド統治法には不適切な部分はなく、その施行状況についてもイギリス側は深刻に捉えていない、という姿勢を示すことが目的だった。日本訪問については、エドワード王太子訪日の前に行われた、日本皇太子によるイギリス訪問への答礼の意味が込められていた。だが、一九二一年

図6-5　1922年1月、エドワード王太子はシンディア藩王国を訪問し、歓迎された。同王太子とシンディアの藩王（マハラジャ）が先頭の象に同乗している。

十二月の四カ国条約の締結によって日英同盟の廃棄が決まり、そのことへの日本社会での反発が予想される中での訪問となった。そのため、エドワード王太子を送り込むことで日英関係の冷却化を抑えようとする意図も加わることになった。

インド訪問は結局、少なくともエドワード王太子本人の主観の中では大失敗に終わった。王太子がインドへの第一歩をしるしたボンベイ（現在のムンバイ）では、その上陸を待ち構える形で、王太子の訪問をボイコットせよ、と呼びかける大規模な集会をガンディーが開いていた。そしてイギリス人植民地官僚たちによる直接支

配が行われていた地域では、インド国民会議派からの呼びかけに応じて、王太子を歓迎するイベントを妨害するために多数の民衆が集まった。イギリス側は体面を取り繕うために、イギリスによる支配に忠誠を誓うインド人たちだけを集める形でイベントを実施せざるを得なかった。

エドワード王太子は、自分がインドで歓迎されていないことを知り、大きなショックを受けた。民衆から歓迎されないという事態は、彼にとって事実上人生で初めての経験だったからである。その結果として王太子は、自分の訪問がインド人からボイコットされる理由について深く考えようとはせず、短絡な感情的反発から「インド人には自治は不可能だ」との結論を導き出し、インド人＝非ヨーロッパ人一般への嫌悪感を抱くようにすらなった。ただしこの際、王太子はインドの諸藩王国も訪問しており、そこでは盛大に歓迎されていた（図6－5）。

図6-6　マルタ島での手押し車レースで、エドワード王太子の車を押す随員マウントバッテン。

王太子の傍らには、王太子と同じくヴィクトリア女王の曾孫で、ちょうどこれから四半世紀後に最後のインド副王兼総督となるルイス・マウントバッテンが随行していた。そのマウントバッテンは、王太子とは異なって一歩退《しりぞ》いた視点からインドでの事態を観察していた。マウントバッテンは、第一次世界大戦を契機として英領インド帝国の運命が大きく旋回しており、自分たち王族もそれに対応せざるを得なくなることを予感した（図6－6）。

図6-7　1922年2月、ウェールズ近衛連隊大佐の制服姿のエドワード王太子を東京の駅頭で出迎える日本国皇太子（後の昭和天皇）。

エドワード王太子を歓迎する日本

日本に到着したエドワード王太子一行は、とりわけ英領インドでの状況とは対照的に、日本の皇室や国民から大歓迎された。日英同盟の解消が決まったことで不安感や孤立感を抱くようになっていた日本の支配層の親英米派は、エドワード王太子の訪問を利用して、日本国民の感情が反英米の方向へ流れることを防ごうと考えていた。とりわけ摂政宮、後の昭和天皇は、イギリスで同王室から歓迎された記憶がなお鮮明であったために、個人的にもエドワード王太子を歓迎したい意向だった（図6－7）。

蓋を開けてみると、日本社会はイギリス王太子の訪問に沸き立った。その直前に英領インドで生じていた、同王太子のボイコットからの影響はまるでなかった。しかしエドワード王太子は、すでにインドで非ヨーロッパ人への嫌悪感を刷り込まれていたせいもあり、日本人たちからの歓迎を受けても心を動かされることはなく、日本社会あるいは日本人への関心を高めることもなかった。

他方、王太子に随行するマウントバッテンは、ここでも王太子に比べてより冷静な分析をしていた。人心を読むことに長《た》けたマウントバッテンは、日本人の多くが実は日英同盟が解消されることにショックを受けており、そうした日本人たちが反英感情に流れることで、東アジアの将来における不安定要因となる可能性を嗅ぎ取っていた。この時期、イギリス海軍は日本海軍の新鋭戦艦・陸奥《むつ》の巡検を日本海軍に要望したが、日本海軍に拒まれていた。そのため、日本海軍がマウントバッテンを王太子の単なる付き添いとみなして警戒しないはずだと考えたイギリス海軍は、日本海軍についての情報収集を行うことをマウントバッテンに命じ、マウントバッテンは日本海軍省に関する詳細な報告書を作成して帰国後に提出した。

第二節　ジョージ五世による帝国護持の努力

イギリス国王のクリスマス・メッセージ

現在も、毎年十二月二十五日のクリスマス・デイの午後に、イギリス国王はウェブを含めた主要なメディアを通じて、主としてイギリス国民に向けて「クリスマス・メッセージ」を発している。こうした伝統は一九三二年から現在まで連綿と続いているが、それを始めたのがジョージ五世だった。国王が親しく国民全体に語りかける形がとられており、まず、その年の王室内の出来事を回想する。さらに、それをイギリス国内、あるいは世界全体で起こったことに関連付け、悲喜こもごもであった、とコメントし、次の年への希望を語る、というのが、毎年の大体のフォーマットである。

イギリス社会では、クリスマス前後に実家の父母を囲む形で、子供たち、孫たちが集まることが多い。かつては、一年ぶりに揃った家族がクリスマス・イヴの夜に近在の教会へと足を運び、ミッドナイト・ミサに参加するのが恒例だった。明けて、クリスマス・デイの朝はゆっくりと休んだ後に起き出し、クリスマス・ツリーの下に置かれたプレゼントを家族内で交換する。七面鳥のローストがメインのクリスマス・ランチを済ませると、腹ごなしに散歩に出かける。そして帰宅後に国王のクリスマス・メッセージを聴取するのである。

こうした、家族揃ってクリスマス・デイの午後に国王のメッセージに耳を傾ける、という「新しい伝統」は、BBC（英国放送協会）の戦略に基づいて定着したものだった。一九三〇年代初頭にBBCは、世界中に散らばるブリティッシュ・ワールドで暮らす人びとに向けて、ラジオの短波放送を開始しようとしていた。しかし、それを実現するためには、受け手の聴取者が短波受信機のラジオを保有していなければならない。その購入を促進するためにBBCが目を付けたのが、イギリス君主制のアピール力だった。すなわち、イギリス国王の声を「生で」聴けるならば、人びとは短波ラジオを購入しようとするだろうと考えたのである。

しかし当のジョージ五世は、そのようなアイディアに関して、最初は消極的だった。BBCの有力な指導者として長くとどまることになるジョン・リースから、すでに一九二二年の時点で、ラジオを通じてイギリス国民に向けてメッセージを放送してはどうか、との提案が国王に対してなされたが、ジョージ五世はそれを拒んだ。

ただし、短波放送がない時点でのリースの考えは、イギリス国内向けに「国王の声」をラジオで届ける、というものだった。当時ジョージ五世は、自分が国内のあちこちに実際に出向いて直接国民に語りかける努力を続けており、その方がはるかに効果が大きいと判断していた。

しかし一九三〇年代に入ってからのリースの再度の提案については、ジョージ五世はそのコンセプトの有用性を理解し、受け入れた。ジョージ五世はイギリス国内の社会的安定とイギリス帝国の統合をあらゆる手段を用いて維持することが自分の治世の課題だと考えるようになっており、そのためには、ラジオを通じて国王の肉声を地球上のあらゆる地域に散在するイギリス帝国の「臣民」に同時に届けることが極めて効果的であり、イギリス君主制にとって他に代え難いコミュニケーション・ツールになるはずだ、と判断したからだった。

一九三二年、ジョージ五世はクリスマス・メッセージの放送を開始した（図6−8）。原稿の作成は英領インド帝国出身のノーベル賞作家、ラドヤード・キプリングに委ねられた。イギリス国民、イギリス帝国の諸臣民の間での評判は上々であり、リースはこの企画を定例化することを国王に要請した。

図6-8　1932年に初のクリスマス・メッセージの放送を行うジョージ五世。

その後、第二次世界大戦中は休止され、クリスマス前に王室関係の比較的大きなイベントがあった年などには行われないこともあったが、それ以外は毎年続けられ、今日に至っている。ただし伝達のための主要なメディアは、ラジオからテレビを経てウェブへと変化した。

イギリス国王のクリスマス・メッセージは、周辺国へも影響を及ぼした。アメリカ合衆国大統領フランクリン・ローズヴェルトが「炉辺《ろへん》談話」と称して応用し、一九三三年から一九四四年にかけてアメリカ国民に向けてラジオを通じて語りかけている。ナチス・ドイツの総統アドルフ・ヒトラーも、一九三三年に政権を獲得した直後からラジオを通じての演説を開始した。

ニュー・デリーの竣工と「プールナ・スワラージ」

英領インド帝国では、ジョージ五世の宿願である新都ニュー・デリーの造営が一九三一年にようやく完了した。ただしそれは、ガンディーの指導する市民的不服従運動がインド全土で沸騰していた最中においてだった。

ニュー・デリー完成から遡ること五年前の一九二六年十一月には、バルフォア報告書が発表されていた。元首相バルフォアが議長役を務める帝国内関係委員会がとりまとめ、自治領首脳たちの承認を得て、イギリス帝国のありようを帝国体制から連邦体制に転換することを提言する内容だった。ジョージ五世は、イギリス本国やイギリス帝国内の種々の政治力学の変化を受け入れつつ、イギリス帝国の護持をめざす立場だったから、バルフォア報告書の内容は彼にとり歓迎すべきものだった。

他方で、同報告書の公表は、ガンディーの指示によって非協力運動が一九二二年二月に唐突に終止して以降、停滞を余儀なくされていたインドのナショナリストたちの活動にも刺激を与えた。一九二二年の時点でガンディーは、非協力運動の過熱が英領インド軍の動員につながり、暴力的鎮圧が行われることを恐れていた。

バルフォア報告書の公表からちょうど一年後の一九二七年十一月、一九一九年インド統治法の施行状況を評価するために、イギリス議会の委員会が構成されることになった。その委員長には自由党の有力政治家ジョン・サイモンが任命され、サイモン委員会と呼ばれるようになる。しかし、委員会メンバーの人選にあたってサイモンはインド人を含めず、イギリス人の国会議員七名のみで構成した。インド社会の世論はこれに強く反発し、一九二八年にインドを訪れたサイモン委員会のボイコットを旗印にして、インド・ナショナリズム運動は再度高揚を始める（図6―9）。

こうした事態を見たインド副王兼総督アーウィンは、従来のイギリス側の方針を再解釈し、事実上変更する内容の宣言を、一九二九年十月に発表した。すなわち、第一次世界大戦中の一九一七年にインド担当大臣モンタギューが発表した宣言以来、イギリス側の最終的な目標は常に、インドに対して自治領の地位を与えることだったと公言し、この点について議論を進めるためにロンドンで英印円卓会議を開くことを呼びかけた。

図6-9　1929年1月にダルバンガの藩王によりカルカッタ（現コルカタ）で開かれた、サイモン委員会メンバーを歓迎するディナー・パーティーでの集合写真。左端はクレメント・アトリー。

これを受けて一九二九年末にパンジャーブ州のラホールで開かれたインド国民会議派の年次大会では、「プールナ・スワラージ」（完全独立。主権と自治権の獲得）を国民会議派の目標とすることが宣言された。さらに、インド人民衆を運動に巻き込むことを意図したガンディーは、一九〇三年インペリアル・ダーバーを企画したインド副王兼総督カーゾンと同様に、塩問題を焦点化した。そもそも英領インド帝国では塩の私的製造自体が法律で禁じられていたが、ガンディーはこの法律を破ることをインド人一般に呼びかけ、さらに自らがそれを実行する姿をマス・メディアを通じて人びとに示すことを狙い、一九三〇年三月から四月にかけて「塩の行進」を組織し、いわゆる市民的不服従運動をインド全土で一気

図6-12　ニュー・デリーのインド門。エドウィン・ラッチェンス設計。

図6-10　ニュー・デリーのインド副王宮殿。エドウィン・ラッチェンス設計。

に盛り上げることに成功した。ただし、ガンディー自身は五月四日深夜に逮捕された。

　他方、サイモン委員会は一九三〇年五月に報告書を発表した。その中では、インドの諸州に代表民主制的な政府を設けるが、それと同時に州総督たちに非常権限を留保する、としていた。また、インド全体の自治領としての地位については言及さえしていなかった。このサイモ

図6-11　ニュー・デリーのインド政庁セクレタリアート（官房）。ハーバート・ベイカー設計。

ン委員会の報告書を叩き台にする形で、英印円卓会議がロンドンで一九三〇年十一月に開始されたが、会議が始まった時点でガンディーはインドで収監されていた。

一九三一年初頭にニュー・デリー造営工事が完了した（図6－10・11・12）。インド政庁は英領インド帝国に忠誠を誓う人びとだけを集め、同年二月に一週間にわたって新都の完成を祝った。副王兼総督アーウィンが「全インド戦争記念アーチ」（現在のインド門）の献呈式を十二日に行い、十三日には新都の完成を正式に宣言した。同日には、インド政庁セクレタリアートの入口前に、オーストラリア、ニュージーランド、南アフリカ、カナダの四つの自治領からインドに贈られた記念柱の披露も行われた。

それから間もない三月五日に、今度は、ニュー・デリーの中核的施設である副王宮殿が、副王兼総督アーウィンと釈放されたガンディーの間での交渉の舞台となった。保守党所属の政治家で敬虔なキリスト教徒だったアーウィンは、インド人民衆を惹きつけてやまないガンディーの指導力に強い関心を抱いていた。

当時のイギリス首相で労働党党首のラムゼイ・マクドナルドは、早期に市民的不服従運動を終息させることを望んでいた。一九三一年一月に一回目の英印円卓会議を閉じるにあたってマクドナルドは、次回の会議では国民会議派の代表が参加することを望む、と述べた。首相の意図するところを察したアーウィンは、ガンディーの釈放を一月二十六日に命じ、これによって両者の会談が可能になった。

アーウィンとガンディーは合計八回の面談を行い、延べ二十四時間にわたって対話した。会談の結果、国民会議派が二回目の英印円卓会議に参加することにガンディーは同意し、アーウィンは九万人の政治犯を釈放することを約束した。

ウェストミンスター憲章とインド

ほぼ同じ頃、ロンドンではイギリス政府と諸自治領政府の代表が集まって帝国会議が開かれていた。バルフォア報告書の提言を立法化することで合意が成立し、ウェストミンスター憲章が一九三一年十二月十一日に国王の裁可を得て成立した。これにより諸自治領は、イギリス国王を共通の元首としながら、実質的にはそれぞれが主権国家であり、イギリス本国と対等の地位にあることが確認された。

ウェストミンスター憲章の制定は英印円卓会議が断続的に開かれていた間に、言わば同時並行的に行われたため、同会議での討議にも影響を与えた。インド側代表は、ウェストミンスター憲章で諸自治領に与えられた地位が自分たちにも与えられるべきだ、との思いを強めた。

結局、第二次（一九三一年九月～十二月）、第三次（一九三二年十一月・十二月）の英印円卓会議での討議を踏まえ、曲折を経ながらも制定されたのが一九三五年インド統治法だった。同法は、州レベルではインド人たちにほぼ完全な自治権を認める内容だったが、英領インド部分と藩王国部分を統合して連邦とすることにより、諸藩王国を盾にしてイギリス側が帝国全体をコントロールする力を維持しようとするものだった。ただし連邦の形成は、一定数の藩王国がそれへの参加を決めることを条件としており、諸藩王国は期限までに判断することを求められた。その期限は偶然にも、第二次世界大戦が始まる一九三九年九月の直前に設定されていた。

世界恐慌の影響を受けて一九三〇年代前半には多くの国で政情が不安定化した。しかし上記のような過程を経る中で、イギリス帝国は一応のまとまりを保ち、深刻な動揺を免れていた。イギリスが深手を負うことなく世界恐慌の余波を乗り切ることができたのは、まさしく、イギリスが巨大な植民地帝国を保持しており、ポンドを基軸通貨としてスターリング・ブロックを形成することができたからだった。しかしそうした事情が、とりわけ日独との軋轢を高めて両国の政治の過激化を招き、また、新たな世界の覇者を目指すアメリカ合衆国には、イギリス帝国を解体すべしとの決意を固めさせることにもつながった。

ジョージ五世のシルバー・ジュビリーと逝去

図6-13　1935年のジョージ五世の在位25周年を祝う、ロンドン貧困街区の住民。

イギリス国民は、一九三〇年代前半のイギリス帝国の相対的安定に関して、様々なメディアを通じてイギリス国民とイギリス帝国臣民を心情的に統合しようと努める象徴的君主としてのジョージ五世の役割を高く評価するようになっていた。その結果、一九三五年五月のジョージ五世の即位二十五周年記念祝典《シルバー・ジュビリー》は、帝国内の各地で、国民および帝国臣民の積極的な参加を得て大々的に祝われた（図6－13）。

しかし、君主としてのジョージ五世の自己採点は、控えめだった。ジョージ五世は、シルバー・ジュビリーに際してイギリス国民から示された彼への感謝と敬意にむしろ驚いていた。他方、英領インド帝国でも皇帝のシルバー・ジュビリーは好意をもって祝われたが、実際にはジョージ五世のオーラの到達範囲は、英領インド帝国と直接の利害関係を持つ人びとを除いて、大幅に減退していた。それには、国王兼皇帝に代わりうるほどのカリスマ性をインド社会において持つに至った、ガンディーの存在が影響していた。

シルバー・ジュビリーが祝われてから僅かに半年後の一九三六年一月二十日、ジョージ五世は七十歳で没した。彼の死を受けて王太子エドワードがイギリス国王兼インド皇帝に即位し、エドワード八世を称することになった。しかしエドワード八世は、その年の十二月十一日に退位する。エドワード八世は独身で子供がいなかったため、弟のアルバート王子が次の国王兼皇帝に即位することになった。かくして一九三六年は、イギリス史上において「三人の王の年」と呼ばれることになった。

第三節　エドワード八世のダーバー回避と自主的退位

アメリカ好きのイギリス王太子

一九三六年一月にイギリス国王兼インド皇帝に即位したエドワード八世は、アメリカ文明に魅了されていた。一九一九年の王太子としての北アメリカ（カナダ自治領、アメリカ合衆国）訪問がきっかけだった。アメリカ社会の側も、一八五〇年代後半の王太子時代のエドワード七世以来、半世紀以上途絶えていたイギリス王太子の訪問に熱狂した。第一次世界大戦で疲弊したイギリス社会とは異なり、同じ戦いで経済的に潤ったアメリカ社会の豊かさ、明朗さ、自由さ、平等さ、先進性に、エドワード王太子は心を奪われた。同時に王太子は、イギリス君主制の伝統に憧れを抱く、多彩で華やかなアメリカ人女性たちからの積極的なアプローチも受けた。

エドワード王太子は、ほぼ同じ時期に、経済的困難を抱えるイギリス本国の諸地域への訪問を行い、困窮する労働者の生活を目にして彼らへの同情と関心を抱くようにもなっていた。さらに一九二〇年代末以降は、世界恐慌下の労働者層の窮状に接することになり、再度、そうした同情心を強めた。他方で彼は、イギリスの労働者が、世界恐慌の余波を免れているソヴィエト連邦と、同国を導く共産主義思想に引き付けられるのではないかとの懸念を抱いた。自分の近親であるロシア皇帝、そしてロシア皇室メンバーの多くが共産主義者によって殺害されたことが、共産主義への強い嫌悪と恐怖を王太子に植え付けていたからだった。世界恐慌によって、彼の憧れの対象だったアメリカ合衆国の経済力が失墜したため、王太子は、このままではやがてイギリスもソ連型共産主義に乗っ取られるのではないかとの恐れを抱いた。

逆にエドワード王太子は、第一次世界大戦後間もなくイタリアに登場したムッソリーニの率いるファシスト国家への関心を抱いた。さらに、世界大恐慌によるドイツ社会の混乱と人びとの困窮に大胆に対処しようとする、ヒトラーと彼の率いるナチス党政権にも魅せられた。ムッソリーニとヒトラーがともに、イタリア国王、ドイツ帝国の元皇帝との間で政治的な折り合いをつけようとしていることにも好感を抱いた。

他方、一九三〇年代前半の時点で、イギリス本国・イギリス帝国のありように関して王太子は、イギリス本国・イギリス帝国が変化の時代に直面しながら、それに対応する能力を欠き、あらゆる面で停滞していると感じていた。イギリス帝国各地を訪問した経験から王太子は、イギリスの植民地支配体制が、第一次世界大戦という衝撃を経てもはや持続不可能になっているとの思いを抱いた。また、自身の女性関係に起因する、父親ジョージ五世との対立から、イギリス君主制の保守的伝統についても疑念を抱き始めていた。より民主的で能動的な、言わばアメリカ大統領のような、あるいはドイツ総統のような役割をイギリス国王も目指すべきなのではないかと考えたのである。

エドワード八世の結婚願望

父王の死去を受け、イギリス国王兼インド皇帝になったエドワード八世だったが、ヴィクトリア女王以降の歴代のイギリス国王たちに比べると、君主としての使命感の薄弱さが顕著だった。エドワード八世は、政治とは一線を画し、社会的統合の象徴として振る舞うことを求められるイギリス国王のありように失望しており、立憲君主の役割を果たすことに熱意が乏しかった。王太子時代に、嫌々ながらそうした役割を父王の代理として世界規模で担わされたために、それに飽き飽きしてもいた。イギリス人民衆からの、君主としての自分への支持をうまく誘導すれば、ムッソリーニ、ローズヴェルト、あるいはヒトラーのような「次の時代」のカリスマに自分もなることができるかもしれない、と考える一方で、元来内気な性格であったため、私生活に引きこもることにも魅力を感じていた。

エドワード八世は、被害者意識を抱え込んだ人物でもあった。父王によって自分は虐待され、父王の都合の良いように利用された、と考えていた。また母親メアリ皇太后との関係も、少なくともエドワード八世自身にとっては、感情的に親密なものではなかった。彼はイギリスやアメリカで恋愛遍歴を重ねたが、彼が恋愛の相手に求めていたのは「母性的な存在」だった。自分の凡庸さを自覚しながら、自分が特別視され、国家・社会のために奉仕するべく期待されていることに、強いストレスを感じていた。ストレスから逃れるための方途として、彼にとって憧れの地であるアメリカ社会の出身で、彼を母親のように受け入れてくれるウォリス・シンプソンとの結婚を強く望むようになった（図6－14）。

インペリアル・ダーバーを嫌う国王

イギリス国王に即位したエドワード八世の最大の願望は、驚くべきことに、ウォリスを喜ばせることを目的として、彼女を自らの王妃とし、彼女と共に戴冠式を挙行することだった。しかしイギリス国王はイギリス国教会の首長でもあり、教徒たちの道徳的模範として振る舞わなければならなかった。したがって当時のイギリス社会の宗教規範意識の下では、すでに一度離婚を経験し、再婚した夫を持つ身の女性との結婚を国王が望むなどとは、あってはならないことだった。イギリス社会の伝統的な支配層《エスタブリッシュメント》は国王の意向を察知すると、こぞってそれに反対した。

図6-14　交際中の王太子エドワードとウォリス・シンプソン。

ウォリスとの結婚問題で頭がいっぱいだったエドワード八世には、英領インド帝国への関心はほぼ欠如していた。しかし、この時点のインド省・インド政庁の高官たちは、ジョージ五世のシルバー・ジュビリーがインド社会でも好意的に祝われたと判断しており、また、一九三五年インド統治法もようやく制定されたため、英領インド帝国の将来展望に関して、やや楽観的になっていた。インド省・インド政庁は、新たなインド皇帝が誕生したことを受けて、ジョージ五世の際と同様に、エドワード八世をインドに迎えてインペリアル・ダーバーを行うべきだと自然な流れで判断した。

しかし当のエドワード八世は、一九二一年のインド訪問に際して味わった「屈辱」のせいで、インド社会そのものを嫌悪するようになっていた。また、インペリアル・ダーバーを実施しても、インドでの自分の若き日の経験の二の舞、すなわち、ガンディーの呼びかけでそれがボイコットされるだけだと考えていた。インド省・インド政庁の高官たちは、繰り返し、インペリアル・ダーバーを実施することをエドワード八世に要請し、説得しようとしたが、エドワード八世は曖昧な返答に終始した。

結婚のための退位と出国

エドワード八世は、離婚歴を有する女性を国王の配偶者として認めようとしない、彼にとって父性の象徴でもあるイギリス社会の伝統的支配層は時代遅れで偽善的であり、自分には折り合いがつけられない、との結論に至る。他方で、ウォリスが夫と離婚さえできれば、ラジオという新たなマス・メディアを通じて国王自身が国民全体に直接訴えかけ、事情を説明することで、国民は自分とウォリスの結婚を受け入れるはずだ、と考えていた。

しかし首相ボールドウィンは、諸自治領の政府が、エドワード八世とウォリスの結婚を容認しない可能性を重視していた。君主の配偶者が非王族出身の場合には王妃になれず、その二人の間に生まれた子供には王位継承権がないとする、独仏君主制の慣行だった貴賤結婚の形をとればよいではないか、との提案もなされたが、エドワード八世は受け入れなかった。ボールドウィン首相は、エドワードがウォリス・シンプソンとの結婚を強行するならば、自分は内閣総辞職を行う、とエドワードに警告した。その結果、エドワード八世はウォリスと結婚するために退位することを選択したのだった。

ラジオ放送を通じてエドワードは、自分はウォリスと結婚するために王位を退くのだ、とためらうことなく国民に説明した。放送後、本来、君主としてはふさわしくないはずのエドワードのこうした所業に対して、イギリス国民からは特に強く反発する声は起こらなかった（図6－15）。

Daily Herald

NEEDLER'S CHOCOLATES FOR A HAPPY XMAS

THE KING ABDICATES: WILL BROADCAST TO-NIGHT

LEAVING COUNTRY: MAY GO TO ROME

Duke Of York Succeeds To The Throne · Will Be Known As King George the Sixth

NEW RULER VISITS MOTHER

CROWDS CHEER DUKE

Police Have To Clear Way For Car

ON OTHER PAGES

ONE WIRELESS PROGRAMME TO-DAY

Easy dishes for difficult patients

MARMITE

図6-15　エドワード八世の退位を報ずる、1936年12月11日付『デイリー・ヘラルド』紙。

イギリスの政治指導層は、退位したエドワードが政治家に転身するつもりではないか、と警戒していた。兄の無責任な振る舞いの後始末を押し付けられた格好のジョージ六世も、民心の支持が大きい兄が退位後もイギリスにとどまることを危ぶんでおり、兄に対してウィンザー公爵の称号と十分な手当てを支給することを条件に、イギリス国外へ去ることを求めた。エドワード八世とウォリスはフランスへ渡り、夫シンプソンとのウォリスの離婚が成立した後、二人は結婚した。ウィンザー公爵夫妻はフランスで生活を始め、イギリス王家とは疎遠な関係になったが、王家からの経済的手当ては遺漏なく受け取り続けた。

第二次世界大戦が始まると、ウィンザー公爵がヒトラーによって利用されるのでは、との懸念が生じた。イギリス政府は、ウィンザー公爵をカリブ海植民地の総督に任命し、ドイツの影響力が彼に及ばないようにした。それは言わば経済的保護と引き換えの「島流し」だった。

第四節　ジョージ六世のダーバー回避の理由《わけ》

外見重視に傾く王族たち

ジョージ五世の、次男アルバート王子（後のジョージ六世）への教育方針も、長男（後のエドワード八世）の場合と同様に厳しいものであり、母親メアリ王妃のアルバート王子に対する態度も、やはり堅苦しいものだったようである。しかしアルバート王子は兄とは異なり、父親に反発するのではなく、君主としての父親の生き方に倣おうとする息子だった。また、アルバート王子と母親との関係も、表面上のぎごちなさにもかかわらず、実は親密だった。

ジョージ五世はX脚であり、アルバート王子も同じだった。十九世紀半ば以降、写真技術の発展・普及に伴い、ヨーロッパの王族たちは自らの視覚上のイメージを美化した形で肖像画に描かせ、市井に提示することが困難になった。そのため、十九世紀末が近付くにつれて、王族の間では外見が何よりも重要だとの意識が強まった。エドワード七世とアレクサンドラ王妃も、幼少のジョージ五世にX脚を矯正するための装具を付けることを命じ、ジョージ五世はその苦痛に耐えなければならなかった。

ジョージ五世は、同じ問題を抱えていた自分の息子アルバート王子に対して、廷臣たちからの反対を押し切り、X脚の矯正を行うことを命じた。自らが味わった辛い体験にもかかわらず、王族にとっての外見重視の考えに同意したことになる。種々のストレスが原因となり、アルバート王子には吃音《きつおん》も生じた。

しかしアルバート王子はスポーツ好きな少年であり、父王とともに乗馬、狩猟を楽しむようになった。逆に、祖父エドワード七世や兄エドワード王太子とは異なり、芸能界関係者との交友や多数の異性との交際を楽しむ傾向は乏しかった。

海軍将校としての勤務

ジョージ五世は、エドワード王太子だけでなくアルバート王子にも、自分と同じように海軍兵学校で教育を受けさせた。アルバート王子の同校での成績が凡庸であった点も、兄や父と同じだった。ただしアルバートは、兄のようには「いじめ」を受けずに済み、海軍での船上生活をそれなりに楽しむことができた。

第一次世界大戦が始まると、ジョージ五世はエドワード王太子は実戦に参加させなかったが、次男については戦火をくぐらせることにした。アルバート王子が勤務していた艦はユトランド沖海戦に参加しており、王子は砲塔将校として功績を挙げ、艦の戦闘報告書でその名が言及される活躍をした（図6－16）。

図6-16　第一次世界大戦中にイギリス海軍艦船で勤務するアルバート王子（後のジョージ六世）。

しかし、やがてアルバート王子は体調を崩し、イギリス軍内に新設された空軍に転籍した。空軍のイメージは華やかなものであったため、最新の兵科に国王の次男が属して活躍しているという事実を国民に向けてアピールする効果も期待された。空軍パイロットの戦闘スタイルは、中世の騎士にも擬せられていた。

アルバート自身も空軍の戦いぶりに好感を持っており、転属することに異存はなかった。ただし、所定の訓練を経て飛行機を操縦する技術は身に付けたが、実戦には参加せず、空軍のパイロット養成学校の教員になった。

エリザベスとの交際と求婚

第一次大戦が終結すると、アルバート王子はケンブリッジ大学で短期間の修学を行った。またこの頃、後のエリザベス王妃との交際が始まった。大学での修学を終えた後は、空軍将校としての勤務に戻った。両大戦間期にも、航空関連業務は先進的な分野とみなされていた。イギリス社会における航空への期待は、何よりもそのスピードにあった。地球規模で各地に利害を有するイギリス帝国にとって航空は、最速の、したがって最も有用な移動手段だった。それゆえ王室関係者は、これまで自分たちがイギリスの海洋事業に深く関わってきたのと同様に、航空業務にも関わっていくべきだと判断していた。

一九二三年、アルバート王子はスコットランド貴族の娘であるエリザベス・ボーズ＝ライアンと結婚した。第一次世界大戦中にジョージ五世は、イギリスの王族はヨーロッパの王族身分を有する者としか結婚してはならない、という従来のルールを撤廃していた。これも、「王室のイギリス化」の一環だった。いずれにしてもアルバート王子は、明朗で自信と行動力があり、信仰心の篤いエリザベスが自分にとっては最善のパートナーだと判断しており、幾度も断られたにもかかわらず、あきらめずに求婚を繰り返した（図6－17）。

エリザベスがアルバート王子からの求婚を拒んだのは、自分がスコットランド貴族の娘に「過ぎず」、ヨーロッパの諸王家のメンバーたちによって構成されてきた「王族カースト」に属していないから、だった。つまり、自分がアルバート王子と結婚してイギリス王室入りしても、王室メンバーが持つ、自分たちの血筋を特別視する姿勢のせいで差別されることは明らかであり、第一次世界大戦中に従軍看護師となった経験から強い自立心を養っていた自分には耐え難い境遇だ、と考えたからだった。しかし結局、アルバート王子の熱意と誠意に負けて求婚を受け入れた。結婚後の彼女は、アルバート王子が期待した通りに、彼の生涯にとってかけがえのな

図6-17　1920年9月、交際中のアルバート王子（後のジョージ六世）とエリザベス・ボーズ＝ライアン（後のエリザベス王妃）。エリザベス王妃私用アルバム写真より。

図6-18　1926年5月29日、ヨーク公爵ジョージとエリザベス公妃の間に長女エリザベス（後のエリザベス二世）が生まれた。

い相談役、そしてサポーターになる（図6－18）。

結婚後、夫妻はイギリス帝国の諸自治領・植民地を公式訪問した。当初の訪問は新婚旅行を兼ねており、明るく新鮮で、しかも安定した王室のイメージをイギリス帝国の各地に広めることが企図されていた。一九二四年には北アイルランド、一九二四年から一九二五年にかけてはケニア、ウガンダ、スーダンを訪問した。さらに一九二七年にはオーストラリア、ニュージーランドを訪ねた。

アルバート王子からジョージ六世へ

兄エドワード八世の退位を受けて、嫌々ながらも王族としての義務感からアルバート王子は即位することを受け入れ、ジョージ六世となった。エリザベスと結婚し、とりわけ子供たちが生まれてからは、兄との関係は疎遠になっていた。父と兄の関係の悪化、とりわけ、ウォリス・シンプソンへの兄の執着がトラブルを引き起こすことは予測していたが、王室内での軋轢を緩和するために、自ら積極的に行動することはなかった。

退位を決意するにあたってエドワード八世は、負担を押し付けることになる弟に事情を説明し、その承諾を求めてはいた。これに対して弟は、優れたコミュニケーターであることが必要になった二十世紀の君主の役割は、吃音である自分には荷が重すぎると考え、全く消極的だった。しかし結局、亡き父の愛したイギリス帝国に尽くすために即位することを受け入れた。メアリ皇太后に経緯を説明し、その肩に顔をうずめて泣いたと言われている。妻、そしてまだ幼い娘たちにも事情を説明し、協力を求めた。

戴冠式に関しては、エドワード八世のために行われていた準備を、主役をジョージ六世に変更して転用することになった。即位後、金銭問題を除いて兄とはほぼ連絡を絶った。また、ナチス・ドイツとの関係をめぐって、兄がイギリスの国益に反する行動をとるかもしれないことを警戒し続けた。即位直後は、自分は兄のように君主になるための準備をしてこなかったので急いでその埋め合わせをしなければならないと、しきりに周囲に弁解した。とりあえず戴冠式を乗り切ることを目標にし、エリザベス王妃の励ましを受けながらそれに備えた。

エドワード八世の退位を受けてインド省・インド政庁は、今度はジョージ六世にインペリアル・ダーバーを実施したいとの意向を伝え始めた。ロンドンでの戴冠式を終えた後にインペリアル・ダーバーが実施されるのが手順だが、インド省・インド政庁としては、戴冠式が行われる前からダーバーの準備を進めたいと考えていた。しかしジョージ六世は、自分には戴冠式を乗り切ることすら困難だと考えており、インド省・インド政庁に対して、自分はまだイギリス国王の地位に適応することに忙殺されていると返答し、色よい返事をしなかった。

エリザベス王妃の助力も得て、ジョージ六世は戴冠式を大過なく乗り切ることができた。ＢＢＣは、戴冠式の会場であるウェストミンスター寺院内にテレビカメラを持ち込んで放送することまでは許されなかったが、国王一行がバッキンガム宮殿からウェストミンスター寺院まで金色の馬車で赴く様子を、ラジオとテレビでライブ中継した。また、ウェストミンスター寺院内での戴冠式の模様はニュース映画として撮影されており、時を置かずに公開された。こうした広報活動によってイギリス国民の王室への関心は維持され、新たな国王への支持はうなぎのぼりに高まった(図6－19)。

図6-19　1937年のジョージ六世戴冠式に際して、バッキンガム宮殿バルコニーで国民からの祝福に応える同国王一家。

ダーバー実施に反対する植民地官僚たち

戴冠式の成功を受けてジョージ六世は、一転してインドでのインペリアル・ダーバーの実施に積極的になった。エドワード八世とは異なり、イギリス君主制にとっての英領インド帝国の重要性、また、英領インド帝国という統治システムを持続させる上でインペリアル・ダーバーの実施が不可欠になっていることを、ジョージ六世はよく理解していた。インド国民会議派支持者の増大に対抗するためにも、英領インド帝国の主柱である、藩王たちと英領インド軍のイギリス国王兼インド皇帝に対する忠誠心を、インペリアル・ダーバーを通じて強化しておく必要があると認識していた。とりわけエリザベス王妃が、インペリアル・ダーバーを実施することに積極的になっていた。

しかし結局、インドでの政治情勢の変化に驚いた植民地官僚たちからの忠告に従い、ジョージ六世はインペリアル・ダーバーの実施を見送ることになる。ロンドンでの戴冠式の催行とほぼ時を同じくして、インドでは一九三五年インド統治法の規定に基づいて州立法参事会議員の選挙が行われていた。その結果、インド国民会議派が複数の州で政権を握ることになった。インド担当大臣とインド副王兼総督は、そのような条件のもとでインペリアル・ダーバーを行えば、州政府の要職に就いたインド人政治家たちがダーバーをボイコットし、帝国の面目が失われるのではないかと恐れた。しかし国王夫妻に本音を明かせないインド担当大臣とインド副王兼総督は、「インドの財政状況が困難になっているので、ダーバーの実施は難しくなった」との苦しい説明を行い、国王夫妻にダーバーの実施を断念させようとした。しかし、そうした説明を国王夫妻はなかなか受け入れようとしなかったため、大臣と副王は、自分たちが実際には国民会議派からのボイコットを恐れていることをほのめかし、「時機が許せば、国王兼皇帝のインド訪問を実現する予定だ」と保証することによって、ダーバー実施をなんとか諦めさせたのだった。

対独宥和政策を支持する国王

国王に即位した当初、ジョージ六世は、首相ネヴィル・チェンバレンが指導する対独宥和政策を支持していた。しかしヒトラーの好戦的姿勢が明確になるにつれて、国王として開戦に備える活動を本格化した。チャーチルと少数の彼の信奉者たちを除く、保守党所属の大半の政治家たちと同様に、ジョージ六世も、イギリス帝国を保全するためには再度の大戦を何としても避けなければならないと考えていた。また、ドイツとソ連の対立を利用しながら、欧州大陸でのドイツの勢力圏拡大をぎりぎりの範囲で容認すれば、イギリス帝国とドイツ第三帝国の共存は可能なのでは、とも考えていた。それゆえに、一九三六年六月に始まっていたスペイン内戦に際して、イギリス政府が不干渉の態度をとることにも、新国王として異議はなかった。

しかし一九三八年三月のドイツ・オーストリア合邦を見て、ジョージ六世も対独宥和政策への疑念を深め、ドイツとの戦争の可能性を想定するようになった。ドイツと戦うことになれば、イギリスにとって最も信頼すべき同盟国はフランスだった。そのためにジョージ六世は、イギリス外務省の助言に従って一九三八年六月にフランスを公式訪問した。両国の同盟関係を強化し、外部に対してもその意義を改めて表明するためだった。

しかし英仏両政府は、一九三八年九月に行われたミュンヘン会談で、ドイツがチェコのズデーテン地方を併合するのを容認した。ジョージ六世も、ドイツとの戦争を回避するための最後の一線として、ミュンヘン会談でのチェンバレン首相の妥協策を支持した。しかし、国王と首相はともに、そうした一線も結局はヒトラーによって反故《ほご》にされる可能性が高いと考えていた。ドイツと英仏の間で戦争が始まり、仮にフランスが敗れて大陸部ヨーロッパがドイツによって掌握されることになれば、最終的にイギリスが頼ることができるのは、第一次世界大戦の際と同様に、イギリスの諸植民地とアメリカ合衆国だった。

カナダ・アメリカ訪問と第二次世界大戦勃発

ジョージ六世は一九三九年六月にカナダとアメリカ合衆国を公式訪問したが、とりわけ孤立主義的傾向の強いアメリカにおいて、人びとに少しでも国外への関心を抱かせようと振る舞った。国王夫妻は両地で大歓迎されたが、アメリカではローズヴェルト大統領夫妻との間で信頼関係を築くことに成功した（図6－20・21）。

一九三九年八月には独ソ不可侵条約が締結された。ソ連を自分の側に取り込んだことでヒトラーは、イギリスとの間でもドイツにとって有利な形での「手打ち」、すなわちイギリスに大陸部ヨーロッパを見殺しにさせることが可能になった、と考えた。かくして、一九三九年九月、ドイツとソ連はポーランドを分割し、占領する。これに対してイギリスとフランスは、ヒトラーの予想に反して迷わずドイツに宣戦布告し、第二次世界大戦が勃発した。

　ところが一九四〇年五月まで、英仏が実際にはドイツと戦火を交えない「奇妙な戦争」状態が続いた。それはヒトラーが、英仏との間での「妥協」を望んでいたからでもあった。ヒトラーはチェンバレンが交渉に戻ってくるのを待っていた。しかし英仏は、独ソ不可侵条約が結ばれたことに日本が強く反発したため、一九三六年に締結されていた日独伊防共協定が事実上無効化したと考え、アジアでの日本からの脅威が低下したはずだと判断した。そのため、ヒトラーからの誘いに応じなかった。しびれを切らしたヒトラーは一九四〇年四月、ドイツ軍部隊にデンマークとノルウェーを攻略させる。さらに五月十日にはドイツ軍はマジノ

図6-20　1939年6月8日、ワシントンでパレードを行うローズヴェルト大統領とジョージ6世。

図6-21　1939年6月19日の、イギリス国王夫妻によるアメリカ大統領夫妻の私邸訪問。

線を突破してフランスへ侵攻した。その同じ日に、イギリスではチェンバレンに代わってチャーチルが首相となった。ベルギーがドイツに降伏し、オランダは占領された。五・六月にかけてイギリス軍はダンケルクから撤退し、六月二十五日にフランスがドイツに降伏した。

図6-22　ドイツ空軍の爆撃で損傷したバッキンガム宮殿を視察するジョージ六世とエリザベス王妃（1940年9月9日）。

図6-23　ドイツ空軍による爆撃が行われていた時期に、ロンドンの地下シェルターに退避した人びとを慰問するジョージ六世とエリザベス王妃。

ロンドンにとどまるジョージ六世夫妻

チャーチルはドイツと一切妥協せずに戦い続けることを公言しており、ジョージ六世はチャーチルのこうした姿勢に当初は不安を感じていた。しかし両者は強固なパートナー関係を築いていった。一九四〇年七月、ドイツ空軍のイギリスに対する初の爆撃が行われ、同年七～十月に「イギリスの戦い《バトル・オブ・ブリテン》」と呼ばれる、イギリス本土上空でのドイツ空軍との空中戦が続いた。この間、ジョージ六世夫妻はロンドンを離れず、空襲された地域の住民を慰問し励ました（図6－22・23）。イギリス国民は、チャーチル首相とジョージ六世の指導と激励の下で「イギリスの戦い」を乗り切り、ドイツ軍のイギリスへの上陸を許さなかった。

ヒトラーは標的をソ連に変更し、バルバロッサ作戦を開始する。日本軍とともにソ連を挟撃することを狙っていたが、日本はヒトラーの誘いに乗ってソ連に攻め込むことはせずに「南進」を選択し、アジア・太平洋において英米との戦争を開始した。

ヒトラーがイギリス上陸を諦め、バルバロッサ作戦を始めたことにより、イギリス側は一息をつくことができた。とは言えイギリスは、北アフリカ・東アフリカでは、一九三九年から一九四二年にかけて英領インド軍部隊も動員してドイツ軍・イタリア軍との戦いを行っていた。イタリア降伏後、英領インド軍部隊はイタリア戦線でもドイツ軍と戦った。また、アフリカ・イタリアに送られたものに比べて、より大規模な英領インド軍部隊が、シリア、ペルシア、イラクに派遣され、駐屯していた。こうした軍事作戦が行われるにあたっては、イギリス国王兼インド皇帝と、英領インド軍兵士たちの間の「絆」がカギだった。

国是を維持することの代償

この間イギリスは、ドイツ軍がソ戦との戦いで消耗するのを待ちながら、多数のアメリカ軍部隊をイギリス諸島に受け入れ、ノルマンディー上陸作戦を準備していた。フランスの解放にあたっては、フランス国内のレジスタンスとの連係も重要だった。チャーチル首相と自由フランスの代表ド・ゴール将軍の関係は常に円満というわけではなかったが、ジョージ六世夫妻とド・ゴール将軍のそれは良好だった。

しかし、こうした第二次世界大戦の展開は、イギリスにとって、とりわけジョージ六世にとっては厳しいジレンマをもたらしてもいた。日本が南進を選び、イギリス帝国だけでなくアメリカ合衆国も攻撃したために、イギリスはアメリカの参戦という「幸運」を得たが、その結果、アジアにおけるイギリス帝国は日本軍によって蹂躙《じゅうりん》され、英領インド帝国までもが脅威にさらされることになった。

イギリスは、その海洋勢力国家《シーパワー・ステイト》としての国是を捨ててまでして、イギリス帝国とドイツ第三帝国との併存を図り「実利」を確保するという方針を選ばなかった。しかし、その結果、イギリス帝国の崩壊を甘受せざるを得ず、結果としてアメリカ合衆国のジュニア・パートナーとなる道を歩んでいくことになった。またこれは、イギリス本国社会の民主化にもかかわらず、英領インド帝国の存在を核として、ブリティッシュ・ワールドにおける自らの有用性と存在感を維持してきたイギリス君主制にとっても、その生存戦略の再検討を迫られる事態だった。

第五節　第二次世界大戦とマウントバッテンの抜擢

英領インド帝国をめぐる状況

少し時間を遡り、第二次世界大戦前半期における、英領インド帝国をめぐる状況を見ておきたい。インド副王兼総督リンリスゴーは、インド社会側の意向を一切諮《はか》ることなく、英領インド帝国の第二次世界大戦への参戦を決めた。国民会議派に属するインド人政治家たちはこれに強い不満を表明し、それまで州レベルで行われていたイギリス側との政治的協調を停止した。

国民会議派とは対照的に、ムスリム連盟を含むムスリムの政治家たちは戦争への協力を選択し、イギリス側に「恩を売る」ことに成功する。その結果、一九四〇年三月にラホールで開かれたムスリム連盟の年次大会では、主権を持つムスリム国家としてのパキスタンの建国を目指すことすら可決された。英領インド軍兵士たちの中では、全人口に占めるムスリムの割合に比べて、ムスリム兵士の割合が顕著に高かった。第二次世界大戦が始まり、英領インド軍部隊が従順に北アフリカ戦線や東アフリカ戦線などへ赴き、イギリス軍部隊とともに枢軸軍との間で戦火を交えることになった背景には、こうした事情があった。

一九四一年十二月にアジア・太平洋戦争が始まると、イギリス海軍は太平洋やインド洋での戦いで日本海軍に敗れ、制海権を失った。また、イギリス陸軍・英領インド軍も東アジアや東南アジアでの戦いで日本陸軍に敗れた結果、イギリスは同地域で保持してきた諸植民地の支配権を失った。これほどの失態に直面した場合、イギリス首相は、通常ならば議会でその責を厳しく問われ、首相の地位を失ってもおかしくはなかった。しかし皮肉にも、日本海軍によるハワイ真珠湾のアメリカ海軍基地攻撃がアメリカ合衆国の参戦を確定させたことがイギリス社会全体に多大な安堵をもたらし、チャーチルの政権は維持された。また、国王と首相の間の信頼関係も揺らがなかった。

悩ましい立場の国民会議派

とは言いながら、僅か数年前まで英領インド帝国の一部を成していたビルマ（現在のミャンマー）までもが日本軍の手に落ちたことは、イギリス政府、英領インド帝国政府に非常な危機感を抱かせた。それまでチャーチ

図6-24　1942年にインドを訪れ、ガンディーと談笑するクリップス。

ルはインドへの自治権付与に頑強に反対してきたが、インド人政治家たちからの戦争協力を得るために、一定の譲歩もやむを得ないと判断する。チャーチルとともに挙国一致内閣を構成する労働党は、従来からインドへの自治権付与に肯定的だった。労働党の指導者でチャーチル内閣の副首相になっていたアトリーは、労働党左派でインド人政治家らと親しいスタッフォード・クリップスを急遽インドへ派遣し、交渉を行わせた（図6－24）。クリップスは、国民会議派がイギリスの戦争に協力するのと引き換えに、戦後はインドに自治領としての地位を与えると提案した。しかしその提案には、インド社会の少数派の意向に配慮して、「英領インド帝国のいかなる部分も、戦後に実現するインド自治領に加わることを強制されない」との条件が付されていたため、国民会議派はこれを受け入れなかった。

他方で、日本軍のインドへの接近は、国民会議派にとっても悩ましい事態だった。国民会議派は英領インド帝国の体制内野党であったから、日本軍がインドに侵攻してきた場合、それに加担することはあり得ないはずだった。したがって、日本軍との連携を決めたスバス・チャンドラ・ボースの選択は、極めて異例の事態だった。しかし戦争の帰趨が明らかでない段階で、イギリス側への協力に踏み切ることもためらわれた。第一次世界大戦に際してインド社会側がイギリスのために兵員を供給し、物心両面で協力したにもかかわらず、戦後、インドには自治が認められなかったという苦い経験の記憶が鮮明だった。そこで、ガンディーをはじめとする国民会議派の指導者たちは、英日がインドを戦場とする前に、国民会議派が英日のどちらにもコミットしない立場であることを示す方途として、「イギリスはインドから出ていけ《クイット・インディア》」と唱える運動を一九四二年八月に開始した。

傭兵部隊から国民軍へ

しかしイギリス側は、英領インド帝国が確固として連合国側にあるとの建前を維持するために、国民会議派指導者たちのインド防衛に関する非協力を許さず、彼らを軒並み逮捕して収監した。ベンガルやビハールでの民衆蜂起に対しては、英領インド軍部隊まで動員して鎮圧している。

以後、イギリス人たちは、大局的にはドイツに勝利することを最優先し、アジアにおける戦いはアメリカ軍に任せ、自らは英領インド帝国の防備を固めることに専心した。具体的には、ウェイヴェル、オーキンレックなど、英領インド軍での勤務歴を有する将官たちを北アフリカ戦線からインドへ呼び戻し、同軍の再建を委ねた。その結果、英領インド軍の兵員の規模は急速に拡大し、また、兵士たちを指揮するインド人将校たちの数も著増した。規模と指揮の両面でのこうした変化を通じて、英領インド軍の組織上の性格も変化し始めた。インド軍は、帝国の傭兵部隊から、インドの国民軍への変容を始めたのだった。併行して、インドにおける兵器生産も拡大した。

また英米は、すでに日中戦争の時期から、主としてインドを後方の支援基地にする形で中国軍に軍事物資等を供給していたが、アジア・太平洋戦争が始まった後は、そうした活動をさらに強化した。しかし中国大陸の沿海部は日本軍が掌握していたので、インドから中国への物資の輸送は空路と陸路を通じて行われた。

帝国政府の失策とベンガル飢饉

英領インド帝国内も無傷ではいられなかった。戦争の余波と帝国政府の失策のせいで、大規模な人災がベンガル地方で起こった。一九四三・四四年のベンガル飢饉である。アジア・太平洋戦争が始まる以前、ベンガル地方はビルマから大量のコメを輸入しており、ビルマが日本軍によって占領されたせいでコメ不足が生じるのでは、との懸念がベンガル地方で広がった。実際には同地方で食糧は不足していなかったが、帝国政府は、日本軍の侵攻に備えて英領インド軍部隊のために食糧の備蓄を行い、また、中東に派遣された部隊のためにかなりの量の食糧をベンガルから搬出さえした。さらに、日本軍の侵攻が予想されたチッタゴンで船舶、荷車、象などの輸送手段を没収したため、食糧を流通させる商業活動が妨げられた。人びとは食糧の退蔵や投機を始め、インフレーションを招いた。それでも帝国政府はベンガルからの食糧流出を止めようとせず、ベンガル外からの救援物資を手配することもしなかった。結果的にベンガルの農村部で甚大な飢饉が生じ、数百万人の餓死者を伴う大惨事になった。

事態の深刻さを認識していた英領インド軍司令官ウェイヴェルが一九四三年十月にインド副王兼総督になり、英領インド軍部隊を動員して大規模な無償の食糧提供を行わせたが、すでに手遅れだった。

ルイス・マウントバッテンの抜擢

一九四三年八月、そのちょうど四年後に英領インド帝国に幕を引くことになるルイス・マウントバッテン卿が、東南アジア戦域の連合軍最高指揮官に任命された。マウントバッテンはヴィクトリア女王の曾孫であり、イギリス王家に極めて近いエリート軍人ではあったが、こうした人選は、彼の前歴を眺めてみると、やや不思議な思いを抱かせる。

マウントバッテンは、エドワード八世、ジョージ六世と同世代であり、子供の頃から二人の王子と親しい関係にあった。とりわけエドワード八世とは、王太子時代に彼が行った、イギリス帝国各地への公式訪問にも同行したことから、極めて親密だった。そうしたコネにも助けられて、イギリス海軍内で順調に昇進を果たした。しかしエドワード八世が退位した後には、抜け目なくジョージ六世一家との親交を深めようとした（図6－25）。

図6-25　1939年にジョージ六世一家がダートマス海軍兵学校を訪問した際の写真。左隅にエリザベス王女、マウントバッテンの傍らにフィリップ。

図6-26　沈没した駆逐艦から救助された船員とマウントバッテン。

第二次世界大戦が始まるとマウントバッテンは駆逐艦戦隊の指揮官になり、ドイツ海軍・空軍との戦闘に参加した。しかしクレタ島の戦いでは、座乗してい

図6-27　連合国軍東南アジア戦域最高指揮官任命直後のマウントバッテンと首相チャーチル（1943年8月）。

た艦を沈没させるという失態を犯した（図6－26）。とは言え、逆にそのエピソードを戦意高揚映画に仕立て上げ、イギリス社会で英雄のような扱いを受けることになった。次いでマウントバッテンは、ドイツ軍が占領していたフランスのディエップ港を襲撃するというイギリス陸海軍の統合作戦を指揮したが、これもまた大失敗に終わった。それにもかかわらず彼は、東南アジア戦域の連合国軍指揮官という要職に任命された。こうした人事の背後には、首相チャーチルがマウントバッテンを絶えず保護し、そのキャリアをプロモートしようとしたことがあった。つまりマウントバッテンの最高指揮官職への任命は、チャーチルの肝《きも》煎《い》りで実現したものだった（図6－27）。

マウントバッテンとインパール作戦

しかしすでにインドでは、ともにイギリス陸軍の重鎮であるウェイヴェルとオーキンレックが、それぞれインド副王兼総督、英領インド軍司令官として活動しており、日本軍の英領インド帝国への接近を阻むための態勢を整えつつあった。そのため、ウェイヴェルおよびオーキンレックと、マウントバッテンの間で、役割の分担が行われた。英領インド軍司令部が従来通りニュー・デリーで活動したのに対して、マウントバッテンの司令部は、当初はニュー・デリーに置かれたものの、一九四四年四月にセイロン（現在のスリランカ）のキャンディに移動した。

つまり、ウェイヴェルとオーキンレックは英領インド帝国の防衛に集中し、マウントバッテンは英領インド帝国外部での日本軍との戦いを担当することが想定されていた。マウントバッテンの指揮下には、英領インド軍部隊を含む英連邦軍、アメリカ軍、中国軍が置かれた。副官としてアメリカ陸軍のジョゼフ・スティルウェルが任命されたが、スティルウェルは、連合国軍の中国戦域最高指揮官である蔣介石の副官も兼ねており、実際には両戦域のアメリカ軍すべてを率いていた（図6－28）。マウントバッテンにとってはアメリカ軍との協力が最重要課題であり、同軍からの援助を得て日本軍に占領された地域の奪回を目指すと同時に、空路・陸路を通じて中国軍への援助を続けた。

図6-28　1944年3月、ビルマでのマウントバッテンとスティルウェル。

一九四四年三月から七月にかけて日本軍が実施した、いわゆるインパール作戦（ウ号作戦）への対処も、マウントバッテンを中心とする形で行われた。マウントバッテンの発意でインパールへの英領インド軍師団の急派が行われたが、これは日本軍の侵攻をくい止める上で効果があったと評価されている。しかしマウントバッテンの運用した英領インド軍部隊は、ウェイヴェル、オーキンレックが準備したものでもあった。

また、海軍将校であるマウントバッテンが東南アジア戦域の連合国軍最高指揮官に任命されたのは、同地域での日本軍との戦いが水・陸両面での戦いになることが想定されたからだった。これに対してインパール作戦への対処は内陸部で行われたため、マウントバッテンの「出番」は実際にはほとんどなかった。しかし、インパール作戦にはスバス・ボースの率いるインド国民軍が参加しており、マウントバッテンは、同軍部隊の活動がイギリス帝国の将来にとって最も不吉な予兆になりうる、と警戒していた。

ジョージ六世の訪印を嫌うチャーチル

日本軍のインパール作戦を退けた後、逆にビルマから日本軍を駆逐するための準備が行われていた間に、マウントバッテンはジョージ六世に対して、英連邦軍の将兵を激励することを目的として英領インド帝国を訪問することを提案した。ジョージ六世も、即位直後の時期に自分の自信のなさのせいで時機を逸し、インペリアル・ダーバーを行えなかったこともあり、その埋め合わせの意味も込めてマウントバッテンからの提案に乗り気だった。

この時点でイギリス国王兼インド皇帝のインド訪問が行われていれば、英領インド軍の士気が高まったであろうことはもちろん、英領インド帝国の政治情勢にも少なくない影響を与えたはずである。ジョージ六世のインド訪問の意向について、その時点でインド担当大臣だったエイマリは、もしもそれが自分に伝えられていれば自分は反対しなかった、と後年述懐している。

しかし首相チャーチルがマウントバッテンからの提案を知り、それに反対したため、ジョージ六世はチャーチルの意見に従うことを選択した。チャーチルが反対したのは、アメリカ合衆国政府の意向を慮《おもんぱか》ったからだった。チャーチルは、終戦後にインドが独立することを望んでいるアメリカは、この時点でジョージ六世が英領インド帝国を訪問すれば帝国の政治基盤への梃子《てこ》入れとなり、インドの独立が遅れるのを嫌がるに違いないと忖度《そんたく》し、ジョージ六世のインド訪問を妨げたのだった。一九三〇年代には、当のチャーチルがインドの自治獲得に頑強に反対し、また、第二次世界大戦が終了してインドの独立が既定路線になってからも、それをチャーチルが阻もうとしたことを考え合わせると、驚くべき事実であるように見えるが、第二次世界大戦末期のチャーチルは、それほどまでにアメリカ合衆国の力に依存していた(図6－29)。

図6-29　1943年11月28日からのテヘラン会談で、ローズヴェルト大統領の発言を聴くチャーチル首相。

一九四四年十二月以降、連合国軍はビルマの回復を目指して攻勢を開始し、イラワジ会戦などを経て一九四五年五月にはラングーンを日本軍から奪還した。この間、奪還作戦が陸軍主体で行われたこともあり、戦争の指揮に関しては最高指揮官であるはずのマウントバッテンの影はやはり薄かった。しかし彼のマス・メディア対応は相変わらず活発であり、取材するカメラの前では、あたかも彼の指揮のもとに一連の勝利が収められたかのように振る舞っていた。後年、マウントバッテンは伯爵位を与えられるが、それを「ビルマ伯爵」として登録させている。そしてマウントバッテンが大戦終了後に行った説明によれば、一九四五年九月には連合国軍はマレー半島とシンガポールを奪回するための作戦を開始する予定だった。

一九四五年八月十五日に大日本帝国が敗戦を受け入れ、そして、そのちょうど二年後の一九四七年八月十五日に英領インド帝国が終焉を迎えて、インド・パキスタンのイギリスからの分離独立が実現した経緯については、第一章で検討したところである。その二年間の最終段階で最後のインド副王兼総督として再びインドに降り立ち、英領インド帝国を解体させながら、その後のイギリスとインド・パキスタンの関係を、イギリス君主制を基軸にして再構築しようとしたのがマウントバッテンだった。インド・パキスタン分離独立に際してマウントバッテンは、権力の移譲という政治イベントを人びとの記憶に鮮明に残るような形で実施し、また、そのイベントの日が記念日とされて、マウントバッテン流の歴史解釈がその後も毎年語られるようにと画策した。こうした人心操作と記憶操作をマウントバッテンが企てるにあたってモデルとしたのは、第二章から本章まで論じてきた、英領インド帝国の本質を体現し、あるいは帝国の本質そのものでさえあったかもしれない、インペリアル・ダーバーという政治儀礼だった。

第七章　「インド共和国の日」の制定

1950年1月26日、インド共和国大統領官邸（旧インド副王宮殿）の謁見室（ダーバー・ホール）で、初代大統領として就任宣誓を行うラジェンドラ・プラサード。最後のインド自治領総督ラージャゴーパラーチャーリーが副王妃の席に着座している（Panjabi, Rajendra Prasad）

一九四七年八月十四日にパキスタンが、そして十五日にはインドが、それぞれイギリスから独立した、と語られるのが通常である。しかし、厳密に言えばパキスタンとインドはそれらの日に、カナダやオーストラリアなどと同様のイギリス連邦内の自治領になったのであり、イギリス国王は、もはやインド皇帝ではなかったが、相変わらず両新国家の元首だった。その数年後にインドは独自の憲法を制定し、インド国民こそが主権者であることを宣言して、真の意味で独立を果たした。そして憲法施行の日を「インド共和国の日」と称して、毎年、大規模な政治儀礼を行うようになった。本章では、こうした経緯について検討する。

第一節　マハトマ・ガンディーの死

ガンディー暗殺とヴィクトリア女王逝去

まず、第一章の末尾で触れたインド・パキスタンの分離独立に伴うインド亜大陸の混乱がひとまず終息し、二つの国家がそれぞれの道を歩み始めたところから、話を始めよう。国家間のレベルでは、とりわけ、ジャム・カシミール藩王国の帰属先をめぐって、主権国家となったばかりのインドとパキスタンが戦火を交えるという悲劇が起こった。しかし一九四七年末までには、インド・パキスタンが同王国を事実上分割する形で、とりあえずの折り合いがつけられた。また、インド・パキスタン両国民の社会生活のレベルでは、分離独立のせいで両国の国境をまたぐ膨大な数の住民の移動が生じ、宗教コミュニティ間の暴力行為が頻発した。しかし人びとの移動が一応収まると、両社会はともに一息をつける状態になった。

そうした中、インドでは、独立から半年にもならない一九四八年一月三十日に、インド建国の父であるマハトマ・ガンディーが、ナトラム・ゴドセという名のヒンドゥー・ナショナリストによって銃撃され、死亡した。当時ガンディーはニュー・デリーでビルラ財閥が所有する邸宅に滞在していた。そこで毎朝ガンディーは祈祷集会を行っており、当日もその会場に赴く途中だった。犯人は祈禱集会に参加するふりをしてガンディーに近付き、銃撃した。ガンディーの最期の言葉は「ヘイ・ラーム」（「おお、神よ」を意味する）だった。

一八六九年生まれのガンディーは、一九三五年インド統治法が制定された段階で政治家としては一応引退し、社会改良運動に専念するようになっていた。しかし、その注目度と発信力は絶大だった。非暴力主義を貫きながらイギリスによる支配を克服することがガンディーの年来の構想だったが、第二次世界大戦が始まって以降の事態は、ガンディーの想定を大きく超えるものになった。ガンディーにとって非道な敵だったはずのイギリス帝国が、さらに邪悪な全体主義を掲げる諸国家によって存亡の危機に立たされたから、である。第二次世界大戦後、ネルーやパテールなど、ガンディーの薫陶を受けた人びとの活躍もあって英領インド帝国は解体し、インド人民衆への権力の移譲は達成された。しかし、インド社会の統合を、宗教上の帰属心に由来する対立から守ることができなかったことについて、ガンディーは深い挫折感を味わっていた。

他方、犯人のゴドセは、ヒンドゥー・ナショナリストたちの結社である民族義勇団（RSS）に所属し、彼なりのイデオロギーに基づいてガンディーを殺害した。ゴドセはガンディーのイスラームへの友好的な姿勢が、本来、ヒンドゥー教信仰によって統合されるべきだったインド社会の政治的分断を招いた、と考えていた。ゴドセの目論見は、ガンディーを殺害することで、それまでのインド社会で実現することが目指されてきた、対話に基づく市民社会的な政治的意思決定のルールを破棄し、宗教的対立図式を前面化させることで、インド社会に負の統合をもたらすことだった。

ガンディーとヴィクトリア女王の葬儀の類似

しかしガンディーの死のインパクトは、ゴドセが望んだ方向へはインド社会を向かわせなかった。皮肉なことに、と言うべきか、逆に世俗国家としてのインドのありようを安定させることにつながった。ガンディーの死と、その葬儀のありようが、多くのインド人たちに「インド国民」としての意識と一体感を抱かせる触媒の役割を果たしたからである。

ガンディーの生涯の夢は、まさにそうした国民意識をインド人民衆に抱かせることだった。ガンディーは自らの死と引き換えにその宿願を果たしたのかもしれない。しかし、それが可能になった背景には、ガンディーの暗殺とその葬儀を契機として、インド人たちの記憶の中に潜むあるイメージを呼び覚まし、それを活用する術を知る人物が存在した。

一九〇一年のヴィクトリア女王の死も、当時のインド社会に強いインパクトを及ぼした。一八七六年以降、ヴィクトリア女王はインド女帝を正式に名乗るようになっていたが、その死に至るまでインドに実際に赴くことはなかった。しかし彼女の子や孫たちが、かなりの頻度でインドを訪ねるようになっており、ヴィクトリア女王の名代として彼らはインドの藩王たちと親しく交わり、インド社会一般からも歓迎された。

インド社会の人びとは、イギリスの君主制とインド現地の植民地統治機構を分けて捉える、あるいは別のものとして扱う術を編み出しつつあり、逆にイギリス側も、インド社会へアプローチする際に、こうした二つの「顔」を使い分けることに有用性を見出すようになっていった。そして多くのインド人たちにとってヴィクトリア女王は、インドへの愛情にあふれた名君だった。彼女のインドへの関心は確かに高く、インド大反乱後に彼女がインド社会に向けて発した宣言は「インド人の大憲章《マグナ・カルタ》」とも呼ばれるようになるなど、強圧的な植民地統治機構の誤りを正してくれるはずの存在として、女帝ヴィクトリアはイメージされるようになっていた。

ヴィクトリア女王の死の報《しら》せが届いたインドでは、ロンドンでのヴィクトリア女王の葬儀に際してイギリス

図7-1　1901年2月2日、故ヴィクトリア女王の葬列を見送るロンドン市民。

図7-2　1948年1月31日早朝、ガンディーの葬儀に徒歩でニュー・デリーへ向かう人びと。

人たちが見せたほどの感情の高まりは見られなかった（図7－1）。しかしインドでも彼女の死の報せは、おそらく口づてに驚くべき速さで農村部にまで広まり、その死を悼む思いが共有されることになった。こうした事情を目にしたイギリス人の中には、世紀転換期のインド副王兼総督カーゾンのように、死後の彼女を、英領インド帝国の「建国の母」としてインド人たちに記憶させようと試みる者さえ現れた。

ヴィクトリア女王の死後約半世紀を経て、インド人たちが直面したガンディーの突然の死は、その経緯の違いもあり、ヴィクトリア女王の死とは比べ物にならない強度の衝撃をインド社会にもたらした（図7－2）。ヴィクトリア女王はそもそもインド人ではなかったし、その死も、老齢ゆえの自然な結末だったのに対して、ガンディーの死は、最も敬うべき自分たちの同胞の、「崇高な大義」のための悲劇的結末であることが誰の目にも明らかだった。しかしインド社会が両者の死を受け止め、消化し、記憶していったプロセスが、一定の類似性を感じさせることは否定できない。

葬儀の演出者マウントバッテン

ガンディーの葬儀は、その衝撃の強さにふさわしく、大規模で、自発的で、感動的だった。そして、その葬儀の大要は、またもやと言うべきか、首相ネルー、内務大臣パテール、そしてインド自治領総督マウントバッテンによって担われることになった。

まずネルーが、ガンディーが暗殺されたことを、「ガンディーの死によって、すべての光が失われた」との、悲しくも美しい一節を含むラジオ放送でインド国民に伝えた。ガンディーの葬儀は、インドで初めての「国葬」の形で行われることになった。その「国葬」の式次第は、おそらくはマウントバッテンからの提案に基づいて、ヴィクトリア女王の葬儀以降、イギリス君主の死に際して行われるようになった仕方を参照していた。マウントバッテンは、言わば王侯貴族の冠婚葬祭オタクだった。後年、今度は彼が北アイルランドのテロリストの手で暗殺されるという憂き目に遭うが、彼の葬儀はロンドンで準国葬の形で行われた。そしてその葬儀の次第は、まさか自分が暗殺されることは予期していなかっただろうが、マウントバッテン自身があらかじめ準備していた指示書に基づいて行われた。

ガンディーの遺体は、ニュー・デリーにおける彼の滞在先であり、暗殺の現場でもあったビルラ財閥の屋敷のテラスに安置された。ガンディーの顔だけをのぞかせる形で、白い綿布で遺体は覆われていた。邸内の他のすべての明かりが消された中、スポットライトが遺体の顔に焦点を合わせており、これは、ネルーがラジオ放送で喚起したイメージを具体化しようとする演出だっただろう。こうした情景も映像に収められており、後日、

図7-3　ガンディーの遺骸がビルラ・ハウスから運び出された瞬間。パテール、ネルー、マウントバッテン、ラムダス（ガンディーの息子）が付き添っている。

図7-4　ラージ・ガートでのガンディー火葬に立ち会うマウントバッテン夫妻と二人の娘。

無数の人びとがそれをニュース映像の中で確認することになった。

葬儀の当日、火葬場への遺体の移動に付き添うために、多くの人びとがビルラ邸の周りに集まった。遺体は台車に乗せられ、ヤムナ河の河岸に設けられた火葬場へと向かった（図7－3）。台車にはネルーとパテールが同乗しており、それを引くのはインド海軍の水兵たちだった。葬列はニュー・デリーの目抜き通りであるキングズ・ウェイに沿って進み、インド門を通過した後、火葬場に到着した。沿道には八キロにわたって百万人近くの民衆が集まり、葬列を見送り、そして付き添った。文字通り無数の弔いの花が、人びとの手から台車に向かって投げかけられた。遺体がビルラ邸を出て火葬場に達するまでに五時間を要した。火葬場では、インド社会の指導者たち、そしてマウントバッテン総督夫妻が待ちうけていた。ヒンドゥー教の伝統に則って組まれた薪《まき》の上に遺体は置かれ、点火された。人びとはガンディーの死を悼みながら、遺体が焼かれるのを見つめた（図7－4）。

葬儀の様子は、オール・インディア・ラジオによって、リアルタイムで七時間にわたってインド全土に伝えられた。放送を担当したのは、当時、世界的に名の知られていたブロードキャスターのメルヴィル・デ・メローであり、彼は全放送時間にわたって休みなく、事態の進行を涙ながらに伝え続けた。また、多くのニュース映画会社によってその光景が撮影され、世界中で上映された。臨時の火葬場だった場所は、ガンディーの生涯を人びとが永劫忘れることがないように美しく整備され、「ラージ・ガート」（「王のための、河に至る階段」を意味する）という公称を与えられて、文字通り「聖地」となった。

二人の女王のジュビリーとガンディー生誕記念日

ここで、目をイギリスの君主制に転じたい。イギリスの君主制においては、王が亡くなった後、王位をめぐって争いが生じるのを防ぐために、王位継承予定者が必ず存在するきまりである。前国王が亡くなると、その瞬間に新国王が即位する。つまり国王が不在である時間は存在しない。それからあまり間を置かずに、新たな国王の戴冠式が行われる。その後、戴冠記念日を言わば国王の「君主としての誕生日」として位置づけ、「ジュビリー」と称して一定の時間をおきながら大々的に祝う慣行が、近代に入ってイギリス社会では定着した。こうした慣行は、ヴィクトリア女王とエリザベス二世という、二人の長命な女性の国王が現れたことに由来しており、イギリス社会において君主制が有意性《レレヴァンス》を保持するのに貢献してきた、と考えられている（図7－5）。

当然だが、国王にも人間としての誕生日はある。しかし、戴冠式において君主は聖なる君主に「生まれ変わ

図7-5　1897年6月の在位五十周年記念祝典のミサに際して、セント・ポール大聖堂に到着したヴィクトリア女王一行。

る」のであり、「聖なる国王としての誕生日」を持つことになる。その記念すべき日が、国民とともに大々的に、定期的に祝われるべき祝祭日になったわけである。とは言いながら祝祭は、国民に飽きられない頻度で行われる必要もあった。具体的には二十五年め（シルバー・ジュビリー）、五十年め（ゴールデン・ジュビリー）、六十年め（ダイアモンド・ジュビリー）、そして七十年め（プラチナ・ジュビリー）に行われてきた。

これに対してインドは、一九五〇年以降、イギリス国王を君主とすることを止めて共和国になった。そして現在、本書の序章で述べたように、インド共和国は三つの「国の祝日」をもっており、その一つが十月二日の「ガンディー生誕記念日」である。つまり、ガンディーの生涯についての記憶が、定期的に国民の中で呼び覚まされる仕組みになっている。

ガンディーは確かに、数多くいたインド・ナショナリズム運動の指導者たちの中で傑出した存在であり、その功績も際立っていた。したがってガンディーがインド共和国の「国父」とみなされるのは当然だろう。しかし、とりわけて彼の誕生日がインドの「国の祝日」にまでされるにあたっては、そうした彼の生前の業績だけでなく、彼の死の経緯が強く作用していた。

ガンディーは、彼がその生涯を通じて掲げた「インドを世俗的な民主主義国家にする」という大義を否定しようとするテロリストの手で殺害された。そのため、そうした大義に基づいて成立したインド国家にとってガンディーは、その死によって「聖別」された存在になったとみなすべきだろう。つまりガンディーは「インドという国民国家を統合するための守護聖人」になったのだと。

したがって、インド国民すべてがガンディーの生涯を定期的に追想すべき日としては、彼が暗殺された一月三十日とする選択もあったはずである。しかし、暗殺事件の追想と祝祭ではあまりにも折り合いが悪いので、ガンディーの生涯のもう一方の端である生誕日を祝う、ということになったのであろう。ちなみに、アメリカ合衆国の公民権運動指導者マーティン・ルーサー・キング・ジュニア牧師は、ガンディーの非暴力主義に学び、そしてやはり暗殺された人物だが、アメリカ合衆国国民が彼の生涯を追想すべき日として祝日（キング牧師記念日）にされているのも、彼が暗殺された四月四日ではなく、彼の誕生日の一月十五日である。

ガンディー生誕記念日の祝われ方

荘厳で感動的なガンディーの葬儀に参加し、あるいはそれを目撃し、その生誕日をインド国民の祝日として定めたことによって、インド社会の人びとは、彼らの生き方や考え方を根本的に変化させたガンディーという人物についての記憶を持続させ、インド社会を統合するための糧《かて》にしてきた。また、生誕記念日の制定によってガンディーは、公的にも「インド国家の国父」としての地位を与えられた。かくしてインド全土の国民生活上の枢要な場所にガンディーの銅像や彫像が建てられ、肖像画が掲げられるようになった。また、ガンディーの名前がインド全土の道路・橋・公園などの公共建築物や施設に冠せられ、さらに、インド全土に、ガン

図7-6　マハトマ・ガンディーの火葬地、ラージ・ガートの近況。

図7-7　ラージ・ガート近くでラジーヴ・ガンディーの遺体の火葬が行われたことを記念するモニュメント。

ディーの生涯を記憶するための博物館が設けられた。

　毎年の生誕記念日当日には、どのようなイベントが行われてきたのだろうか。生誕を記念する日でありながら、そのための最も重要なイベントは彼の葬送の地で行われている。その日、首都デリーではラージ・ガートに大統領（当初は、自治領総督）、首相が赴き、花を手向け、祈りを捧げる（図7－6）。デリー以外のインドの各地方でも、ガンディーに敬意を表するためのイベントが、ゆかりのある場所などを会場にして行われる。

　ただし、他の二つの国の祝日に比べると、ガンディー生誕記念日の祝祭としての規模は至って控えめである。多くの人びとが一か所に集まる形での大規模なイベントは行われない。後述するように、共和国の日（一月二十六日）、独立記念日（八月十五日）のイベントは英領インド帝国との連続を想起させるものであり、インペリアル・ダーバーのにおいすら感じさせる。そしてガンディーは、インペリアル・ダーバーに象徴されるような、英領インド帝国の統治手法の装飾性や過剰さを嫌悪していた。そうした事情をインド共和国建国当初の政治指導者たちがよく弁えていたからこそ、ガンディー生誕記念日のスタイルは簡素であるべきだと考え、実際にそのようになったのだった。

そうではありながらも、ガンディーの葬儀が行われた後、デリーのヤムナ河西岸は、いわば「葬送地銀座」化していった。ヤムナ河沿いの、ラージ・ガートの周辺には、ガンディー以後のインド共和国の政治指導者たち、とりわけ、ネルーとネルーの子孫たちの葬儀がそこで行われたことを示す記念碑が、それぞれ公園として整備された形で、所狭しとばかりに並んでいる（図7−7）。これらの人びとが、ガンディーと同じ形式で葬られること、そしてガンディーと同じように彼らの生涯がインド国民によって集合的に記憶されるのを遺族たちが望んだことを示している。

第二節　インドの再度の独立の日、一九五〇年一月二十六日

一九四八年と一九四九年の八月十五日

本節では、ガンディー生誕記念日と並ぶインド国家の二つの記念日、すなわち独立記念日（八月十五日）とインド共和国の日（一月二十六日）がどのようなプロセスを経てどのように祝われるようになったのかを考えたい。

そこには、英領インド帝国時代のインペリアル・ダーバーとの系譜上のつながりが潜んでおり、また、八月

十五日と一月二十六日の間には、人びとの記憶の仕方をめぐる、一定の政治的な鬩《せめ》ぎあいが存在した。一九四七年八月十五日以降、インドとパキスタンの分離に伴って生じたおびただしい流血、カシミールでの第一次インド・パキスタン戦争の勃発、ガンディーの暗殺という国家規模での危機や悲劇が相次いだため、独立達成に際しての歓喜にもかかわらず、独立一周年を盛大に祝おうとする雰囲気は、インド社会には見られなかった。

それでは一九四八年八月十五日の独立記念日には、どのようなイベントが行われたのだろうか。同日の式典の「主役」は首相ネルーであり、一九四七年八月十五日の夕刻に行われるはずだったのが、実際には十六日の午前に行われたパフォーマンスが、一年後にほぼ再演された。すなわち、ネルーがラール・キラーの外壁に昇り、城門前の広場に集まったデリー市民たちが見守る中、三十一発の礼砲の轟きを背景にしてインド国旗掲揚を指揮し、演説を行った。演説は、オール・インディア・ラジオによってインド全土に中継された。演説の中では、インド独立の意義が再度確認され、この一年間のインド国民国家の歩みについての回顧が行われ、将来への展望が語られた。また小規模ながら、ラール・キラー前の広場を用いてのインド軍三軍の儀杖兵によるパレードが行われた。

一九四八年の独立記念日に関しては、独立直後に様々な悲劇が続いたこともあり、その喪に服する意味で、軍部隊のパレードが小規模にとどめられたのであろう。『マンチェスター・ガーディアン』紙は、当日の雰囲気は「いきいきとした祝祭というよりは、抑えられた内省」のそれだった、と伝えている。しかし、ここで注目したいのは、本来、こうしたイベントのために用いられることを想定して設計されたはずのニュー・デリーのキングズ・ウェイを、インド自治領政府ないしネルーがあえて用いなかったことである。この時点では、イギリス国王の代理人であるインド自治領総督が総督官邸（旧インド副王宮殿）にあって、なお国政上の地位を維持していた。すでにマウントバッテンに代わって、国民会議派の長老政治家C・ラージャゴパラーチャーリーが自治領総督になっていたけれども、キングズ・ウェイという名称からも、また構造上も、キングズ・ウェイはかつての副王兼総督の権力を想起させるものだった。さらにインド軍は、インド自治領の国民軍になったはずではあるが、元々はインドにおいてイギリスの権力を維持するための軍事組織であったから、独立記念日のイベントの中で華々しい役割を与えることへのためらいも存在したはずである。

翌一九四九年の「独立記念日」のイベントも、一九四八年とほぼ同様のフォーマットに基づいて行われた。しかし一九四九年には、一九四八年には行われなかったインド空軍機の儀礼飛行《フライ・パスト》が実施された。

インド共和国憲法が一月二十六日に施行された理由《わけ》

独立直後の危機、そして悲劇にもかかわらず、一九三五年インド統治法に替えて独自の憲法を定め、イギリスからの独立を完全なものにする努力は着実に続けられていた。そして一九四九年十一月二十六日に制憲議会でインド共和国憲法が可決され、一九五〇年一月二十六日から施行された。これにより、ついにインドの主権者は明確にインド国民となり、インドの独立は完全なものになった。イギリス国王の代理人であるインド自治領総督の地位は廃止され、代わって大統領職が設けられた。しかしイギリス側からの強い要望を容れて、インド共和国はイギリス連邦の構成国としてとどまることになった。

一月二十六日がインド共和国憲法施行の日として選ばれたのには、英領インド帝国時代に生じた、以下のような事実が意識されていた。すなわち、国民会議派の年次大会が一九二九年の十一・十二月にパンジャーブ州のラホールで開かれ、インドのイギリスからの完全な独立（プールナ・スワラージ）を今後の活動の目標とすることが決議された。さらに、翌一九三〇年一月二十六日を「独立の日」として定め、同日には「自由なインドの旗」を掲げることをインド人一般に呼びかけた。この年以後、国民会議派の支持者たちは、毎年一月二十六日に彼らの旗を掲げ、インド独立の決意を新たにすることになった。

それから二十年後の一九四九年に、インド共和国憲法草案の審議が佳境に入り、施行の日取りを決める必要が生じた際に、一九三〇年一月二十六日にまつわるエピソードが想起されたのであろう。一九四七年八月十五日に権力移譲が行われたのは、少なくともその日取りに限って言えば、最後のインド副王兼総督マウントバッテンが恣意的に決めたことだった。しかし、それよりも十数年前に、すでにインド人自身が自らの国家の樹立に関わる日付を決めていたのであるから、言わば、そうした記憶を「取り戻す」意図も込められていた。

「共和国の日」と「独立記念日」の相互補完

一九五〇年一月二十六日のインド共和国憲法施行にあたっては、ニュー・デリーのアーウィン・スタジアムを会場として、それを祝う式典と軍部隊のパレードが行われた。同スタジアムは、元来、フィールド・ホッケーの会場として用いるために建てられたものだった（図7－8）。そして翌一九五一年以降、一月二十六日は、その日に共和国憲法が施行されたことにちなんで「共和国の日」と名付けられ、インドの三つめの国の祝日となった。一九五〇年一月二十六日の儀礼をなぞる形で、毎年同日に大規模なイベントが行われるようになり、今日に至っている。

他方、一九五〇年一月二十六日に共和国憲法施行の式典が実施されて以降、一九四八年・一九四九年に存在した、「独立記念日」(八月十五日)のインド政治史上の位置づけの、ある種の「曖昧さ」、つまりはインド独立と言いながら、制度的には一九四七年八月十五日に自治領となったのに過ぎなかったことも、幾分か緩和されることになった。新たに就任した共和国大統領ラージェンドラ・プラサードが「共和国の日」の「主役」となり、共和国首相ネルーが「独立記念日」の「主役」としての地位を維持するという形で、二つの重要かつ相互に補完的なイベントを分担して主宰することになったからである。

図7-8　ニュー・デリーのアーウィン・スタジアムで行われた1950年1月26日のインド共和国憲法施行を祝う式典。

インド共和国大統領の国政上の地位・役割は、イギリスにおける国王のそれに近い。インドの大統領は、国会の両院および州議会議員による選挙で選出され、任期は五年である。国家元首としての象徴的な権限しか認められていないが、選挙などを通じ、インド国会下院において多数派となった政党ないし政党連合の指導者を首相に任命する。また、たとえ形式的にではあってもインド軍全軍の指揮権を保持している。したがって「共和国の日」のイベントに際

図7-9　ニュー・デリーのキングズ・ウェイで行われた1951年1月26日の「共和国の日」式典。以後、これが定例化して現在に至る。

しては、インド軍の最高司令官である大統領は、インド軍部隊の将兵から忠誠の誓いを捧げられる地位に立つことになった。

インド軍にとっては、英領インド帝国時代に彼らに与えられていた重要な政治的役割の一つ、すなわち大規模で勇壮なパレードを行って人びとを威圧し、魅惑するというパフォーマンスを、一九四七年以降の数年間の逼塞の後、再び遠慮なしに行えるようになった。一九五〇年一月二十六日の式典はアーウィン・スタジアムで行われたが、一九五一年以後はキングズ・ウェイを舞台とすることが通例化した。パレードに際しては、最高司令官と軍部隊をつなぐ最も重要な絆である、栄誉（勲章）の授与も行われることになった（図7－9）。

他方、八月十五日の独立記念日のイベントのスタイルはと言うと、一九五〇年以降、ラール・キラーの外壁におけるインド国旗の掲揚と首相ネルーのスピーチに焦点が絞られるようになり、軍部隊の役割は控えめなままにとどめられた。つまり一九五〇年以降、独立記念日のイベントのテーマは「インド共和国の建国神話の、定期的な確認」に純化され、これに対して一九五一年以降の共和国の日のイベントのテーマは「インド共和国の統治機構の正統性の、定期的な確認」になった。

英領インド帝国時代には、キングズ・ウェイの両脇には藩王たちの宮殿が立ち並んでいた。しかし藩王たちは、インド独立後にそれぞれの領国における主権を失い、選挙を経なければ、国会議員などの資格でニュー・デリーでの国家統治に関わる資格も持たなくなったため、ニュー・デリーに構えていた宮殿を保持する意味がなくなった。藩王が去った後の宮殿は、共和国政府の機関が入居したり、各州政府がニュー・デリーでの活動のための事務所として用いたりするようになった。かくして、英領インド帝国の権力構造を示していたキングズ・ウェイの景観から、藩王たちがほぼ完全に消え去り、その代わりとして、新たなインド連邦国家の権力構造が前面に現れることになった。こうした面でも、キングズ・ウェイを共和国の日のイベントの舞台とする条件は整っていた。

パキスタンにも二つの記念日が

インド国家の記念日の日付をめぐる展開は、インドの双生児国家であるパキスタンでも極めて類似した形で再演されることになった。一九四七年八月十四日、最後のインド副王兼総督としてマウントバッテンはカラチで行われたパキスタンの独立記念式典に参加し、彼に代わってジンナーが、パキスタン自治領の初代総督の地位に就いた。これによりパキスタンは、一九四八年以降、八月十四日を独立記念日として祝い続けることになった。

しかし一九五六年にパキスタンは、三月二十三日も国民の祝日として定め、「パキスタン・デイ」と称して祝い始めた。同日、パキスタン国家の最初の憲法であるパキスタン・イスラーム共和国憲法が施行され、パキスタンはイギリスの自治領の地位を脱して「パキスタン・イスラーム共和国」となったから、である。三月二十三日という日付の選択も、インドの「共和国の日」の謂《いわ》れを意識してのものだった。英領インド帝国時代に、インド国民会議派に対するムスリム側のカウンターパートだったムスリム連盟は、一九四〇年三月二十三日、やはりラホールでの大会において、インド亜大陸に新たなイスラーム国家を建設することを誓う決議を採択していた。一九五七年以後、毎年三月二十三日のパキスタン・デイには、首都イスラマバードで大規模な軍事パレードが行われ、その式典の主宰者はパキスタン大統領である。また、同日には勲章の授与も行われている。

パキスタンの軍部支配とイスラーム原理主義

その後インドでは、一九七〇年代後半のインディラ・ガンディー首相による非常事態体制という例外はあったものの、共和国憲法のもとで議会制民主主義が比較的強固に維持された。これに対してパキスタンでは、軍事クーデターが繰り返し起こり、軍事政権時代にはパキスタン国家のイスラーム原理主義的性格が徐々に強まっていった。

パキスタンでは、英領インド帝国の統治システムの主柱だった地主権力者層と軍隊が、独立後もインドに比べてより強固に存在した。しかしその双方において、それらを全国規模で効果的に組織し、指導できるような人材が不足していた。英領インド帝国時代のムスリム・コミュニティの指導層は、その社会的基盤を主としてのちのインド共和国側に有していたから、である。一九四七年八月十五日以降、そうした人びとの多くは西パキスタンへ移動したが、西パキスタンにおいて彼らは「移民」であり、かつてのように安定した権力基盤を持つことができなかった。

また、英領インド軍においては、兵士の中でのムスリムの割合は高かったが、逆にムスリムの将校の数が少なかった。そのため、独立後、パキスタン軍に移籍するムスリムの将校の数は限られていた。独立当初のパキスタン軍では、二代続けて司令官はイギリス人であり、多数のイギリス人将校が勤務を続けていたほどである。国政を担いうるエリート層のこうした弱体さを補い、インド共和国への対抗を国是とする、パキスタン国家を運営するためのリーダーシップを補強したのが、イスラーム原理主義のイデオロギーだった。

第三節　「共和国の日」の政治儀礼

二〇〇九年一月二十六日前後の状況

インド・パキスタン分離独立後、八十年弱が経過したが、独立後の数年間でほぼ固められた、インド国民のアイデンティティと記憶を維持・管理するための、文化的装置としての国家記念日の政治儀礼は、近年のインド社会においてどのように行われ、インド国民はどのような思いでそれらに関わっているのだろうか。おおまかには、「共和国の日」の誕生後、二つの祝日の間で、相互補完的な役割分担が行われるようになって固まったパターンが、そのままの形で継続していると言ってよい。

ただし「共和国の日」に関しては、こちらこそが実は、本来の意味での「独立記念日」だったという歴史的な事情は忘れられがちで、英語の「キングス・ウェイ」からインド風の「ラージパト」に改められた象徴的な舞台で、インド軍の華々しいパレードを通じてインド共和国の統合を定期的に確認し、強化するための日として認識されるようになっている（図7－10）。

図7-10　近年の「共和国の日」のパレードで、インド門に向かって進む戦車部隊。

しかし、二〇〇九年の「共和国の日」は、緊張した雰囲気の中で迎えられた。前年の十一月二十六日に、パキスタン出身のイスラーム教徒過激派集団がムンバイの有名ホテル（タージマハル・ホテル）を襲撃し、人質を取ってたてこもるなどして数百人の犠牲者を出した後、インド政府の治安機関によって鎮圧されるという大事件が起こっていたからだった。

「共和国の日」の式典は、実際にはインド国家の陸海空の三軍が主体となって実施されており、インド軍の実力を国外に向けて誇示する目的でも行われるため、過激派集団による妨害・襲撃の標的にされるのではないか、との懸念が強くもたれていた。しかしインド国家にとっては、国内的にはその統合を確認し、国外に向けては「国威を発揚する」ための最も重要な式典であり、テロリストの襲撃を恐れてそれを中止するという選択は当然ながらあり得なかった。そのために、細心の注意でテロの芽を摘み取る努力が払われた。

妨害を狙った企ては効果的に抑止され、式典の準備は順調に進んでいるように見えた。毎年、式典当日にラージパトに集まる観衆の数は数万人に達するが、今回はそのすべてが、あらかじめ政府機関の窓口から座席指定のチケットを購入することを求められた。ただし、ラージパトを過ぎてラール・キラーに至るまでの区間は、自由に見物ができた。チケット購入者には注意書きが渡され、午前七時から、式典開始予定の三〇分前にあたる午前九時半までの間に指定された座席に着いていること、衣服以外に身に帯びてよいのは基本的にチケットと財布だけであること、などが記されていた。カメラを含めて、機械類の持ち込みは一切禁止されていた。

インド政府治安機関による「偽りの遭遇戦」

しかし、式典前日の二十五日になって、インドのマス・メディアは恐れられていた事態が「生じつつあった」ことを伝えた。報道によれば、「共和国の日」の式典でテロを行うことを目的としてインド国内に潜伏していたパキスタン人過激派二名が、二十五日の午前二時一五分、車で移動中のところをインド政府の治安機関によって発見されて逃亡を図ったが、ニュー・デリーから南東二十キロメートルほどに位置するノイダ市の一画に追い詰められ、銃撃戦の末に射殺された、とのことだった。しかし、この「事件」は、インド政府治安機関による、いわゆる「偽りの遭遇戦《フェイク・エンカウンター》」であった可能性が高い。

すでに二十六日朝の段階で、インドの代表的な英字新聞の一つ『ザ・タイムズ・オヴ・インディア』は、銃撃戦の舞台になったと治安機関が説明する、「テロリストたち」が乗っていたはずの自動車に弾痕が全く見られないのは不自然だ、との疑念を表明していた。「偽りの遭遇戦」とは、警察官など治安機関の要員が、裁判によっては処罰され得ないと彼らがみなすテロリズム容疑者たちを証拠無しで捕らえ、あたかも彼らとの間で武力衝突があったかのように装って殺害する、というものである。国際的な人権擁護団体であるヒューマン・ライツ・ウオッチは、インド政府治安機関によるこうした「司法手続き外の殺人」を告発するレポートを発表していた。

ラージパトの全区間が「共和国の日」の前日から車両通行止めになっていたのはもちろん、当日の二十六日には、その周辺地域が数キロ四方にわたって自動車での乗り入れを禁じられた。したがって観衆のほとんどが、指定された自分の席にたどり着くまでに四〇～五〇分以上歩いていたことになる。そしてラージパトに至るまで、交差点やラウンドアバウト（ロータリー）などの要所に麻袋を積み上げた監視哨が設けられ、武装した警察官たちが銃口を水平に構えて警戒をしていた。さらに、観衆のボディチェックを行うためのポイントが多数設けられており、おそらくすべての人が、自分の席に辿り着くまでに複数回の所持品検査を受けたはずである。前日に起こったパキスタン人過激派射殺事件を理由に、警戒は一層厳重になっていた。

二〇〇九年「共和国の日」式典の実況

式典の主役であるインド共和国大統領プラティバ・パティルは、招待客たちとともにラージパトの中間付近に設けられた貴賓席に導かれた。ラージパトの西端には大統領官邸が、東端にはインド門が位置している。「共和国の日」の式典の実施にあたっては、「インドにとって重要な友好国」の元首ないし指導的な政治家が来賓として招かれるのが通例だが、二〇〇九年の来賓はカザフスタン共和国大統領のナザルバイエフだった。二人の大統領は最前列に並んで着席した。ちなみに二〇一四年には、日本の安倍首相が来賓として招かれて列席している。

式典の開始が告げられ、インド国歌の演奏、二十一回の祝砲、国旗の掲揚がなされた。ついで行われたのは、軍や警察など、インド国家の武力機関に所属し、平時において際立った勇敢さを示す殊勲を立てた者たちに与えられる最高位の勲章、アショーカ・チャクラの授与式だった。二〇〇九年の受勲者十一人はいずれも殉職者であったため、夫人たちが一人ずつ、大統領から感状と勲章を受け取った。ラージパトに沿って一定間隔で配置されたスピーカーから、それぞれの殉職の経緯が観衆に伝えられた。会場は静まり返り、厳粛な雰囲気が漂った。殉職者のうち六人は、前年十一月のムンバイ事件で落命した者たちだった。

その後、メイン・イベントである三軍のパレードが始まった。軍事パレードの基本的なコンセプトは、兵士たちの練成度や士気の高さ、彼らが保持する武器の威力を観衆に示し、感銘を与えることである。しかしインドの場合、とりわけ「共和国の日」のパレードに関しては、それ以上に多層的な政治上の意味合いが込められた演出になっている。幾十もの連隊が、軍楽隊の演奏に合わせて華麗なパフォーマンスを行いながら観衆の前を通過し、貴賓席の前で大統領に栄誉礼を捧げるのだが、それらの連隊は、いずれも非常に個性的である。というよりは、個性的な連隊を意識的に召集しているのであろう。連隊ごとに制服が異なるのはもちろんのこと、ターバンなどの被り物の違いが印象的だった。こうした連隊はエスニック・コミュニティごとに編成されており、彼らの制服やターバンは出身エスニック・コミュニティの風俗や伝統に依拠したものになっている。兵士たちの身体的な特徴（身長、体格、風貌、肌の色、ひげの生やし方など）までもが連隊ごとに異なっていることが見てとれた。つまりこのパレードは、「多様さの中の統一」という、国父マハトマ・ガンディーが唱えたインド国民国家の編成原理を忠実に体現するものなのであろう。

　また、軍と国民の間の一体感を高めるための演出も、効果的に行われていた。軍事パレードと言いながら、権威主義国家で見られるような、威嚇的な雰囲気は明らかに抑えられていた。式典の開始にあたって大統領官邸の方向から大型のヘリコプターが現れ、ラージパトの両脇に延々と着座して待つ数万の観衆の上に、ごく軽い、オレンジ色の無数の微細なものを撒くように投下しながらゆっくりと飛び去っていった。投下されたのは、インド社会において神への献身を象徴する祝花、マリーゴールドの花びらだった。

　ジープに乗った三軍の司令官たちが起立して大統領に対して栄誉礼を捧げて通過した後、最初に登場するのが騎駱駝《らくだ》部隊である。美麗な軍装に身を包み、長槍を携えた兵士たちが一糸乱れずに駱駝を操っていた。観衆は騎乗する兵士たちを見上げる形になり、歩む駱駝の蹄《ひづめ》の発する音が規則的に一帯に響き渡る。視覚的にも、聴覚的にも、軍部隊の華麗さと力強さを印象づける効果が際立っていた。しかし、その直後に、作業員風の明るい制服を着た男たちの一団が、バケツと箒《ほうき》を両手に持ち、駆け足で駱駝部隊を追いかけていった。ひどく真剣なだけにその仕草はかえってユーモラスであり、説明されずとも、観衆は彼らが駱駝の排泄物の処理係であることに気付き、会場は笑い声に包まれた。緊張感とユーモアの絶妙な配合と言うべきだろうか。また、ラージパトの舗装道路に最も近い部分には野外用カーペットが敷かれており、そこには子供たちが自由に座ることが許されていた。インドの子供たちの脳裡には、この日の光景は、楽しくも親しみ深い想い出として焼き付けられたのかもしれない。

インド軍将兵の大統領への忠誠

同式典の基本的な構図は、インド国家の主権者、すなわち国民の代表である大統領に対してインド軍将兵が忠誠を誓う姿を、会場に集った観衆が目撃するというものであろう。大統領は国民全体の代理人だが、政治的な実権は持っていない。しかし名目上は、イギリス国家における国王と同じく、インド軍の最高指揮官である。

インド独立に際して、インド軍のインド人将校たちは、潜在的には強大な権力集団であったはずだが、一体となって政治的な自己主張を行おうとは決してせず、英領インド帝国という統治システムに対する彼らの忠誠心を、インド自治領そしてインド共和国という統治システムへの忠誠心へと、何事もなかったように切り替えた。しかしそれは、国民会議派がインド軍に対して、インド軍の内実には決して手出しをしないとの暗黙の約束を与えたから、だった。

そして共和国の日の式典の本質は、インド国民の代表である政治家たちとインド軍の間での、こうした合意内容を毎年確認し、更新することでもある。ラージパットの両側に集まる数万人の観衆は、両者の契約確認行為の証人となるためにそこにいる、ということになる。

インド軍を統合し続けるイベント

独立後のインド軍は、もちろん国民軍であり、その忠誠心の対象はインド共和国国民である。しかし、インド軍兵士のリクルートメントに関しては、徴兵制が敷かれたことはなく、志願制に基づいて運営されている。それゆえに、英領インド軍時代の、傭兵的で職業軍人的なメンタリティが、同軍の兵士たちに残存していることは否定できない。たとえば、ネパール出身者によって構成されるグルカ兵部隊がその典型であろう。

また、インド陸軍の多くの連隊は、基本的に兵士たちの出身地域、所属するエスニック・コミュニティあるいは宗教コミュニティに基づいて構成されており、入隊後の兵士たちに対して、インド共和国への忠誠心を彼らの出身地域や所属コミュニティへの帰属心よりも上位に位置付けさせるための、動機付けやシステムが必要とされる。さらにインド陸軍では、同じ連隊に属している場合であっても、将校と兵士の間では出身地域や出身社会層が大きく異なることが普通である。したがって、両者のメンタリティを統合するための動機付けやシステムも必要とされる。つまり「共和国の日」の式典は、常に分解への傾向を内包するインド軍を、インド国民国家への忠誠心を核として統合し続けるための装置でもある。

「共和国の日」の式典では、インド軍部隊のパレードの後に、各州の特色を視覚的に表現する山車《フロート》が登場する。国父マハトマ・ガンディーの教えに従って、インド共和国が、その国家体制の点でも「多様性の中の統一」を実現しているのだと主張したいのであろう。しかし、連邦と各州の間の絆を衆人環視の中で確認するというのであれば、山車だけにとどまらず、州総督ないしは州首相など、各州の代表者がニュー・デリーでの「共和国の日」の式典に毎年参加していてもおかしくはない。連邦体制をインド共和国に引き継いだ英領インド帝国のインペリアル・ダーバーは、州総督や藩王など、地方の代表者たちが一堂に集い、中央への忠誠を表明するための式典でもあった。「共和国の日」の式典がそのようでないのは、インド共和国が英領インド帝国に比べればより中央集権的であり、「共和国の日」にわざわざ各州の代表者をニュー・デリーに集めるには及ばず、各州で独自に式典を行わせれば十分だとみなされているということなのだろう。

第四節　インド共和国とネルー＝ガンディー王朝

ネルー＝ガンディー王朝とは

近時のインド社会では、その政治状況を論じる際に、インド国民会議派を批判する意図で「ネルー＝ガンディー王朝」という表現が用いられることが多い。これは、一九四七年八月に英領インド帝国が解体してインドとパキスタンが分離独立を果たして以降、インドの歴代首相の系譜において、一定の家系に属する人びとが複数回現れた事実を指して使われる。

図7-11　イギリス連邦首相会議に参加するため、空港で人びとに別れを告げる首相ネルーとその娘インディラ（後のインディラ・ガンディー首相）。

独立後のインドの初代首相となったのは、マハトマ・ガンディーの愛弟子であるジャワハルラル・ネルーだった。次いで、ネルーの娘のインディラ・ガンディーが、父の死後、一九六〇年代後半から八〇年代前半にかけて、二度にわたって首相の座に就いた（図7－11）。また、インディラが暗殺された後には、インディラの次男であるラジブ・ガンディーが一九八九年まで首相の地位にあった。さらにそのラジブが一九九一年に暗殺された後には、彼の妻だったソニア・ガンディーが、首相の地位にこそ就かなかったものの、国民会議派の「陰の指導者《オーナー》」として政権運営に強い影響力を及ぼした。そして近年は、ソニア・ガンディーから、彼女とラジブの間に生まれた息子ラフル・ガンディーへ国民会議派の指導権が徐々に移されている。ちなみに同王朝の名称の「ガンディー」という部分は、インディラが結婚した男性の姓が「ガンディー」だったことに由来するものであり、マハトマ・ガンディーとの血縁上のつながりはない。

マンモハン・シンを首相とする国民会議派内閣がインドの政権を担っていた二〇〇八年八月の時点で、現代インドの主要英字新聞の一つである『ヒンドゥースタン・タイムズ』は、「デリー・ダーバー」という表現を「インド連邦レベルの既成勢力《エスタブリッシュメント》」という意味で用いており、これは実際には、ネルー＝ガンディー王朝のことを指していた。また、やはりマンモハン・シン内閣が続いていた二〇一一年二月の時点でも、「デリー・ダーバー」という表現は「インド社会の政治的既成勢力」の意味で『インディアン・エクスプレス』（同じく主要な英字新聞）によって用いられた。

二〇一二年一月には、マーガレット・サッチャーをテーマとする伝記映画がイギリスで公開されたのを受けて、「インドでもインディラ・ガンディーについて同じような伝記映画が作られることはあるだろうか」と『エコノミック・タイムズ』（インドの代表的な英字経済新聞）が問い、次のように、自ら答えていた。「我々自身の『鉄の淑女』の生涯――そして、彼女［インディラ・ガンディー］が属する氏族《クラン》の他の幾人かのメンバーたちの生涯――は、映画だけでなく、総合的な、リミッター解除の［no-holdsbarred］伝記を要求しているが、それは全く現れそうにない。」この記事の筆者が、「彼女が属する氏族」と呼んでいる集団が「ネルー＝ガンディー

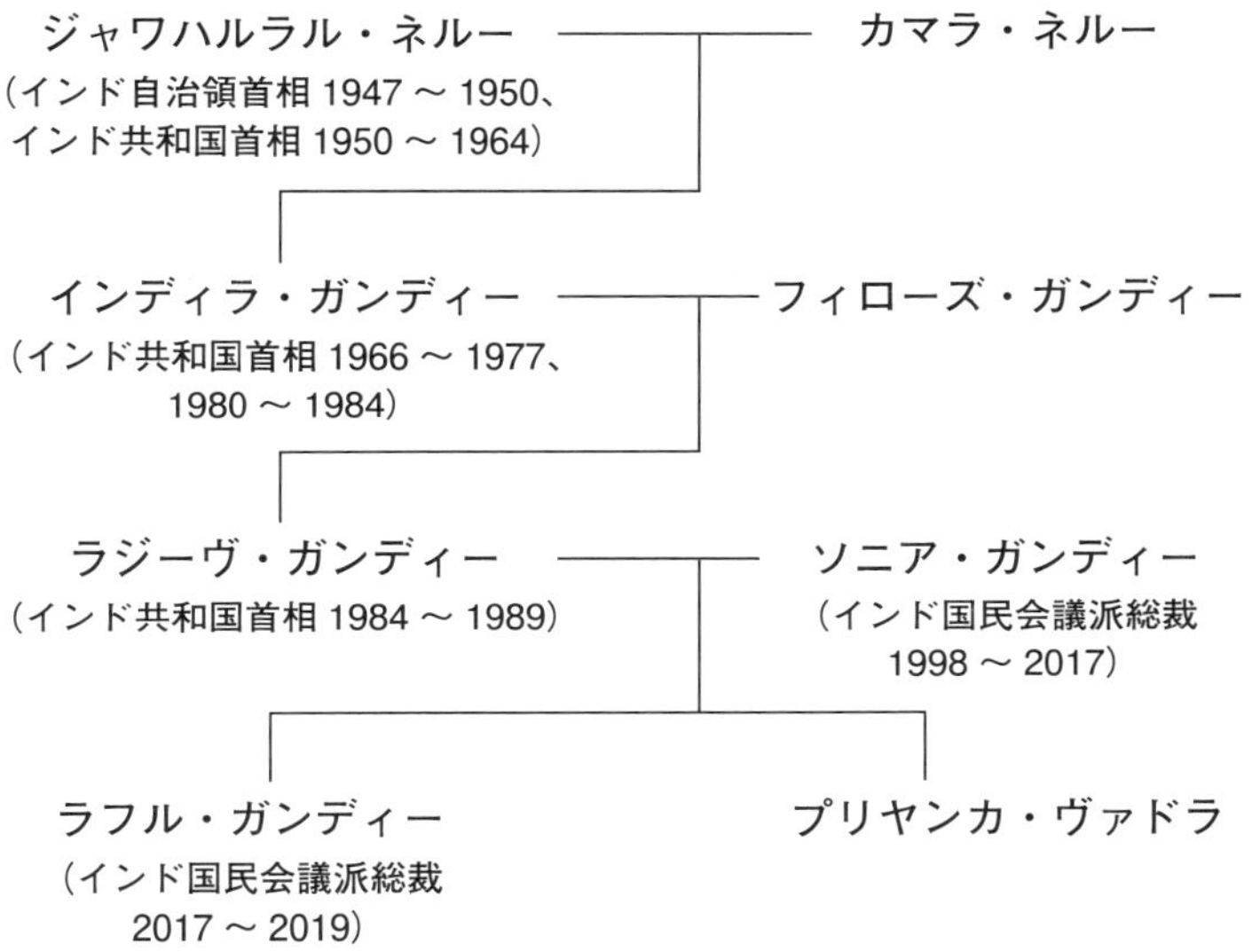

系図２　ネルー＝ガンディー朝の家系図

王朝」であることは、言うまでもない。

共和国が王朝を必要とするという逆説

このように、イギリスからの独立後、二十世紀末・二十一世紀初頭までインドの連邦レベルで支配的な政治勢力だった国民会議派では、単一の家系に属する人物たちが指導的地位にとどまり続け、また、インド共和国首相の地位も長く占めた、という事実は否定し難い。その理由は、国民会議派という組織だけがインド共和国の政治的統合を安定的に実現できたからであり、また、インド共和国の政治システムの中核的な部分が、実は英領インド帝国のそれの多くを継承しているから、と考えるべきだろう。

十九世紀末のインド社会では各地で市民的公共圏が成立しつつあり、それと同時に、そこで活動する自発的な結社が数多く誕生した。しかしイン

図7-12　インド国民会議派が選挙向けに制作し、人気を博したポスター。

ド社会は、その巨大さから、宗教的にも、言語的にも、政治的にも、経済的にも並外れて多様であり、人びとが共通の政治的目標（イギリスからのインドの独立）を達成しようとするならば、複数の公共圏を統合しうる性質を持つ団体、ないしは個人が現れる必要があった。インドの独立を実現するまでの間、そうした統合を曲がりなりにも可能にしたのがインド国民会議派であり、そのカリスマ的指導者であるマハトマ・ガンディーだった。しかし結局、国民会議派とガンディーは、インド社会のムスリムの統合までは成し遂げられなかった。

二十世紀半ばに独立を達成した後、そしてとりわけマハトマ・ガンディーが横死した後には、インド国民会議派という政治組織がガンディーに代わるカリスマの登場を要請したことと、インド共和国という政治制度が事実上の君主的指導者を要請したことが絡み合って、ネルー＝ガンディー王朝が成立し、存続することになった（図7－12）。

インド共和国は、その憲法の規定に基づいて、具体的な国政を担う政治的指導者としての首相と、国民を統合する文化的指導者としての名誉職的大統領という、二人のリーダーを選ぶ体制になっている。そしてネルー＝ガンディー家の人びとは、制度的には連邦政府の首相の地位に就いただけで、彼らとは別に、名誉職的大統領が任命されていたが、実際には名誉職的大統領の役割も兼ねていた。

名誉職的大統領の歴史的起源は、イギリスが発明した立憲君主制下の君主であり、君主制を廃止した国家が、君主の代わりに設けるのが名誉職的大統領である。君主制を廃止しながら、何らかの理由で純粋な国民主権へと進むことをためらう社会が、こうした制度を設けている。インド共和国は君主制を廃止したが、その共和国の制度的基盤の多くは、英領インド帝国という、立憲君主制にまでは行き着いておらず、専制的君主制から立憲君主制への移行過程にあった政治体に由来していた。そのため、インド共和国では、実際の政治的権力者である首相と、名誉職的大統領の役割分担がいまだに不分明であり、首相が事実上の君主的指導者になっている。

図7-13　1980年8月15日の独立記念日式典で、近衛兵部隊を閲兵するインディラ・ガンディー首相。

そのような強大な権力と権威を併せ持つインドの首相が、インディラ・ガンディーという一時的な例外はあったものの、これまで独裁者化しなかったのは、諸州政府に権力を分散するインド共和国の連邦制度がその出現を阻んできたから、だった(図7-13)。

とは言え、権力と権威を兼ね備えた首相の地位を、単一の家系が世襲しているように見えるのでは、さすがに民主主義国家として見栄えが悪い。しかし、専制君主制に回帰しかねない危険性をはらむ事実上の立憲君主制でありながら、共和国としての制度的外見を維持する便法がインドにはあった。国民会議派はインドの国政において圧倒的に優勢であり、とりわけ国政レベルの選挙で恐ろしく強かったが、自発的な結社(政党)の一つに過ぎなかった。それゆえ、その指導権が一つの家系によって世襲されていても、それはそれだけのことであり、ただちに民主主義の理念に反するわけではない。つまりインド共和国においては、おそらくつい近年まで、歴史的な沿革に由来するインド国家と国民会議派の不即不離の関係を基盤にして、インド社会が必要とする事実上の君主的指導者をネルー＝ガンディー家が提供してきたのだった。

マウントバッテンのポストモダンな君主主義構想

ところで、第二次世界大戦が終結して間もない時期に、ほぼ同じタイミングで、やがてイギリスの王朝がマウントバッテン＝ウィンザー家となり、また、インド共和国の君主的指導者を輩出する家系がネルー＝ガンディー家となるための路線が、敷かれた。そして両王朝の創設が準備された際に、その周辺で重要な役割を果たしたのが、最後のインド副王兼総督マウントバッテンだった。こうした不可思議な成り行きは、マウントバッテンが当初から意図したものではなかった。しかしマウントバッテンは、偶然、自分に与えられた条件を組み合わせ、それらを活用する形で彼の望む役割、すなわち、イギリスとインドという二つの社会の二つの王朝の事実上の仕掛け人になることに成功した。

一九四七年二月に最後のインド副王兼総督に任命されたマウントバッテンは、インドに着任した時点で、インド社会の伝統的な権力構造を彼なりの仕方で理解していた。また彼は、英領インド帝国が解体した後のインド亜大陸の政治体制についても独自の青写真を持っており、インドとパキスタンの分離独立は不可避だと判断していた。マウントバッテンは、言わば「ポストモダンな君主主義」を先取りするような人物であり、そうし

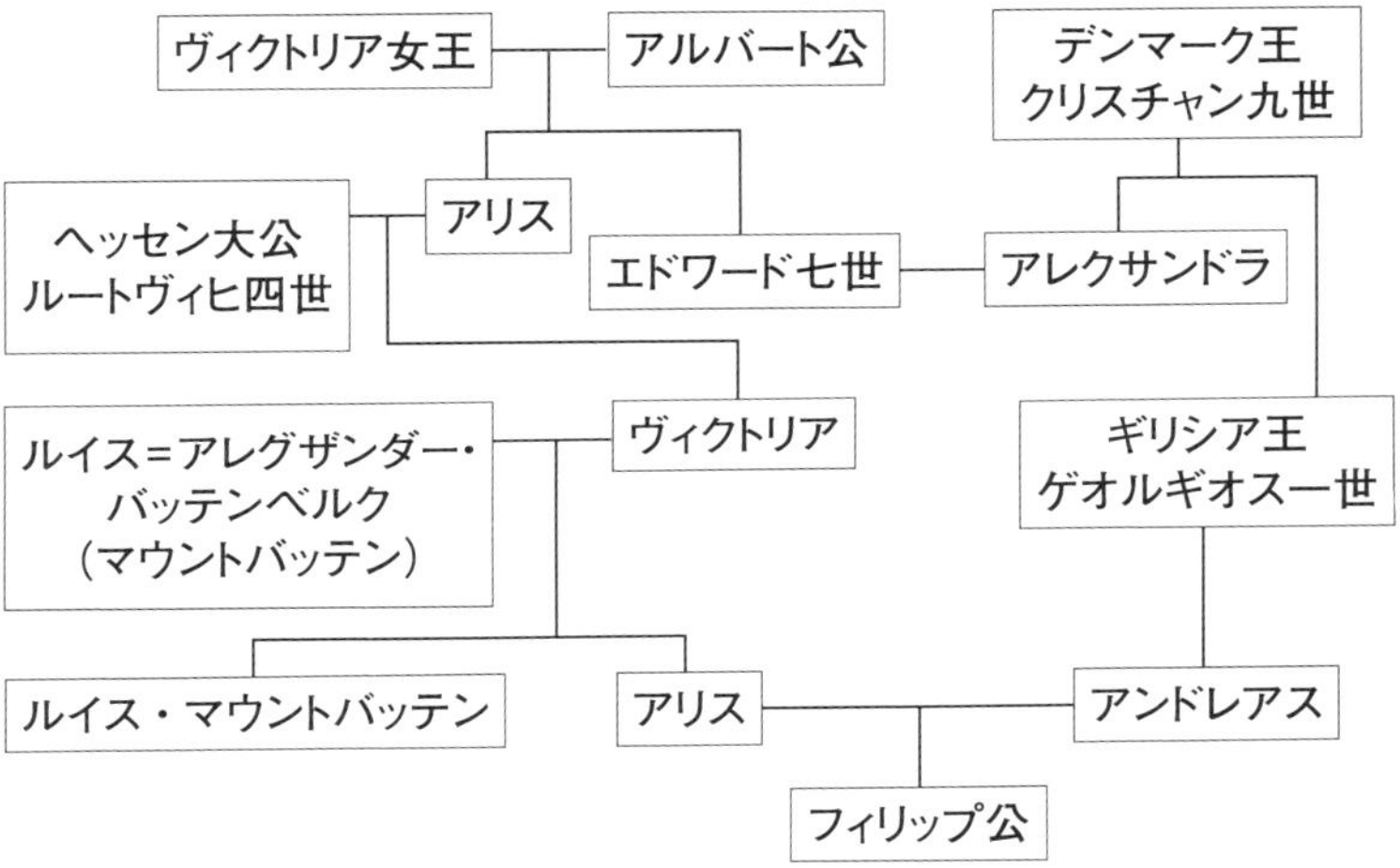

系図３　フィリップ公の出自

た立場から、権力移譲後のイギリスとインドおよびパキスタンの間の関係を構築しようとした（図7－14）。

マウントバッテンは、パキスタンに関する権力移譲のための交渉の過程で、イギリスとパキスタンの間で王朝的つながりを維持することは断念した。しかし、パキスタン軍がやがてパキスタン国家の実権を握ることになり、パキスタン軍のエリートたちがイギリス軍ないしアメリカ軍に依存せざるを得ないだろうと見越していた。

他方、インドに関しては、密かな、しかし遠大な構想を抱いていた。マウンバッテンは、イギリスとインドが、権力の移譲後は政治的には対等な別個の国になるが、文化的には両国の間で新たな王朝的絆の構築が可能だと考えたのである。具体的には、イギリス国王兼インド皇帝家と諸藩王家の間に存在した関係を、イギリス王家と新たな事実上のインドの君主であるジャワハルラル・ネルーの関係に集約し、そのための鎹《かすがい》の役割を自分が果たす、というものだった。

図7-14　マウントバッテン一家が1948年6月19日に開き、ネルーも参加した自治領総督官邸スタッフとの送別パーティー。

図7-15　1948年6月21日、インド自治領総督職離任にあたり、官邸前庭で儀仗兵部隊からの敬礼を受けるマウントバッテン夫妻。

そのためにマウントバッテンは、インド社会の事実上の君主的指導者としてのネルーの権威を、二様の仕方で確立しようとした。まず一方で、英領インド帝国の主権者だったイギリス国王兼インド皇帝の正統な相続人がネルーなのだと、巧みな演出のもとでインド社会に広めた。そのために彼が可能な限り活用したのが、一九四七年八月十五日の権力移譲の政治儀礼だった。

他方で、ネルーは国父マハトマ・ガンディーの政治的な意味での「猶子《ゆうし》」なのだという意識をインド社会に受け入れさせようとした。具体的には、権力移譲後間もなくしてガンディーが暗殺されたことを奇貨《きか》として、それを活用した。インド国家の初めての国葬がガンディーのために行われることになると、インド自治領総督になっていたマウントバッテンは、その儀礼の運行の仕方をイギリス国王の葬送儀礼を下敷きにしてネルーに伝授した。また実際の葬儀にあたっては、葬儀委員長であるネルーの傍らにあって絶えず助言を与え、ネルーがインド社会の人びとからガンディーの後継者とみなされるようになることを確実にした。

マウントバッテンとネルーの間の友情と信頼も、マウントバッテンの妻であるエドウィナとネルーの恋仲に助けられて、さらに深まっていた。エドウィナは一九六〇年にボルネオ島での滞在中に客死し、その遺骸はイギリス海軍艦船ウェイクフルによって運ばれ、彼女の遺志に従ってポーツマス港近海で水葬された。彼女の死を知ったネルーは、ボルネオ島に寄港していたインド海軍艦船トリシュルに命じてウェイクフルをエスコートさせ、水葬に際しては花輪を捧げさせている（図7－15）。

マウントバッテン＝ウィンザー朝の誕生

マウントバッテンの王朝的な活動の範囲は、インドだけではなかった。ヴィクトリア女王の曾孫であった彼は、早くから深くイギリス王家に食い込んでいたが、とりわけ一九三〇年代後半以降、さらに実質的な影響を及ぼすための「工作」を始めた。

ヨーロッパ王族カーストの末裔《まつえい》とも言うべきマウントバッテンは、イギリス王室を二十世紀後半の王族カーストの牙城にすることを夢見ていた。イギリス王室の伝統であり、また、マウントバッテン家の伝統ともなったイギリス海軍での勤務を通じて彼は、「海洋国家の王室こそが、もっとも安定的に王族カーストの存在を保障することができる」と考えるようになった。そして、そのマウントバッテン家の人間であり、イギリス海軍将校となった自分の甥であるギリシア王家のフィリップ王子を、エリザベス王女の夫としてイギリス王家に送り込んだ（図7－16）。奇しくもと言うべきか、エリザベス王女とフィリップ・マウントバッテンの結婚式は、

図7-16　婚約が発表された際の、エリザベス王女（後のエリザベス二世）とフィリップ・マウントバッテン。

インド亜大陸における権力移譲が行われてから四カ月後の一九四七年十一月二十日に催された。インド自治領総督になっていたマウントバッテンは、インド亜大陸の社会がインド・パキスタン分離独立に伴う騒乱と悲劇のただなかにあったのにもかかわらず、二人の結婚式に出席するためにロンドンへ一時帰還した（図7－17・18）。一九四八年十一月二十四日には、二人の間に嗣子《しし》（現国王チャールズ三世）が誕生し、やがてマウントバッテン＝ウィンザー朝が誕生することが確実になった。一九五二年二月六日にエリザベス二世は即位した。こうした血脈を利用してマウントバッテンは、イギリス王室のありようにも強い影響を及ぼしていくことになる（図7－19）。

本章では、まず、一九四七年八月のインド独立後の数年間に注目し、国家体制の青写真がどのように描かれ、インド国民のアイデンティティがどのようにして形成されたのかを検討した。独立後半年を経ない時点で、国父マハトマ・ガンディーが暗殺されたが、そのことが逆にインド国民の間に強固な一体感を生じさせた。また、一九四七年の段階では、最後のインド副王兼総督マウントバッテンが八月十五日をインド独立の日として選んだために、あたかもインド独立が「イギリスとインドの協働の成果」であるかのように記憶されかねなかった。しかしインド国民が、一九四九年十一月に独自の憲法を制定し、その翌年の施行の日を、真に彼らが独立を目指すことを誓ったのが一九三〇年一月二十六日であった事実に因《ちな》んで一月二十六日としたことによって、マウントバッテンの企みは阻まれた。他方、その後のインド共和国にとっての最大の課題は、多様であった英領インド帝国を引き継ぎながら、国民国家としての一体性をいかに醸成し、高めていくかということだった。そうした課題を達成するために実施されたのが、議会制民主主義国家の枠組みのもとにありながら、「インドのために殉教した聖者」マハトマ・ガンディーにまつわる記憶に依拠しながら、事実上の王朝を樹立する、という戦略だった。その立案者は、誰あろう、またもやマウントバッテンだった。

図7-17　スタッグ・ナイト（結婚前夜の独身男性パーティー）での、フィリップとマウントバッテン。

図7-18　エリザベス王女（後のエリザベス二世）とフィリップ・マウントバッテンの結婚式の際のイギリス王室集合写真。

図7-19　1977年、チャールズ王太子（現国王チャールズ三世）と親しげに話すマウントバッテン。

第八章

英領インド帝国の残照と現代インド

現インド共和国首相ナレンドラ・モディが2012年7月にグジャラート州首相として日本を訪れ、東京で講演会を行った際の写真（筆者撮影）

本章では、インペリアル・ダーバーないし英領インド帝国が現在のインド社会に投げかけている残照を見てみたい。まず、一九一一年インペリアル・ダーバーが、その約百年後にどのような形でインド社会の人びとに思い出されたのか、そして、思い出されなかった部分は何だったのかを考える。次いで、近年のインド社会において、カリスマ的な政治指導者となったモディ首相が、英領インド帝国の遺産としてのニュー・デリーのありようを、どのような目的で、どのように変化させようとしているのかについて瞥見《べっけん》する。そして最後に、近年の国際情勢を分析する上で必須になっている地政学的な視角から、一九四五年と一九四七年の二つの八月十五日の関係ついて、再度取り上げたい。

第一節　百年後の一九一一年インペリアル・ダーバー

インドの「帝国ホテル」

一九一一年インペリアル・ダーバーは、絶頂期の英領インド帝国が行った最も重要な政治儀礼だった。それから百年が経過した二〇一一年は、歴史上のエピソードとして同儀礼を回想するのにとどまらず、インド共和国の視点から、英領インド帝国時代との連続・不連続についてインドの人びとが考えるための有用なタイミングだった。英領インド帝国が解体し、それを受けてインド共和国が誕生してから六十年以上の時間が経過したことにより、「前の時代」と「今の時代」の関係について客観的、総合的に論じることができるようになっていたから、である。

そこで筆者は、二〇〇〇年から二〇一二年までの時期に関して、インド社会で発行されている主要な英字新聞の記事をウェブ上で検索し、「インペリアル・ダーバー」「デリー・ダーバー」について言及しているものを取り上げ、概観してみた。ちなみにイギリスからの独立後もインド社会では英語が主要な公用語として用いられているため、英字新聞の社会的な影響力は大きい。

収集することができた記事は、おおまかに三つのカテゴリーに分類することができた。すなわち、インペリアル・ダーバーの「現場の状況」を扱う記事、インペリアル・ダーバーについての「記憶」を扱う記事、インペリアル・ダーバーに深く関わりを持った人びとを扱う記事である。

ここでは、インペリアル・ダーバーの「現場の状況」を語る記事の一つを紹介したい。二〇〇一年一月には、「ザ・ダーバーにおける空間」と題して『ザ・ファイナンシャル・エクスプレス』がニュー・デリーのホテル「ジ・インペリアル」のバー・ラウンジについての記事を掲載した。「ジ・インペリアル」は一九三六年に開業し、現在もニュー・デリーで最も「格式が高い」とみなされているホテルであり、インド社会の富豪、政治家、映画スターたちがニュー・デリーに滞在する際に利用することで知られている。そうしたインド社会の各界エリートが、夜な夜な集う同ホテルのバー・ラウンジの名称が「ザ・ダーバー」であり、名称だけでなく、同ホテルが建築された、二十世紀前半の英領インド帝国エリート社会の雰囲気を、そのままの形で維持している。さらに同ホテルは、バー・ラウンジだけでなく廊下や階段などに三度のインペリアル・ダーバーを主題とする数多くの絵画や写真を飾り付けており、さしずめホテル全体がインペリアル・ダーバーを主題とする博物館のようですらある。

現代インド社会のエスタブリッシュメントが、インペリアル・ダーバーについての記憶を鮮明に保持しており、それを自分たちのアイデンティティの一部として、また自分たちのエリートとしての社会的ステータスを示す一助として活用していることを示している。

コロネーション記念公園

一九一一年ダーバー百周年にあたる二〇一一年に入ると、同ダーバーに関係する、インド社会の「現場の状況」を伝える記事が数多く登場するようになった。たとえば、一月、七月、十二月に、それぞれ『ヒンドゥースタン・タイムズ』、『インディアン・エクスプレス』、『デカン・ヘラルド』が、インペリアル・ダーバーの会場だったコロネーション記念公園の状況について伝える記事を掲載した。

　コロネーション記念公園は、乾燥しがちな北インドの平原にあることを考えれば、それなりに緑のある公園になっている。二〇〇九年一月に筆者が訪れた時点では、とりわけ週末には多くの市民が集まり、それぞれの仕方でリラックスしていた。

図8-1　コロネーション記念公園のオベリスク。

　公園の中心部には約三十メートル四方の基底部を持つ、それほど丈の高くない階段状のピラミッドが築かれている。ピラミッドの頂上部分は切り取られ、十メートル四方の平面になっており、そこにやはり十メートルほどの高さのオベリスクが屹立《きつりつ》していた（図8－1）。オベリスクの下部には、このモニュメントの謂《いわ》れを記した碑文が刻まれていて、その内容は次のようなものだった。「この地において、一九一一年十二月十二日、インド皇帝ジョージ五世国王陛下は、王妃すなわち皇后と共に、荘厳なるダーバーの中で、御自《おんみずか》ら、インドの総督たち、藩王たち、民衆に対して、一九一一年六月二十二日にイングランドで祝われた御身《おんみ》の御戴冠をお告げになり、また彼らからの忠良なる臣従と忠誠の誓いを御嘉納《ごかのう》あらせられた。」

　また、ピラミッドの南側には、数メートルの高さの鉄柵によって囲われた、百メートル四方の奇妙な一角があった。柵の外からはまるで墓地のように見

図8-3　コロネーション記念公園内の英領インド帝国の「墓地」の全景。

図8-2　コロネーション記念公園内の英領インド帝国の「墓地」へ移設された、ジョージ五世の立像。

えたが、それはまさしく「英領インド帝国の墓地」と呼ぶのが適切な場所だった。この「墓地」は公園の特別な部分としてデリー市によって管理されており、ピラミッドに面する位置に出入口が設けられ、鍵をかけることもできるようだった。しかし常駐の管理人はいなかった。扉を開けて敷地に入ると、まず目に入ったのは純白の大理石でできたジョージ五世の巨大な立像であり、赤砂岩でできた台座の上に置かれていた（図8－2）。このジョージ五世像は、かつてはニュー・デリーのインド門の真東に、その視線が門をくぐってインド副王宮殿を見つめる形で設置されていたが、一九七三年にこの地に移された。そして、そのジョージ五世像を囲むようにして、同じく赤砂岩でできた台座が二十個近く配置され、その上にはイギリス人とおぼしき人物たちの白大理石の像が置かれていた。しかし、あるはずの像が見当らない、つまり台座だけのものが全体の半数を超えていた。また、残っている全身像や胸像の状態も、ジョージ五世のそれに比べるといかにも劣悪だった。それぞれの像について、謂《いわ》れ書きのようなものは一切無いため、残っている像が誰をかたどったものなのか、かつて誰をかたどった像がそこにあったのかを確認することはできなかった。

敷地の多くが雑草に覆われ、野犬たちのねぐらになっており、訪れる人はほとんどいないようだった（図8－3）。

おそらく、デリー市各地の要所に据えられていた英領インド帝国時代のイギリス人支配者たちをかたどった像がインド独立後にデリー市当局によって撤去され、この地に集められたのであろう。かつての異邦人支配者たちの像は、デリー市民たちにとって愛着の対象ではあり得ず、朽ち果てるままにされている、と想像された。多数の像が消えてしまったのは、それらが高価な白大理石でできていることから、いずこかへ運ばれてリサイクルされたのかもしれない。ソ連崩壊後のレーニンやスターリンの像、イラク戦争後のサダム・フセインの像のように、引き倒されて破壊される運命を辿らなかったのは、独立後のインドの人びとの、かつての支配者への感情の幾分かを示しているのかもしれない。

記事に見られた傾向

筆者なりに、インド社会の英字新聞による一九一一年ダーバー百周年の扱われ方をまとめると、以下のようになる。インド人ジャーナリストらは同ダーバー百周年を相応に意識しており、紙面上でかなり頻繁に取り上げていた。その理由としては、二〇一一年という年が、同イベントをインド社会全体が想起するおそらく最後の機会になると記者たちが考えていたからだろう。

しかし、それをどのように想起するのが適当なのかについては、ある種の戸惑いがあるように感じられた。記者たちの間では、政治的イベントとしての一九一一年ダーバーそのものを回想するよりは、同ダーバーを契機として実現した、カルカッタからデリーへの遷都の意義について論じようとする傾向が顕著だった。

インペリアル・ダーバー自体はコロニアルなイベント、帝国のイベントに過ぎず、今日のインド社会がそれを無批判に回想する価値はないと、記者たちの多くは考えていた。他方、遷都百周年については、インド近現代史上の二つの時代である、英領インド帝国の時代と、インド共和国の時代の連続と非連続について、インド社会の人びとが考えを巡らせる機会になるべきだと判断していた。

振り返って見れば、二〇一一年前後には、現代インド社会にとっての新たな画期が近づいている、との雰囲気も漂い始めていた。東西冷戦が終焉してからすでに二十年が経過していたが、インド社会では、世界経済のグローバル化への関与にためらいがちな国民会議派と、それに積極的に関わろうとする勢力との間での対抗関係が、幾度かの連邦レベルでの政権交代を繰り返す中で、徐々に手詰まりを感じさせる状態に入っていた。しかし二〇一一年前後から、インド人民党（ＢＪＰ）内部において、やがて二〇一四年の国政選挙での勝利を受けて首相に就任することになる、ナレンドラ・モディによるリーダーシップの掌握が決定的になった。

言及されなかったのは誰か？

とは言え、英領インド帝国の根幹を成していたのにもかかわらず、一九一一年インペリアル・ダーバー百周年を取り上げるにあたって、インド社会の英字新聞記者たちがあえて触れなかった集団にも注目したい。英領インド軍の将兵たちである。同ダーバーにおいても、同軍の将兵たちがイギリス国王兼インド皇帝に対して忠誠を誓う光景は、藩王たちが忠誠を誓う姿と並んで、イベントの主要な部分だった。それにもかかわらず、同ダーバーの百周年に際してインド社会のマス・メディアは、かつてインド人兵士たちが果たした役割について取り上げる記事を載せることが、ほぼなかった。それはなぜなのか。

英領インド軍の前身である、イギリス東インド会社軍の兵員はインド人たちであり、したがって同軍は傭兵部隊だった。十九世紀半ばのインド大反乱以降、東インド会社軍は英領インド軍に組織替えされたが、その傭兵軍的な性質は、一九四七年に英領インド軍がインド軍とパキスタン軍に分離され、再び転生する瞬間まで、完全には拭い去られることがなかった。むしろ十九世紀半ば以降は、インド大反乱に際して反乱側に奔《はし》らず、イギリス権力に対する忠誠を守り、イギリス人たちのために戦い続けた特定のコミュニティの出身者たちだけを兵士としてリクルートするという、いわゆる「尚武の種族《マーシャル・レイシズ》」の論理が定式化されて、英領インド軍の傭兵軍的な性格は一層強化されていた(図8−4)。

図8-4　ベンガル槍騎兵連隊の将校と上級下士官たちが、デリーで1909年に撮影した集合写真。

これに対して、二〇一一年時点でのインド軍は、他の多くの国民国家が擁する「国民軍」のイメージから、それほど隔たってはいなかった。第二次世界大戦期以降、インド軍は徐々に変化し、インド社会の人びとから「国民軍」であると認知されるようになっていったからである。

第二次世界大戦に際して英領インド軍は、支配国であるイギリスのために世界中の多くの戦線で戦うことを求められ、その規模を急速に拡大した。それに伴って内部構成も大きく変化し、将校たちのインド化が一気に進んだのと同時に、兵士たちに関しては、「尚武の種族」の論理を一時的にせよ緩和する形で、多数のコミュニティから兵士がリクルートされた。その結果、英領インド軍将兵のメンタリティは、傭兵軍としてのそれから志願制の国民軍のそれへと近づいたと考えられる。とりわけ東南アジア戦域での日本軍との戦いは、多くのインド人将兵によって、彼らの「祖国」であるインドを防衛するための戦いだとみなされた。

一九四七年のインド・パキスタン分離独立に際して、英領インド軍はインド軍とパキスタン軍に分割された。そしてジャム・カシミール藩王国の帰属をめぐり、誕生した直後のインド軍とパキスタン軍が砲火を交え、のちに第一次インド・パキスタン戦争と呼ばれることとなった。その後もインド軍は、インド・中国戦争、第二次インド・パキスタン戦争、第三次インド・パキスタン戦争、カールギル紛争と、幾度も戦火をくぐることで、インド共和国の「国民軍」としての地位を固めた。

ともに英領インド帝国から誕生した双生児国家であるインドとパキスタンは、政軍関係に関して、対照的な道を歩むことになった。パキスタンでは軍部によるクーデターが間欠的に生じ、その歴史の半ば以上が軍事政権によって牛耳られた。他方インドでは、いわゆる文民統制《シビリアン・コントロール》が遵守され、軍が政治に関与しようとすることはほぼなく、議会制民主主義が守られてきた。インドでは、軍の存在がインド共和国の連邦構造を保障する「鋼鉄の枠」のような役割を果たしてきた、とすら言えるのかもしれない。

しかしその一方で、インド軍の内実は、今日も通常の「国民軍」とは異なる特質を保持している。どの国の軍隊でも、将校と兵士の間には一定の社会的・文化的な懸隔が存在することが多いが、インド軍においてはそれが際立っている。インド軍の将校層は、インド社会においてイギリスからの文化的影響を最も強く残す職業集団の一つだとみなされている。彼らは、インド軍将校を輩出してきた家系の出身者であることが多く、イギリス式の初等・中等教育を経てインド軍の士官学校で学んだ後、将校に任官する。これに対してインド軍の一般兵士たちは、特定の地域や社会集団からリクルートされることが多い。つまりインド軍の内実は、かつての英領インド軍の性格を色濃く受け継いでいる。

それでありながら、英領インド軍とインド共和国軍の歴史的な連関については、一部の研究者たちの間での議論を除いて、インド社会一般で話題にされることはめったにない。インド共和国軍の気風やその組成について、マス・メディアが立ち入った検討をすることも意識的に避けられている。

興味深いことに、英領インド帝国によるインド亜大陸支配の根幹だったはずの英領インド軍は、一九一九年のアムリッツァルの虐殺などを例外とすれば、インド国民会議派が率いるナショナリズム運動に対して弾圧を加えるための、むき出しの暴力装置として用いられることが比較的少なかった。その理由は、国民会議派の運動を導いたマハトマ・ガンディーが「非暴力」という戦術を掲げたためで、それに対応したイギリス人たちも、ガンディーの提案した「ゲームの規則」に従うことが、自らの権力ないし影響力を持続させる上でむしろ都合がよいと判断したからだった。

つまり一九四七年の権力移譲の時点で、インド国民会議派の指導層と、新たにインド軍を構成することになるインド人将兵の間では、一定の妥協が成立する余地が大きかった。ネルーの率いるインド自治領政府は、イギリス人将兵がインドから撤退した後、インドの国境を防御し国内の治安を維持するために、新政府に忠誠を誓う実効性の高い軍事力を必要としていた。他方、組織体としてのインド軍にとっては、イギリス人たちに代わってインド国民会議派の政治家が彼らを指揮することを静かに受け入れれば、自分たちのこれまでのありようを維持できるという見込みは、魅力的なものだった。こうした条件の下に、新生インド軍がインド国民会議派の率いる政権に忠誠を誓うのと引き換えに、インド国民会議派政権はインド軍のありようを聖域とみなし、それに口出しをしないという、言わず語らずの取引が成立した。

一九一一年インペリアル・ダーバー百周年に際して、同ダーバーで英領インド軍の将兵が華々しい活躍をした事実を回想するなどすれば、「戸棚の中の骸骨を暴き立てる《スケルトン・イン・ザ・クロゼット》」(寝た子を起こす、の意)ことにつながりかねない、との「忖度」がインド社会の広い部分で働いたのであろう。

第二節　帝国の都から国民国家の首都へ

分離独立後の主要都市の運命

インド・パキスタンの分離独立後、インド共和国を長く差配したネルー＝ガンディー王朝は、英領インド帝国が残した帝都ニュー・デリーを、共和国の日の式典をはじめとする種々の政治的イベントのための舞台として活用し続けた。

他方で、英領インド帝国時代に隆盛したいくつかの都市の中には、インド・パキスタン分離独立後、衰退したり、その機能の大幅な転換を余儀なくされたりしたものもあった。たとえばカルカッタ(現在のコルカタ)は、英領インド帝国時代のベンガル州の西部地域に位置し、インド側に編入されたため、従来、同市の後背地だったベンガル州の東部地域、すなわち東パキスタン（現在のバングラデシュ）との連絡を失った。カルカッタは西ベンガル州の州都の地位を保持したものの、英領インド帝国時代のようには、政治的・経済的・文化的な活力を発揮することができなくなった。

ラホールは、英領インド帝国時代のパンジャーブ州の西部地域に位置し、西パキスタン側に編入されたため、それまで同市の後背地だったパンジャーブ州の東部地域（インド共和国のパンジャーブ州）との連絡を失った。またラホールは、インド共和国との国境の近さなどが敬遠されて、パキスタンの首都として選定されることもなく、パンジャーブ州の州都にとどまった。他方、インド共和国では、パンジャーブ州の新たな州都として、スイス生まれだが主としてフランスで活躍した高名な建築家、ル・コルビュジエの計画に基づいて、チャンディーガルが造営された（図８－５）。

図8-5　インド共和国パンジャーブ州の州都チャンディガール。左側が同州政庁のセクレタリアート（官房）、右側は州議会議事堂の一部。いずれもル・コルビュジェ設計。

カラチは、英領インド帝国時代にはシンド州の州都であり、海港として繁栄を極めていた。そのためインド・パキスタンの分離独立後、パキスタンの首都は一時、このカラチに置かれた。しかしパキスタンは海洋国家としての道を選ばず、その内陸部に、新たな首都としてイスラマバードを造営した。イスラマバードは英領インド帝国の軍事拠点だったラーワルピンディーの近郊にあり、パキスタンの国軍支配を暗示してもいた。

モディ首相は、デリーをどのように変化させようとしているのか

二〇一四年以降、インド人民党政権を率いるモディ首相は、ヒンドゥー教信仰を核としてインド国民の同質性を高め、それと同時に、インド共和国の政治体制を連邦国家的なものから中央集権的な方向へ導こうとしている。そのために彼は、デリーに関しても、「国民国家の首都としてふさわしい都市の姿」へと改造しつつある。

モディが首都の改造を通じて発しようとしているメッセージは、次のようなものである。インド社会は現在、ヒンドゥー至上主義《ヒンドゥートゥヴァ》を通じて、その内的結合を強め、文化的に純化する方向に向かっており、将来的にもそうした傾向を維持するべきである。そして首都デリーの景観に関しても、そのような目的を達成する一助として、過去においてムスリムによる支配やイギリス人による支配によってデリーの景観に加えられた、非ヒンドゥー教的な側面や、異文化からの抑圧の余波をうかがわせる側面を整序し、場合によっては排除するべきだ、と。

したがって、モディ首相にとっては、多様性や多元性をその身上にしてきた、帝国や連邦国家としてのインドの過去を想起させるものは、トーンダウンないしは消去されることが望ましい。具体的には、ムスリム系諸王朝の都、とりわけムガール帝国の都としての過去がデリーに遺した「イスラーム性」を可能な限り希薄化するべきであり、また、英領インド帝国によって構築された「ラッチェンスのデリー」（イギリス人設計者の名にちなむ、ニュー・デリー中心地区の別称）を破壊はしないが、それがインド社会の悠久の歴史の中にあっては短い逸脱の

期間の産物に過ぎないとみなす、ということになる。

デリーではなくアグラの例だが、タージ・マハルを取り巻く事情も同様である。ムガール建築の精華とされ、世界遺産に登録されているタージ・マハルは、周辺環境の悪化に伴って、その保存状態の劣化が懸念されるようになっている。しかしモディ政権は、インド社会の、この貴重な歴史的遺産を積極的に保護しようとする姿勢を示そうとはしていない。

また、やはりデリーではなくコルカタの例だが、モディ政権は、同市を代表するモニュメントの一つ、ヴィクトリア女王記念館《メモリアル・ホール》の名称をスバス・チャンドラ・ボース・ホールに改めようと画策していた。同館では、二〇二二年にボースの生涯をテーマとする大規模な展覧会が開かれたが、それに合わせてホールの名称を変更しようとする計画は、当のスバス・ボースの子孫たちからの反対もあって頓挫した。

モディの建設プロジェクト

モディ政権はまた、ヒンドゥー至上主義に基づく彼なりのイデオロギーに適合するようなモニュメントを、デリーの内外で新たに建造し始めてもいる。

まず、モディ首相は、自身の故郷であるグジャラート州に、やはり同州の出身だったパテールの巨像を建造させ、その除幕式を二〇一八年十月に挙行した。英領インド帝国からインド共和国への転換をもたらした功績を、マハトマ・ガンディーやネルーだけに求めるのは誤りだとの、インド人民党の年来の主張を可視化することが目的だった。ガンディーの多くの「使徒たち」の中にあって明確にヒンドゥーイズム寄りだったパテール

図8-6　サルダール・ヴァッラブバーイー・パテール（1875年生れ、1950年歿）。「インドの鉄の男」と呼ばれ、藩王国の統合、インド共和国憲法の制定に辣腕を発揮した。

の政治手法に、モディ首相は強い共感を抱いている（図8－6）。本音ではモディ首相は、インド共和国憲法が制定されてからまだ間もなかった一九五〇年十二月にパテールが亡くなりさえしなければ、インド共和国にネルー＝ガンディー王朝は成立しなかったと訴えたいのかもしれない。

　また、モディ首相は、ウッタルプラデーシュ州のアヨーディヤーで、巨大なヒンドゥー教寺院を建設することを認め、それを支援した。かつてその地には、初代ムガール皇帝バーブル配下の将軍によって建てられたモスクがあったが、ヒンドゥー教徒たちは、そもそもそこはラーマ神の生誕地だったのだと主張していた。一九九二年にヒンドゥー教至上主義者たちによって同モスクは破壊され、インド各地でのヒンドゥー教徒とムスリムの間の激しい対立へとつながった。そしてインド人民党は、この騒乱の中で党勢を強めることに成功している。二〇一九年にはインド最高裁判所の判断に基づいて、そのモスクの跡地がヒンドゥー教徒たちに引き渡され、ラーム寺院が建てられることになった。二〇二四年一月二十二日の落成式には、厳戒の中、モディ首相がインド社会の有力者や有名人たちを引き連れて出席した。

　そして首都デリーにおいてモディ首相は、「［デリー］中央部の景観再開発プロジェクト」（Central Vista redevelopment project）を進行させている。まず、スバス・ボースの生誕百二十五周年を記念するために、インド門の東側に設けられたチャトリ（丸いドーム状屋根を持つ、小さな塔）の下に、その彫像（黒御影石に刻まれ、約八・五メートルの高さ）を建てさせた。ボースがインド国民軍司令官として、同軍兵士たちに向かって敬礼している姿をかたどっている。二〇二二年九月八日に、モディ首相が主役となって除幕式が行われた。かつてその場所には、白亜の大理石を用いてかたどられたジョージ五世の像があり、現在はコロネーション記念公園に移動させられている。

モディ首相が、ジョージ五世に置き換わるべき存在を、マハトマ・ガンディーにではなく、パテールにでもなく、ましてやネルーにではなく、ボースに求めたことは、同首相にとっての重要な歴史認識の表明でもあったはずである。インド門は、英領インド帝国ないしインド共和国のための戦いで命を落としたインド人兵士たちを悼み、讃えるためのモニュメントである。インド国家にとって最も神聖なそうした場所で、インド軍兵士のインド国家への忠誠心を見守る存在としては、インド国民軍最高司令官だったボースの像こそがふさわしい、とのメッセージを発したいのであろう。

さらにデリーにおいてモディ首相は、インド国会議事堂の新館を二〇二三年九月に竣工させた。新館の傍らにある旧館は英領インド帝国時代に建造されたものだが、インドが独立して以降、ネルー＝ガンディー家に連なる人びとが、首相として与党である国民会議派を率いて活躍するための舞台でもあった（図

図8-7　インド国会議事堂旧館の内部。

8－7）。したがって議事堂新館の建設には、巨大な新興国家インドの最高の意思決定機関にふさわしいモニュメントを新たに設ける、という目的だけではなく、ネルー＝ガンディー王朝が国権の最高機関を牛耳ったのはもはや過去のことだとのメッセージも込められているはずである。

加えてモディ首相は、ラージパトを舞台としてヨーガの大規模なイベントを行うという、ニュー・デリーの都市景観活用に関する新機軸も打ち出した。モディ首相のヨーガへの期待は大きいようであり、彼のイメージする大衆的かつ国民的なヒンドゥーイズムの根幹を、ヨーガに求めているのかもしれない。文字通りモディ首相が中心となり、ラージパトを舞台として二〇一五年六月に行われた大ヨーガ集会は、多数の参加者がインド大統領官邸に対面し、インド門を背後に控えさせる形で行われた。これもまた、モディ首相なりの、ダイナミックでシンボリックな政治的意思表示なのだろう。

第三節　二つの八月十五日に挟まれた二年間

本書の最後の作業として、「インドの二つの八月十五日」をめぐる問題について、地政学的な観点から考えてみたい。近年の国際情勢、とりわけ二〇二二年二月に始まったロシアによるウクライナへの侵攻、そして二〇二三年十月以降のイスラエル・ガザ戦争が、国際政治、そして世界史の流れについて、そうした観点から考察する必要性を痛感させているように思われるから、である。

本書の主題である一九四五年八月十五日と一九四七年八月十五日という二つの日付が、それぞれ単独で、世界史的な重要性を持つことは今さら言うまでもない。ただ、それに加えて、その二つの月日が付合しているという事実もまた、それが最後のインド副王兼総督マウントバッテンによって恣意的に付合させられたことは本書で見た通りだが、やはり世界史的に、とりわけて地政学的な意味で重要なのでは、と思われる。

十八世紀半ば以降、近年に至るまで、世界史の歩みを主導ないし規定してきたのが、イギリスとアメリカの協働的ないし競争的なリーダーシップであったことは否定できない。ただ、地政学的に見ると、この二国の振る舞いには不可思議とみなされる重要な事実が二つある。

まずイギリスについてだが、近世・近代を通じて、この国は基本的に海洋国家・通商国家であり、その方針から大きく逸《そ》れることはなかった。それにもかかわらず、インド亜大陸に関してだけは、本書で見てきたように、かなりの無理を承知で、巨大な陸上帝国（英領インド帝国）を保持し続けたのはなぜなのか。

もう一つはアメリカについてであり、この国は一体、海洋国家なのか、それとも大陸国家なのか、というものである。

そして、これら二つの謎が、一九四五年八月十五日から一九四七年八月十五日までの二年間をひとつながりのプロセスとして捉え、そこを基点にしてイギリスとアメリカという二つの国の来し方行く末を考えることで、一定の解へと導くことができるのでは、と感じている。

以下、その見取り図を説明したい。

北アメリカ植民地の喪失により、イギリスは自給自足的な海洋帝国を築く展望を失い、アジアに活路を求めた。しかし、近世アジアの諸帝国はいずれも大規模な常備軍を保持していたから、そうした帝国と交渉する上ではイギリスも海軍力だけでは不十分で、相応の規模の陸上戦力を必要とした。近代に入り、イギリスとのやりとりを主要な理由としてアジアの諸帝国が弱体化していくと、今度はイギリスは、自らの利権を維持するために、逆に自前の植民地帝国をアジアで築き上げる必要に迫られた。その結果として、主としてインド人の兵士たちによって構成される大規模な常備軍を保持することになった。

近世・近代におけるイギリスの繁栄の要諦は、ヨーロッパ大陸に覇権的な大陸帝国が現れるのを妨げながら、しかし、同地との経済関係を発展させていくことだった。そのためにイギリスは、アジアにおける自らの植民地帝国を存分に活用した。近世においては、アジアの優れた産品を植民地帝国経由で入手し、それらをヨーロッパ諸国へと再輸出して利益を上げた。近代においては、アジアの一次産品を植民地帝国から輸入し、加工した上で、それをヨーロッパ諸国へと再輸出して利益を得た。その際、イギリスとその植民地帝国をつなぐ海洋ルートを守る役割を担ったのがイギリス海軍であり、陸上の植民地帝国を保全する役割を果たしたのが英領インド軍だった。つまり、英領インド帝国を樹立し、その保持に成功したからこそ、イギリスは長く「海洋帝国」であり得た。

しかし十九世紀後半以降、上記のようなイギリスを中心とする政治経済システムは綻びを見せ始める。工業化を開始したヨーロッパ諸国が、原料供給地・市場として自らの植民地をアジア・アフリカに求めるようになり、アメリカもまた海外に目を向け始めたからである。さらに、イギリスの植民地帝国において、ナショナリズムの萌芽も見られた。

世紀転換期にイギリスはヨーロッパ大陸でのドイツの野心を宥めることに失敗し、第一次世界大戦が勃発した。イギリスはドイツが大陸の覇者となるのを防ぐためにアメリカに頼らざるをえず、潜在的にはドイツ以上にイギリスにとって危険なライバルが、やがては世界政治のリーダーに至る道を歩み始めるのを許すことになった。

次に、アメリカは海洋帝国なのか、大陸帝国なのか、という問題だが、アメリカは、その地政学的な条件から、おかしな言い方だが、典型的な大陸国家であり、また、典型的な海洋国家でもある、と考えたい。

当初、北アメリカ植民地のイギリス人たちは、フランスやスペインとの抗争のために常備の陸上戦力を必要とした。しかし七年戦争でフランスの影響力が除かれた後、植民地人たちはイギリスの海洋・通商国家システムから離脱することを選択し、アメリカ合衆国を建国して、大陸国家としての道を歩むことになった。南北戦争を通じて大陸国家としての統合を完成させたアメリカは、十九世紀末までに巨大な生産力を持つに至り、その産物のための市場を海外に求めるようになった。しかしアメリカは、イギリスとは異なって原材料を海外から調達する必要がなかったから、外部に巨大な植民地の獲得を求めない、純粋な通商国家・海洋国家として振る舞うことが可能だった。またアメリカは人口も多かったので、海外で攻撃的な政策を行うための陸上戦力も自前で賄うことができた。かくして、ヨーロッパの政情からは距離をとりつつ、典型的な大陸国家であり、かつ典型的な海洋国家となったアメリカは、十分に力を蓄えた上で、第一次世界大戦に際してイギリスからの招きに応じてその陸上戦力をヨーロッパへ送り、連合国側に勝利をもたらした。

第一次世界大戦後には、イギリスとアメリカの協働的かつ分業的なリーダーシップが始まった。しかしそれは、どちらがシニアであり、どちらがジュニアなのかが不明瞭な、不安定なリーダーシップだった。第二次世界大戦が始まると、協働的リーダーシップにおいてアメリカが優位に立つ流れが準備された。そして、そうした事実を確定させたのが、一九四五年八月十五日から一九四七年八月十五日までの二年間のプロセスだった。つまり、二つの八月十五日は、英米の協働的リーダーシップが決定的に変容する始点の日付であり、終点の日付でもあった。

一九四五年八月十五日は、英米の協働的リーダーシップに対して何を告げていたのか。ドイツ第三帝国と大日本帝国からの挑戦を退けたことによって、近代における英米の分業的な覇権は取りあえず維持された。しかしイギリスにとっては、その代償として、英領インド帝国の解体が間もなく訪れることが決定的になった。それはまた、イギリス海洋帝国の解体も意味した。つまり、一九四五年八月十五日には、英米の分業的覇権という旧秩序の勝利と、その秩序を一方で担ってきたイギリスの権力基盤がやがて崩れるであろうことが同時に示された。

一九四七年八月十五日は、アメリカとイギリスの協働的リーダーシップにとり、何を意味したのか。この日、英領インド帝国が公式に解体し、インド・パキスタンが分離独立したことで、イギリス海洋帝国の終焉が告げられた。イギリスは通常の海洋・通商国家へと回帰し、アメリカが主、イギリスが従となる同盟が誕生した。アメリカの指導層は、これにより対等な主権国家群によって構成される「帝国なき新たな国際秩序」が実現するはずだと考え、満足だったことだろう。ただしそれは、比類のない海軍力、陸軍力、空軍力、そして核戦力すら備えたアメリカ一強の国際秩序でもあった。

しかし、インド共和国の指導層はしたたかだった。インド共和国は、原水爆を擁してアメリカと向かい合おうとする、ユーラシアの大陸国家・ソ連との関係を深めてゆき、アメリカ一強の国際秩序のために裨益《ひえき》させられる可能性を回避した。

そして今、ユーラシア大陸では、中国とインドという二つの台頭する大国がチベット高原を挟んで対峙《たいじ》しており、米英は、少なくとも現時点では、より海洋的・通商的に見えるインドを次代の指導国として彼らの同盟に迎え入れたいと考えている。

もう一度振り返って整理したい。マウントバッテンの意図したところとは異なった意味で、大日本帝国の敗戦の日と、英領インド帝国の解体＝インド・パキスタンの分離独立の日付が重ねられたことには、確かに世界史的な意味があった。この二つの日付は、重要な転換期の始まりと終わりだったからである。その二年の間に、英米の協働的リーダーシップはアメリカ優位の米英同盟に変容した。また、米英同盟は、ドイツと日本という、第二次世界大戦時の挑戦国を自らの影響下に取り込むことに成功し、ユーラシアの大陸国家が海洋へと進出しようとする際、それを抑えるための防壁とする準備を整えた。ただし、一九四七年八月十五日以降、英領インド帝国の国際政治上の枠組みを引き継いだインドは、米英同盟との付かず離れずの関係を巧みに維持しながら、今日に至っている。

あとがき

ヨーロッパ外交史を語るとき、「不実なイギリス」（Perfidious Albion、「アルビオン」はブリテン島のラテン語での呼称）という表現が用いられることがある。近世以降、イギリス国家（十八世紀半ばころまでは、イングランド）が行った外交政策を揶揄する表現であり、特に、フランスの政治家たちが用いた。イギリスは、提携相手や同盟国を頻繁に変えるため、フランス人たちの目には「愛人を次々と乗り換える、移り気な人物」のように見えた、というわけである。イギリス人たちに言わせれば、ヨーロッパ大陸部に覇権的な国家を誕生させないことがイギリスの国益にかなうのだから、イギリスは絶えず、ヨーロッパ最強国と対立する勢力を支持してきただけだ、ということになる。

本書を書くにあたって、しばしば思い出されたのがこの表現だった。たとえば、ロシア皇帝ニコライ二世を見捨てたイギリス国王ジョージ五世、インド人藩王たちを見捨てたインド副王兼総督マウントバッテンなどについて記述する時に、である。第一次世界大戦中にジョージ五世は、ヨーロッパ王族カーストからは距離をとり、イギリス王室の「イギリス化」を図ろうとしていた。そして大戦後期にロシアで革命が始まると、ニコライ二世夫妻（ジョージ五世にとって、ニコライ二世は母方のいとこであり、皇妃アレクサンドラは父方のいとこだった）がロシア民衆から敵視されつつあることを重視し、彼らがイギリスへ亡命することを拒んだ。

第二次世界大戦後、英領インド帝国の解体が目前に迫った段階で、マウントバッテンは、独立後のインド社会に、イギリスにとって都合のよい、実効的で穏健なリーダーシップを確立させるために、英領インド帝国の主柱として長く機能してきたインド人藩王たちの運命を、藩王たちがそれと気づかぬうちに、新たなリーダーシップを握ることになる人びと（ネルーやパテール）に委ねた。

その結果、イギリスの君主制は、二十世紀半ば以降も、ブリティッシュ・ワールドとグローバル社会の双方で、その存在感を維持したが、イギリス王室と関係の深かった二つの「帝国」の君主たちは、その地位を失うことになった。ニコライ二世の場合は本人を含めて家族全員が共産主義者によって殺害され、インドの藩王たちは、インド共和国憲法が制定される前に、その政治権力を失っている。

それでは、二十一世紀も四半世紀を閲《けみ》しようとする現在、イギリス王室内部の状態は、どのようであろうか。不幸にして、と言うべきか、幾つか深刻な問題を抱えているように見える。まず、国王チャールズ三世が、ガンを患っている（ただし、主要な公務は行っている）。また、ウィリアム王太子の配偶者、キャサリン妃も、やはりガンの治療を受けている。さらに、チャールズ三世の次男であり、ウィリアム王太子の弟であるサセックス公爵ヘンリーと、そのアメリカ合衆国出身の配偶者メーガン妃が、人種差別を理由にイギリス王室の人びとと不仲になり、アメリカでの滞在を続けている。

しかし、前二つの問題は、近年の医療技術の水準を考えれば、イギリス王室の存続に関わるような事態を、直ちに生じさせるものではないだろう。また、サセックス公爵夫妻問題にしても、アメリカ出身黒人女性としての彼女のアイデンティティが、長期的に見れば、イギリス王室のイメージ戦略にとり、得難い資産としてのポテンシャルを有していることに変わりはなく、必要に迫られれば、王室内部での「和解」は達成されるかもしれない。

そして何よりも、君主制の継続にとって不可欠なのは、王統をつなぐ有資格者が安定して存在し、また彼らが、国民へのアピール力をそれなりに備えていることだと思われるが、そうした点でイギリス王室は、極めて有利な状況にある。ウィリアム王太子とキャサリン妃の間には、ジョージ王子、シャーロット王女、ルイ王子が育っており、彼らは両親と共に定期的にメディアに登場し、人びとの彼らへの関心を高めている。サセックス公爵夫妻にも男女二人の子供がおり、やがてはメディア・デビューするであろう。

制度上も、イギリス王制においては女子に王位継承権があり、また二〇一三年以降は、継承順位に関しても男女差別がなくなった。したがって、少なくとも王統の継続に関しては、イギリス王室は安泰、ということになる。こうしたイギリス王室の粘り強さの根源は、何なのだろうか。君主としての使命を引き継ぎ、自らの血統を繋いでいくことへの強い意志と責任感、ということだろうか。

本書を手に取り、お付き合いくださったすべての皆さまに、心より感謝を申し上げます。

また、本書の作成と刊行は、山口泰生さん（創元社企画本部）のご助力とご尽力が本田に与えられたことによってのみ、可能になりました。本田の学問上の活動のために数え切れぬヒントを与えてくださったのは佐藤卓己先生（上智大学文学部）であり、本書の執筆についても同様です。本田の妻の一惠は本田にとって常に良き相談相手、そして本田のよりどころ《ロック》です。この場を借りて、厚く御礼を申し上げます。

本田毅彦

図版出典・クレジット

図0-1 (Schimmel, The Empire of the Great Mughals) ／図1-1 (Fraser, The House of Windsor) ／図1-2 (Gadihoke, India in Focus) ／図1-3 (Beckett, Clem Attree) ／図1-4 (Moon, Wavell) ／図1-5 (Clarke, The Cripps Version) ／図1-6 (Tunzelmann, Indian Summer) ／図1-7 (Roberts, Eminent Churchillians) ／図1-8・9 (Tunzelmann, Indian Summer) ／図1-10 (Macmillan, Mountbatten) ／図1-11・12 (Tunzelmann, Indian Summer) ／図1-13：(Gadihoke, India in Focus) ／図1-14 (Tunzelmann, Indian Summer) ／図1-15 (Gadihoke, India in Focus) ／図2-1 (Ferguson, Empire) ／図2-2 (Lyden, A Royal Passion) ／図2-3 (Dalrymple, Princes and Painters) ／図2-4 (Radforth, Royal Spectacle) ／図2-5 (Codell, Power and Resistance) ／図2-6 (Losty, Delhi 360) ／図2-7 (Codell, Power and Resistance) ／図3-1 (Roberts, Salisbury) ／図3-2・3 (Fraser, India Under Curzon and After) ／図3-4 (Codell, Power and Resistance) ／図3-5 (Fraser, India Under Curzon and After) ／図3-6・7 (Codell, Power and Resistance) ／図3-8 (Fotosearch) ／図3-9 (Codell, Power and Resistance) ／図3-10 (Vaughn, The Victoria Memorial Hall Calcutta) ／図3-11 (Davies, We, the Nation) ／図3-12 (Gilbert, Servant of India) ／図4-1・2 (Carter, George, Nicholas and Wilhelm) ／図4-3 (Pope-Hennesy, Queen Mary) ／図4-4 (Douglas-Home, A Glimpse of Empire) ／図4-5 (Jackson, Maharaja) ／図4-6・7 (Codell, Power and Resistance) ／図4-8 (Fotosearch) ／図4-9 (Dalrymple, Princes and Painters) ／図4-10 (Fotosearch) ／図4-11 (Plunkett, Queen Victoria) ／図4-12 (Wilson, India Conquered) ／図4-13 (Volwahsen, Imperial Delhi) ／図4-14 (Marshall, British Empire) ／図4-15 (Carter, George, Nicholas and Wilhelm) ／図4-16 (Fraser, The House of Windsor) ／図4-17 (Pope-Hennesy, Queen Mary) ／図5-1 (Bance, Sovereign, Squire & Revel) ／図5-2・3 (Bance, The Duleep Singhs) ／図5-4 (Bance, Sovereign, Squire & Revel) ／図5-5 (筆者撮影) ／図5-6 (Tillotson, The Indian Architecture) ／図5-7 (Singh, Polo in India) ／図5-8 (Codell, Power and Resistance) ／図5-9 (Tillotson, Umaid Bhawan Palace) ／図5-10 (Jackson, Maharaja) ／図5-11・12・13 (Codell, Power and Resistance) ／図6-1 (Prochaska, The Eagle and the Crown) ／図6-2・3 (Ziegler, King Edward VIII) ／図6-4 (Prochaska, The Eagle and the Crown) ／図6-5・6・7 (Macmillan, Mountbatten) ／図6-8 (Rose, King George V) ／図6-9 (Beckett, Clem Attlee) ／図6-10 (Volwahsen, Imperial Delhi) ／図6-11 (Metcalf, An Imperial Vision) ／図6-12 (Skelton, Lutyens and the Great War) ／図6-13 (Rose, King George V) ／図6-14 (Fraser, The House of Windsor) ／図6-15 (Daily, Herald) ／図6-16 (Judd, George VI) ／図6-17 (Shawcross, The Queen Mother) ／図6-18 (Wheeler-Bennett, King George VI) ／図6-19 (Fraser, The House of Windsor) ／図6-20 (Judd, George VI) ／図6-21 (Prochaska, The Eagle and the Crown) ／図6-22 (Shawcross, The Queen Mother) ／図6-23 (Fraser, The House of Windsor) ／図6-24 (Clarke, The Cripps Version) ／図6-25 (Brandreth, Philip) ／図6-26・27 (Macmillan, Mountbatten) ／図6-28 (Arnold, Hollow Heroes) ／図6-29 (Roberts, Hitler & Churchill) ／図7-1 (Cadbury, Queen Victoria's Matchmaking) ／図7-2 (Guha, India after Gandhi) ／図7-3・4 (Gadihoke, India in Focus) ／図7-5 (Cadbury, Queen Victoria's Matchmaking) ／図7-6・7 (筆者撮影) ／図7-8・9 (Gadihoke, India in Focus) ／図7-10 (Volwahsen, Imperial Delhi) ／図7-11 (Gadihoke, India in Focus) ／図7-12・13 (Guha, India after Gandhi) ／図7-14 (Macmillan, Mountbatten) ／図7-15 (Godihoke, India in Focus) ／図7-16 (Clarke, Prince Philip) ／図7-17 (Lownie, The Mountbattens) ／図7-18 (Wheeler-Bennett, King George VI) ／図7-19 (Brandreth, Philip) ／図8-1・2・3 (筆者撮影) ／図8-4 (Allen, Plain Tales from the Raj) ／図8-5 (Tillotson, The Indian Architecture) ／図8-6 (Guha, India After Gandhi) ／図8-7 (Losty, Delhi)

Vaishnav, Milan, *When Crime Pays: Money and Muscle in Indian Politics* (New Haven, CT: Yale University Press, 2017)

Varma, Pavan K., *The Great Indian Middle Class* (New Delhi: Penguin Books, 2007)

Vittachi, Varindra Tarzie, *The Brown Sahib (Revisited)* (New Delhi: Penguin Books (India), 1987)

Woodyatt, Nigel, *Under Ten Viceroys: The Reminiscences of a Gurkha* (London: Herbert Jenkins, 1922)

Ziegler, Philip, *Legacy: Cecil Rhodes, the Rhodes Trust and Rhodes Scholarships* (New Haven, CT: Yale University Press, 2008)

(London: Little, Brown & Company, 1997)
Mead, Walter Russell, *God and Gold: Britain, America, and the Making of the Modern World* (New York, NY: Alfred A. Knopf, 2007)
Menezes, S.L., *Fidelity and Honour: The Indian Army from the Seventeenth to the Twenty-First Century* (New Delhi: Viking, 1993)
Miller, Sam, *Delhi: Adventures in a Megacity* (New York, NY: St. Martin's Press, 2010)
Moreman, T. R., *The Army in India and the Development of Frontier Warfare, 1849-1947* (London: Palgrave Macmillan, 1998)
Nanda, Meera, *The God Market: How Globalization Is Making India More Hindu* (New York, NY: Monthly Review Press, 2009)
Niyogi Books (ed.), *White & Black: Journey to the Centre of Imperial Calcutta* (New Delhi: Niyogi Books, 2009)
Omissi, David, *The Sepoy and the Raj: The Indian Army, 1860-1940* (London: Macmillan, 1994)
Oxford University Press (ed.), *The Millennium Book on New Delhi* (New Delhi: Oxford University Press, 2001)
Phillips, Kevin, *The Cousins' Wars: Religion, Politics, Civil Warfare and the Triumph of Anglo-America* (New York, NY: Basic Books, 1999)
Porter, Bernard, *The Absent-Minded Imperialists: Empire, Society, and Culture in Britain* (Oxford: Oxford University Press, 2004)
Porter, Bernard, *Empire and Superempire: Britain, America and the World* (New Haven, CT: Yale University Press, 2006)
Republicworld.com (ed.), 'Kolkata's Iconic Victoria Memorial May Be Renamed as a Tribute to Netaji & Azad Hind Fauj', *Republicworld.com*, 21st January 2021
Roy, Kaushik, 'The Construction of Regiments in the Indian Army: 1859-1913', *War in History*, 8-2, 2001
Roy, Kaushik (ed.), *War and Society in Colonial India 1807-1945* (New Delhi: Oxford University Press, 2006)
Sharma, Gautam, *Nationalisation of the Indian Army* (New Delhi: Allied Publishers, 1996)
Siddiqa, Ayesha, *Military Inc.: Inside Pakistan's Military Economy* (London: Pluto Press, 2007)
Sriskandarajah, Dhananjayan, 'Gambia Exit Is Start of the End for a Timid Club', *The Guardian Weekly*, 11 October 2013
Streets, Heather, *Martial Races: The Military, Race and Masculinity in British Imperial Culture, 1857-1914* (Manchester: Manchester University Press, 2004)
Taylor, Joanne, *The Forgotten Palaces of Calcutta* (New Delhi: Niyogi Books, 2011)
Times of India, the (ed.), 'Don't Rename Victoria Memorial after Netaji: Kin', *The Times of India*, 22nd January 2021
Umar-Buratai, Mohammad Inuwa, *Performance as Art and Power: Durbar in India and Nigeria under Colonial Rule* (Saarbrücken: VDM Verlag Dr. Müller Atkiengesellschaft, 2010)

Dash, P.L. (ed.), *India and Central Asia: Two Decades of Transition* (New Delhi: Oxford University Press, 2012)
Devji, Faisal, *The Impossible Indian: Gandhi and the Temptation of Violence* (Cambridge, MA: Harvard University Press, 2012)
Economic Times, the (ed.), 'Those Outside "Family" Were Erased from Public Memory: Narendra Modi', *The Economic Times*, 11th November 2013
Economist, the (ed.), 'Old Soldiers Fade Away: Gurkhas in Nepal', *The Economist*, August 1st 2009
Economist, the (ed.), 'Banyan: The Meaning of Sachin', *The Economist*, 19 October 2013
Economist, the (ed.), 'Banyan: Where the Raj Lives On', *The Economist*, 11 May 2019
Fergusson, Niall, *Colossus: The Rise and Fall of the American Empire* (London: Allen Lane, 2004)
Gould, Tony, *Imperial Warriors: Britain and the Gurkhas* (London: Granta Books, 1999)
Green, Nile, *Islam and the Army in Colonial India: Sepoy Religion in the Service of Empire* (Cambridge: Cambridge University Press, 2009)
Guha, Ramachandra (ed.), *Makers of Modern Asia* (Cambridge, MA: The Belknap Press of Harvard University Press, 2014)
Gupta, Partha Sarathim, and Anirudh Deshpande (eds.), *The British Raj and Its Indian Armed Forces 1857-1939* (New Delhi: Oxford University Press, 2002)
Heathcote, T.A., *The Military in British India: The Development of British Land Forces in South Asia, 1600-1947* (Manchester: Manchester University Press, 1995)
India TV News (ed.), 'From LAC to LOC, World Witnessing India's Powerful Avatar Once Envisioned by Netaji: PM Modi', *India TV News*, 23 January 2021
Jaishankar, S., *Why Bharat Matters* (New Delhi: Rupa, 2024)
Kagan, Robert, *Of Paradise and Power* (New York, NY: Alfred A. Knopf, 2003)
Keegan, John, 'Better at Fighting: How the "Martial Races" of the Raj still Monopolize Service in the Indian Army', *Times Literary Supplement*, 24 February 1995
Kenny, Michael, and Nick Pearce, *Shadows of Empire: The Anglosphere in British Politics* (Cambridge: Polity Press, 2018)
Khalidi, Omar, 'Ethnic Group Recruitment in the Indian Army: The Contrasting Cases of Sikhs, Muslims, Gurkhas and Others', *Pacific Affairs*, Winter 2001-2002
Khalidi, Omar, 'Ethnic Group Recruitment in the Indian Army', *Radiance*, 37-12, 2002
Khalidi, Omar, 'Ethnic Group Recruitment in the Indian Army - III', *Radiance*, 37-13, 2002
Killingray, David, and David Omissi (eds.), *Guardians of Empire: The Armed Forces of the Colonial Powers c. 1700–1964* (Manchester: Manchester University Press, 2000)
Kundu, Apurba, *Militarism in India: The Army and Civil Society in Consensus* (London: Tauris Academic Studies, 1998)
Laughland, John, *The Tainted Source: The Undemocratic Origins of the European Idea*

近藤正規『インド—グローバル・サウスの超大国』中公新書、2023年
S・ジャイシャンカル（笠井亮平訳）『インド外交の流儀—先行き不透明な世界に向けた戦略』白水社、2022年
鈴木博之他編『シリーズ　都市・建築・歴史　6　都市文化の成熟』東京大学出版会、2006年
田所昌幸編『素顔の現代インド（東アジア研究所講座）』慶應義塾大学出版会、2021年
ウィリアム・ダルリンプル（柴田裕之訳）『精霊の街デリー——北インド十二か月』凱風社、1996年
西原正・堀本武功編『軍事大国化するインド』亜紀書房、2010年
広瀬公巳『インドが変える世界地図—モディの衝撃』文春新書、2019年
堀本武功『インド現代政治史—独立後半世紀の展望』刀水書房、1997年
堀本武功『インド—グローバル化する巨象』岩波書店、2007年
堀本武功、村山真弓、三輪博樹編『これからのインド—変貌する現代世界とモディ政権』東京大学出版会、2021年
本田毅彦「インド独立後のヴィクトリア・メモリアル・ホール（コルカタ）」『京都女子大学大学院文学研究科紀要・史学編』21号、2022年
本田毅彦「インド社会の英字新聞は、1911年インペリアル・ダーバー100周年をどのように回想したのか」『史窗』80号、2023年
宮田律『南アジア—世界暴力の発信源』光文社新書、2009年
ギデオン・ラックマン（村井浩紀監訳）『強権的指導者の時代—民主主義を脅かす世界の新潮流』日本経済新聞社、2022年
C・ダグラス・ラミス『ガンジーの危険な平和憲法案』集英社新書、2009年

Almond, Ian, *The Thought of Nirad C. Chaudhuri* (Cambridge: Cambridge University Press, 2015)
Basu, Manisha, *The Rhetoric of Hindu India: Language and Urban Nationalism* (Cambridge: Cambridge University Press, 2017)
Biswas, Soutik, 'Why are India's Media under Fire?', *BBC News*, 12 January 2012
Business Standard (ed.), 'One of Netaji's Relics at Ongoing Victoria Memorial Exhibition Fake: Expert', *Business Standard*, 7 February 2021
Chamberlain, Gethin, 'Indian Police Killing Recorded', *Guardian Weekly*, 14 August 2009
Cohen, Stephen P., *The Indian Army: Its Contribution to the Development of a Nation* (Berkeley, CA: University of California Press, 1971)
Cohen, Stephen P., *The Pakistan Army* (Berkeley, CA: University of California Press, 1984)
Crabtree, James, *The Billionaire Raj: A Journey Through India's New Gilded Age* (London: Oneworld, 2018)
Curtis, Mark, *The Great Deception: Anglo-American Power and World Order* (London: Pluto Press, 1998)
Dasgupta, Swapan, *Awakening Bharat Mata: The Political Beliefs of the Indian Right* (Gurugram: Penguin Random House India, 2019)

Brandreth, Gyles, *Philip: The Final Portrait* (London: Hodder & Stroughton, 2021)
Chatterjee, Gayatri, *Mother India* (London: British Film Institute, 2002)
Clarke, Deborah, and Sally Goodsir, *Prince Philip 1921-2021: A Celebration* (London: Royal Collection Trust, 2021)
Dwyer, Rachel, and Divia Patel, *Cinema India: The Visual Culture of Hindi Film* (London: Reaktion Books, 2002)
Eade, Philip, *Prince Philip: The Turbulent Early Life of the Man Who Married Queen Elizabeth II* (New York, NY: St. Martin's Grifin, 2011)
Economist, the (ed.), 'Running into the Sand', *The Economist*, 14 August 2010
Guha, Ramachandra, *India After Gandhi: The History of the World's Largest Democracy* (New York: Harper Perennial, 2008)
Hasan, Mushirul (ed.), *Nehru's India: Select Speeches* (New Delhi: Oxford University Press, 2007)
Khosla, G.D., *Memory's Gay Chariot: An Autobiographical Narrative* (New Delhi: Allied Publishers, 1985)
Knatchbull, Timothy, *From a Clear Blue Sky: Surviving the Mountbatten Bomb* (London: Hutchinson, 2009)
Lieven, Anatol, *Pakistan: A Hard Country* (New York, NY: Public Affairs, 2011)
Lloyd, Ian, *The Duke: 100 Chapters in the Life of Prince Philip* (Cheltenham, Gloucestershire: The History Press, 2021)
Mukerji, Mohan, and Ramesh K. Arora (eds.), *The Collectors Recollect* (Jaipur: R.B.S.A. Publishers, 1987)
Panjabi, Kewal L., *Rajendra Prasad: First President of India* (London: Macmillan, 1960)
Paul, T.V., *The Warrior State: Pakistan in the Contemporary World* (Oxford: Oxford University Press, 2014)
Sinha, Babli (ed.), *South Asian Transnationalism: Cultural Exchange in the Twentieth Century* (New York, NY: Routledge, 2012)
Talbot, Ian, *Pakistan: A Modern History* (New York, NY: St Martin's Press, 1998)

■第8章

伊藤融『新興大国インドの行動原理―独自リアリズム外交のゆくえ』慶應義塾大学出版会、2020年
笠井亮平『モディが変えるインド―台頭するアジア巨大国家の「静かな革命」』白水社、2017年
笠井亮平『『RRR』で知るインド近現代史』文春新書、2024年
君塚直隆『女王陛下の外交戦略―エリザベス二世と「三つのサークル」』講談社、2008年
君塚直隆他編『イギリスとアメリカ―世界秩序を築いた四百年』勁草書房、2016年
スティーヴン・フィリップ・コーエン（堀本武功訳）『アメリカはなぜインドに注目するのか―台頭する大国インド』明石書店、2003年
スティーブン・コーエン、スニル・ダスグプタ（斎藤剛訳）『インドの軍事力近代化―その歴史と展望』原書房、2015年

Study in Imperfect Mobilization (Delhi: Oxford University Press, 1978)
Philips, Adrian, *The King Who Had to Go: Edward VIII, Mrs Simpson and the Hidden Politics of the Abdication Crisis* (London: Biteback Publishing, 2018)
Powell, Ted, *King Edward VIII: An American Life* (Oxford: Oxford University Press, 2018)
Rappaport, Helen, *The Race to Save the Romanovs: The Truth behind the Secret Plans to Rescue the Russian Imperial Family* (New York, NY: St Martin's Press, 2018)
Read, Anthony, *The World on Fire: 1919 and the Battle with Bolshevism* (New York, NY: W.W. Norton & Company, 2008)
Reed, Stanley, and P.R. Cadell, *India: The New Phase* (London: Phillip Allan, 1928)
Roberts, Andrew, *'The Holy Fox': A Life of Lord Halifax* (London: George Weidenfeld & Nicolson, 1991)
Shawcross, William, *The Queen Mother: The Official Biography* (New York, NY: Alfred A. Knopf, 2009)
Singh, Bhawani, *Council of States in India: A Structural and Functional Profile* (Delhi: Meenakshi Prakashan, 1973)
Suchitra, 'What Moves Masses: Dandi March as Communication Strategy', *Economic and Political Weekly*, 30-14, 1995
Taylor, S.J., *The Great Outsiders: Northcliffe, Rothermere and the Daily Mail* (London: Weidenfeld & Nicolson, 1996)
Thompson, J. Lee, *Politicians, the Press, and Propaganda: Lord Northcliffe and the Great War, 1914-1919* (Kent, OH: Kent State University Press, 2000)
Weisbrode, Kenneth, *Churchill and the King: The Wartime Alliance of Winston Churchill and George VI* (New York, NY: Viking Penguin, 2013)
Wheeler-Bennett, John W., *King George VI: His Life and Reign* (London: Macmillan, 1958)
Ziegler, Philip, *King Edward VIII: A Biography* (New York, NY: Ballantine Books, 1990)
Ziegler, Philip, *George VI: The Dutiful King* (London: Penguin Books, 2018)

■第7章

滋賀美和子『近代インドのエリートと民衆―民族主義・共産主義・非バラモン主義の競合』有志舎、2018年
本田毅彦「インド共和国の日とデリー・ダーバー」『帝京史学』25号、2010年
アミール・ミール（津守滋、津守京子訳）『ジハード戦士　真実の顔―パキスタン発＝国際テロネットワークの内側』作品社、2008年

Bakhsh, Ilahi, *With the Quaid-i-Azam during His Last Days* (Karachi: Oxford University Press, 2011)
Belokrenisty, Vyacheslav Y., and Vladimir N. Moskalenko, *A Political History of Pakistan 1947-2007* (Karachi: Oxford University Press, 2013)
Bonarjee, N.B., *Under Two Masters* (London: Oxford University Press, 1970)

of the Press (London: Weidenfeld & Nicolson, 1989)
Conradi, Peter, *Hot Dogs and Cocktails: When FDR Met King George VI at the Hyde Park on Hudson* (London: Alma Books, 2013)
Craddock, Reginald, *The Dillemma in India* (London: Constable, 1929)
Cumming, John (ed.), *Political India 1832-1932: A Co-operative Survey of a Century* (London: Oxford University Press, 1932)
Curtis, Lionel, *Letters to the People of India on Responsible Government* (London: Macmillan, 1918)
Curtis, L., *Papers Relating to the Application of the Principle of Dyarchy to the Government of India to Which Are Appended the Report of the Joint Select Committee and the Government of India Act, 1919, with an Introduction by L. Curtis* (Oxford: Oxford University Press, 1920)
Dove, Marguerite, *Fortified Future: The Conflict over Congress Ministries, 1933-1937* (Delhi: Chanakya Publications, 1987)
Fraser, Antonio (ed.), *The House of Windsor* (Berkley, CA: University of California Press, 2000)
Gordon, Leonard A., 'Mahatma Gandhi's Dialogues with Americans', *Economic and Political Weekly,* 37-4, 2002
Guha, Ramachandra, *Gandhi Before India* (London: Allen Lane, 2013)
Hendy, David, *The BBC: A People's History* (London: Profile Books, 2022)
Ilbert, Courtnay, and James Meston, *The New Constitution of India* (London: University of London Press, 1923)
Isherwood, Ian Andrew, *Remembering the Great War: Writing and Publishing the Experiences of World War I* (London: I.B. Tauris, 2017)
Jennings, Charles, *Them and Us: The American Invasion of British High Society* (Stroud, Gloucestershire: Sutton Publishing, 2007)
Judd, Denis, *George VI* (London: I.B. Tauris, 2012)
Kaul, Gautam, *Cinema and the Indian Freedom Struggle, Covering the Subcontinent* (New Delhi: Sterling Publishers, 1998)
Louis, Wm. Roger, *In the Name of God, Go!: Leo Amery and the British Empire in the Age of Churchill* (New York, NY: W.W. Norton & Company, 1992)
Low, D.A. (ed.), *Congress and the Raj: Facets of the Indian Struggle 1917-47* (New Delhi: Arnold-Heinemann, 1977)
McCrillis, Neal R., *The British Conservative Party in the Age of Universal Suffrage: Popular Conservatism, 1918-1929* (Columbus, OH: Ohio State University Press, 1998)
Merridale, Catherine, *Lenin in the Train* (New York, NY: Metropolitan Books, 2017)
Montmorency, Geoffrey de, *The Indian States and Indian Federation* (Cambridge: Cambridge University Press, 1942)
Owen, Nicholas, *The British Left and India: Metropolitan Anti-Imperialism, 1885-1947* (Oxford: Oxford University Press, 2007)
Pandey, Gyanendra, *The Ascendancy of the Congress in Uttar Pradesh 1926-34: A*

松本健一『大川周明』岩波現代文庫、2004年
水谷三公『イギリス王室とメディア—エドワード大衆王とその時代』筑摩書房、1995年
ジャイルズ・ミルトン（築地誠子訳）『レーニン対イギリス秘密情報部』原書房、2016年
ヴェド・メータ（植村昌夫訳）『ガンディーと使徒たち—「偉大なる魂」の神話と真実』新評論、2004年
山本文史『日英開戦への道—イギリスのシンガポール戦略と日本の南進策の真実』中央公論新社、2016年
マーク・ローグ、ピーター・コンラディ（安達まみ訳）『英国王のスピーチ—王室を救った男の記録』岩波書店、2012年

Ahmad, Syed Nur, edited by Craig Baxter, from a translation from the Urdu by Mahmud Ali, *From Martial Law to Martial Law: Politics in the Punjab, 1919-1958* (Boulder, CO: Westview Press, 1985)
Anduaga, Aitor, *Wireless and Empire: Geopolitics, Radio Industry, and Ionosphere in the British Empire, 1918-1939* (Oxford: Oxford University Press, 2009)
Ascherson, Neal, 'What if Churchill Had Sued for Peace in 1941', *The Independent on Sunday,* 10 January 1993
Beckett, Ian F.W., 'Turkey's Momentous Moment', *History Today,* June 2013
Bradford, Sarah, *King George VI* (London: Weidenfeld & Nicolson, 1989)
Bradley, Ben, 'The Haripura Session', *Labour Monthly,* 4, 1938
Brown, Judith M., *Gandhi's Rise to Power: Indian Politics 1915-1922* (Cambridge: Cambridge University Press, 1972)
Brown, Judith M., *Gandhi and Civil Disobedience: The Mahatma in Indian Politics 1928-1934* (Cambridge: Cambridge University Press, 1977)
Brown, Judith M., *Gandhi: Prisoner of Hope* (New Haven, CT: Yale University Press, 1989)
Brown, Judith M., 'Gandhi, Mohandas Karamchand', in H.C.G. Matthew and Brian Harrison (eds.), *Oxford Dictionary of National Biography* (Oxford: Oxford University Press, 2004)
Bruce, Charles, *The True Temper of Empire: With Corollary Essays* (London: Macmillan, 1912)
Cadbury, Deborah, *Princes at War: The Bitter Battle inside Britain's Royal Family in the Darkest Days of WWII* (New York, NY: Public Affairs, 2015)
Carter, Miranda, 'George V: How to Keep Your Crown', *History Today,* October 2009
Carthill, Al., *The Lost Dominion* (Edinburgh: William Blackwood and Sons, 1924)
Cell, John W., *Hailey: A Study in British Imperialism, 1872-1969* (Cambridge: Cambridge University Press, 1992)
Chapman, James, *The British at War: Cinema, State and Propaganda, 1939-1945* (London: I.B. Tauris, 2000)
Charmley, John, *Chamberlain and Lost Peace* (Chicago, IL: Ivan R. Dee, 1989)
Chirol, Valentine, *India Old and New* (London: Macmillan, 1921)
Cockett, Richard, *Twilight of Truth: Chamberlain, Appeasement and the Manipulation*

Trench, Charles Chenevix, *Viceroy's Agent* (London: Jonathan Cape, 1987)
Wakefield, Edward, *Past Imperative: My Life in India 1927-1947* (London: Chatto & Windus, 1966)
Williamson, Margaret D., *Memoirs of a Political Officer's Wife in Tibet, Sikkim and Bhutan* (London: Wisdom Publications, 1987)
Worswick, Clark, *Princely India: Photographs by Raja Deen Dayal 1884-1910* (New York, NY: Alfred A. Knopf, 1980)

■第6章

大田信良『帝国の文化とリベラル・イングランド―戦間期イギリスのモダニティ』慶應義塾大学出版会、2010年
大塚健洋『大川周明―ある復古革新主義者の思想』講談社学術文庫、2009年
河西晃祐『帝国日本の拡張と崩壊―「大東亜共栄圏」への歴史的展開』法政大学出版局、2012年
木村和男『イギリス帝国連邦運動と自治植民地』創文社、2000年
クリストファー・クラーク（小原淳訳）『夢遊病者たち―第一次世界大戦はいかにして始まったか（1・2巻)』みすず書房、2017年
マリオン・クローフォード（中村妙子訳）『王女物語―エリザベスとマーガレット』みすず書房、2020年
W・シヴェルブシュ（小野清美、原田一美訳）『三つの新体制―ファシズム、ナチズム、ニューディール』名古屋大学出版会、2015年
津田博司『戦争の記憶とイギリス帝国―オーストラリア、カナダにおける植民地ナショナリズム』刀水書房、2012年
角田房子『いっさい夢にござ候―本間雅晴中将伝』中央公論社、1972年
チャールズ・ハイアム（尾島恵子訳）『王冠を賭けた恋―ウィンザー公爵夫人の華麗な人生』主婦の友社、1990年
アーサー・ハーマン（田中洋二郎、守田道夫訳）『ガンディーとチャーチル(上)―1857-1929』白水社、2018年
アーサー・ハーマン（田中洋二郎、守田道夫訳）『ガンディーとチャーチル(下)―1929-1965』白水社、2018年
原麻里子、柴山哲也編『公共放送BBCの研究』ミネルヴァ書房、2011年
藤山一樹『イギリスの対独「宥和」一九二四－一九三〇年―ヨーロッパ国際秩序の再編』慶応義塾大学出版会、2019年
アントニー・ベスト（武田知己訳）『大英帝国の親日派―なぜ開戦は避けられなかったか』中央公論新社、2015年
細谷千博編『日英関係史　1917-49』東京大学出版会、1982年
ピーター・ホップカーク（京谷公雄訳）『東方に火をつけろ―レーニンの野望と大英帝国』ＮＴＴ出版、1995年
本田毅彦「イギリス国王のクリスマス・メッセージの由来を考える」『京都メディア史研究年報』2号、2016年
本田毅彦「最後のデリー・ダーバーはなぜ回避されたのか―1930年代後半の英領インドをめぐる諸情勢」『史窗』78号、2021年

Llewellyn-Jones, Rosie (ed.), *Portraits in Princely India 1700-1947* (Mumbai: Marg Publications, 2008)

Losty, J.P., and Malini Roy, *Mughal India: Art, Culture and Empire* (London: The British Library, 2013)

Losty, J.P., and Malini Roy, *The Mughals: Life, Art and Culture: Mughal Manuscripts and Paintings in the British Library* (New Delhi: Roli Books, 2014)

Lothian, Arthur Cunningham, *Kingdoms of Yesterday* (London: John Murray, 1951)

Luther, Narendra, *Raja Deen Dayal: Prince of Photographers* (Hyderabad: Creative Point, 2003)

MacDougall, David, 'Photo Hierarchicus: Sign and Mirrors in Indian Photography', *Visual Anthropology,* 5, 1992

Menon, K.P.S., *Many Worlds Revisited* (Bombay: Bharatiya Vidya Bhavan, 1965)

Mitter, Partha, 'Art and Nationalism in India', *History Today,* July 1982

Moore, Lucy, *Maharanis: The Extraordinary Tale of Four Indian Queens and Their Journey from Purdah to Parliament* (New York, NY: Viking, 2004)

Mulay, Vijaya, *From Rajahs and Yogis to Gandhi and Beyond: Images of India in International Films of the Twentieth Century* (Calcutta: Seagull Books, 2010)

Nayar, Pramod K. (ed.), *Indian Travel Writing 1830-1947,* Vols. 1-5 (London: Routledge, 2016)

Nuckolls, Charles W., 'The Durbar Incident', *Modern Asian Studies,* 24-3, 1990

Pal, Deepanjana, *The Painter: A Life of Ravi Varma* (Noida: Random House India, 2009)

Ramusack, Barbara N., *The Princes of India in the Twilight of Empire: Dissolution of a Patron-Client System, 1914-1939* (Columbus, OH: Ohio State University Press, 1978)

Ray, Bharati, *Hyderabad and British Paramountcy, 1858-1883* (Delhi: Oxford University Press, 1988)

Rogers, J.M., *Mughal Miniatures* (London: The British Museum Press, 1993)

Rudolph, Susanne Hoeber, Lloyd I. Rudolph and Mohan Singh Kanota, *Reversing the Gaze: Amar Singh's Diary, A Colonial Subject's Narrative of Imperial India* (New Delhi: Oxford University Press, 2000)

Singh, Amarinder, *The Last Sunset: The Rise and Fall of the Lahore Durbar* (New Delhi: Roli Books, 2010)

Singh, Jaisal, *Polo in India* (New Delhi: Roli Books, 2007)

Stewart, John, *Envoy of the Raj: The Career of Sir Clarmont Skrine* (Maidenhead, Buckinghamshire: Porpoise Books, 1989)

Tillotson, Giles, *Mehrangarh: Jodhpur Fort and Palace Museum* (Jodhpur: Mehrangarh Museum Trust, 2010)

Tillotson, Giles, *Nagaur: A Garden Palace in Rajasthan* (Jodhpur: Mehrangarh Museum Trust, 2010)

Tillotson, Giles, *Umaid Bhawan Palace* (Jodhpur: Mehrangarh Museum Trust, 2011)

Trautmann, Thomas R., *Arthashastra: The Science of Wealth* (Delhi: Allen Lane, 2012)

本田毅彦「英領インド帝国絶頂期の政治儀礼とメディア」『メディア史研究』39号、2016年
本田毅彦「インペリアル・ダーバーに関する視覚メディア史的研究の現状と展望」『京都女子大学大学院文学研究科研究紀要・史学編』18号、2019年

Ahluwalia, Roda, *Rajput Painting: Romantic, Divine and Courtly Art from India* (London: The British Museum Press, 2008)
Ashton, S.R., *British Policy Towards the Indian States 1905-1939* (London: Curzon Press, 1982)
Balzani, Marzia, *Modern Indian Kingship: Tradition, Legitimacy and Power in Rajasthan* (Oxford: James Currey, 2003)
Bance, Peter, *The Duleep Singhs: The Photograph Album of Queen Victoria's Maharajah* (Stroud, Gloucestershire: Sutton Publishing, 2004)
Bance, Peter, *Sovereign, Squire and Rebel: Maharajah Duleep Singh and the Heirs of a Lost Kingdom* (London: Coronet House, 2009)
Bayly, Christopher, 'Exhibiting the Imperial Image', *History Today,* October 1990
Beverley, Eric Lewis, *Hyderabad, British India, and the World: Muslim Networks and Minor Sovereignty, c. 1850-1950* (Cambridge: Cambridge University Press, 2015)
Brend, Barbara, *The Emperor Akbar's Khamsa of Nizami* (London: The British Library, 1995)
Chawla, Rupika, *Raja Ravi Varma: Painter of Colonial India* (Ahmedabad: Mapin, 2010)
Copland, Ian, *The British Raj and the Indian Princes: Paramountcy in Western India 1857-1930* (Bombay: Orient Longman, 1982)
Dalrymple, William, and Yuthika Sharma (eds.), *Princes and Painters in Mughal Delhi, 1707-1857* (New York, NY: Asia Society Museum, 2012)
Dewan, Deepali, and Deborah Hutton, *Raja Deen Dayal: Artist Photographer in 19th-Century India* (Ahmedabad: Mapin, 2013)
Ellinwood Jr., DeWitt C., *Between Two Worlds: A Rajput Officer in the Indian Army, 1905-21, Based on the Diary of Amar Singh of Jaipur* (Lanham, MD: Hamilton Books, 2005)
Fitze, Kenneth, *Twilight of the Maharajas* (London: John Murray, 1956)
Galloway, Francesca, *Global India: Court Trade and Influence 1300-1900* (London: author, 2009)
Gutman, Judith Mara, *Through Indian Eyes* (New York, NY: Oxford University Press, 1982)
Habib, Irfan (ed.), *Akbar and His India* (New Delhi: Oxford University Press, 1997)
Jackson, Anna, and Amin Jaffer (eds.), *Maharaja: The Splendour of India's Royal Courts* (London: V&A Publishing, 2009)
Jeffrey, Robin (ed.), *People, Princes and Paramount Power: Society and Politics in the Indian Princely States* (Delhi: Oxford University Press, 1978)
Kamerkar, Mani, *British Paramountcy: British-Baroda Relations 1818-1848* (Bombay: Popular Prakashan, 1980)

Photographs of the Recipients of Honours on the 12th December, 1911, Together with an Illustrated Account of the Visit of Their Imperial Majesties the King-Emperor and Queen-Empress to India and the Coronation Durbar (Lucknow: Newul Kisore, 1912)
Omissi, David (selected and introduced by), *Indian Voices of the Great War: Soldiers' Letters, 1914-18* (London: Palgrave Macmillan, 1999)
Pope-Hennessy, James, *Queen Mary 1867-1953* (New York, NY: Alfred A. Knopf, 1960)
Prior, Katherine, 'Hardinge, Charles, first Baron Hardinge of Penshurst', in H.C.G. Matthew and Brian Harrison (eds.), *Oxford Dictionary of National Biography* (Oxford: Oxford University Press, 2004)
Raman, Sunil, and Rohit Agarwal, *Delhi Durbar 1911: Complete History* (New Delhi: Roli Books, 2012)
Renton-Denning, J., *Delhi: The Imperial City* (Bombay: author, 1911)
Rose, Kenneth, *King George V* (London: Weidenfeld & Nicolson, 1983)
Singh, Malvika, and Rudrangshu Mukherjee, *New Delhi: Making of a Capital* (New Delhi: Roli Books, 2009)
Sinha, P. Babli, 'Entertaining the Raj: Cinema and the Cultural Intersections of the United States, Britain, and India in the Early Twentieth Century', Ph D dissertation submitted to the University to Chicago, 2006
Skelton, Tim, and Gerald Gliddon, *Lutyens and the Great War* (London: Frances Lincoln, 2008)
Spear, Percival, *A History of Delhi under the Later Mughuls* (Delhi: Kanishka Publishing House, 1988)
Spear, T.G.P., updated and annotated by Narayani Gupta and Laura Sykes, *Delhi: Its Monuments and History* (Delhi: Oxford University Press, 1994)
Stamp, Gavin, *Edwin Lutyens: Country Houses* (London: Aurum Press, 2001)
Stamp, Gavin, *The Memorial to the Missing of the Somme* (London: Profile Books, 2006)
Superintendent Government Printing, India (ed.), *Coronation Durbar, Delhi, 1911* (Calcutta: Superintendent Government Printing, India, 1911)
Times, the (ed.), *India and the Durbar: A Reprint of the Indian Articles in the "Empire Day" Edition of the Times, May 24th, 1911* (London: Macmillan, 1911)
Varma, Pavan (ed.), *The Millennium Book on New Delhi* (New Delhi: Oxford University Books, 2001)
Volwahsen, Andreas, *Imperial Delhi: The British Capital of the Indian Empire* (Munich: Prestel, 2002)

■第5章

ウィリアム・ダルリンプル、アニタ・アナンド（杉田七重訳）『コ・イ・ヌール―美しきダイヤモンドの血塗られた歴史』東京創元社、2019年
福岡アジア美術館編『魅せられて、インド。―日本のアーティスト／コレクターの眼』福岡アジア美術館、2012年

Fanshawe, H.C., *Delhi: Past and Present* (Gurgaon: Vintage Books, 1991)

Finnemore, John, *Delhi and the Durbar; with Twelve Full-page Illustrations in Colour by Mortimer Menpes* (London: A. and C. Black, 1912)

Fitch, M.E., *Happy Holidays in India at the Time of the Last Durbar* (Pasadena, CA: The News Printing Company, 1911)

Fortesque, John, *Narrative of the Visit to India of Their Majesties, King George V. and Queen Mary: and of the Coronation Durbar Held at Delhi, 12th December, 1911* (London: Macmillan, 1912)

Frykenberg, R.E. (ed.), *Delhi through the Ages: Essays in Urban History, Culture, and Society* (Delhi: Oxford University Press, 1986)

Ganachari, Aravind, 'First World War: Purchasing Indian Loyalties, Imperial Policy of Recruitment and Rewards', *Economic and Political Weekly*, 40-8, 2005

Garga, B.D., *From Raj to Swaraj: The Non-fiction Film in India* (New Delhi: Viking, 2007)

Government of India (ed.), *Coronation Durbar Delhi 1911: Official Directory with Maps* (Calcutta: Calcutta Government Printing Office, 1911)

Greenberg, Allan, *Lutyens and the Modern Movement* (London: Papadakis Publisher, 2007)

Gupta, Narayani, *Delhi between Two Empires, 1803-1931: Society, Government and Urban Growth* (Delhi: Oxford University Press, 1981)

Hosagrahar, Jyoti, *Indigenous Modernities: Negotiating Architecture and Urbanism* (London: Routledge, 2005)

Howard, Michael (introduced by), *A Part of History: Aspects of the British Experience of the First World War* (London: Continuum, 2008)

Ilbert, Courtenay, *The Coronation Durbar and Its Consequences: A Second Supplementary Chapter to the Government of India* (Oxford: Oxford University Press, 1913)

Irving, Robert Grant, *Indian Summer: Lutyens, Baker, and Imperial Delhi* (New Haven, CT: Yale University Press, 1981)

Kapstein, T. (ed.), *The Presence of Light: Divine Radiance and Religious Experience* (Chicago, IL: The University of Chicago Press, 2004)

Kenny, Kevin (ed.), *Ireland and the British Empire* (Oxford: Oxford University Press, 2004)

Kuwajima, Sho, *Indian Mutiny in Singapore (1915)* (Calcutta: Ratna Prakashan, 1991)

Legg, Stephen, *Spaces of Colonialism: Delhi's Urban Governmentalities* (Malden, MA: Balckwell Publishing, 2007)

Losty, J.P. (ed.), *Delhi: Red Fort to Raisina* (New Delhi: Roli Books, 2012)

McKernan, Luke, '"The Modern Elixir of Life": Kinemacolor, Royalty and the Delhi Durbar', *Film History*, 21, 2009

McMeekin, Sean, *The Berlin-Baghdad Express: The Ottoman Empire and Germany's Bid for World Power* (London: Penguin Books, 2010)

Newul Kisore (ed.), *Supplement to Who's Who in India: Containing Lives and*

永冶日出雄「インドにおける映画興行の伝来と映画製作の黎明―シネマトグラフの世界的浸透（その6)」『愛知教育大学研究報告』（人文・社会科学編）48号、1999年
布野修司、山根周『ムガル都市―イスラーム都市の空間変容』京都大学学術出版会、2008年
ロバート・ホーム（布野修司、安藤正雄監訳）『植えつけられた都市―英国植民都市の形成』京都大学学術出版会、2001年
本田毅彦「1911年デリー・ダーバーとジョージ五世―国王＝皇帝によるインド社会との対面的コミュニケーションの試み」『史窗』75号、2018年
桝屋友子『すぐわかるイスラームの美術―建築・写本芸術・工芸』東京美術、2009年
水谷三公『王室・貴族・大衆―ロイド・ジョージとハイ・ポリティックス』中公新書、1991年
武藤浩史編『愛と戦いのイギリス文化史　1900-1950年』慶應義塾大学出版会、2007年
吉村道男「ジョージ五世戴冠式前後の国際情勢と日本の対応」『政治経済史学』370号、1997年
吉村道男「第一次世界大戦末期における情報戦下の日本―在米インド人といわゆる「独探」問題」『政治経済史学』400号、1999年

Archæological Survey of India (ed.), *Loan Exhibition of Antiquities, Coronation Durbar, 1911: An Illustrated Section of the Principal Exhibits* (Delhi: Archæological Survey of India, 1911)
Aslet, Clive, 'The Jewel in the Crown', *Country Life*, 205-8, 2011
Bakshi, S.R., and Suresh K. Sharma (eds.), *Delhi Through Ages, Vol. 3: Modern Delhi* (New Delhi: Anmol, 1995)
Barker, Michael, *Sir Edwin Lutyens: An Illustrated Life of Sir Edwin Lutyens* (Princes Risborough, Buckinghamshire: Shire Publications, 2005)
Bottomore, Stephen, '"Have You Seen the Gaekwar Bob?": Filming the 1911 Delhi Durbar', *Historical Journal of Film, Radio and Television*, 17-3, 1997
Brown, Jane, *Lutyens and the Edwardians: An English Architect and his Clients* (London: Viking, 1996)
Burroughs Welcome (ed.), *The King Emperor and His Dominions: Souvenir of the Coronation Durbar of H. I. M. George V, Delhi, December 1911* (New York, NY: Burroughs Welcome, 1911?)
Cannadine, David, *George V: The Unexpected King* (London: Allen Lane, 2014)
Carter, Miranda, *George, Nicholas and Wilhelm: Three Royal Cousins and the Road to World War I* (New York, NY: Vintage Books, 2009)
Charmley, John, *Splended Isolation?: Britain and the Balance of Power 1874-1914* (London: Hodder and Stroughton, 1999)
Clay, Catrine, *King, Kaisar, Tsar: Three Royal Cousins Who Led the World to War* (New York, NY: Walker Publishing, 2006)
Douglas-Home, Jessica, *A Glimpse of Empire* (Wilby, Norwich: Michael Russell, 2011)
Evenson, Norma, *The Indian Metropolis: A View Toward the West* (New Haven, CT: Yale University Press, 1989)

2004)
Nicolson, Nigel, *Mary Curzon* (London: Weidenfeld & Nicolson, 1977)
Otte, T.G., *The China Question: Great Power Rivalry and British Isolation, 1894-1905* (Oxford: Oxford University Press, 2007)
Pinney, Christopher, *The Coming of Photography in India* (London: The British Library, 2008)
Ramamurthy, Anandi, *Imperial Persuaders: Images of Africa and Asia in British Advertising* (Manchester: Manchester University Press, 2003)
Roberts, Andrew, *Salisbury: Victorian Titan* (London: Weidenfeld & Nicolson, 1999)
Rose, Kenneth, *Curzon: A Most Superior Person: A Biography* (London: Macmillan, 1985)
Rush, Michael, *The Role of the Member of Parliament since 1868* (Oxford: Oxford University Press, 2001)
Sharma, Pramila, *Curzon˜Nama: Autocrat Curzon Unconqueable India* (Mumbai: Eshwar, 1999)
Symonds, Richard, *Oxford and Empire: The Last Lost Cause?* (Oxford: Oxford University Press, 1992)
Talcherkar, Harischandra A., *Lord Curzon in Indian Caricature: Being a Collection of Cartoons* (Bombay: Babajee Sakharam, 1903)
Tillotson, G.H.R., *The Tradition of Indian Architecture: Continuity, Controversy and Change since 1850* (New Haven, CT: Yale University Press, 1989)
Tinker, Hugh, *Viceroy: Curzon to Mountbatten* (Oxford: Oxford University Press, 1997)
Vaughan, Philippa (ed.), *The Victoria Memorial Hall Calcutta: Conception, Collections, Conservation* (Mumbai: Marg Publications, 1997)
Volwahsen, Andreas, *Splendours of Imperial India: British Architecture in India in the 18th and 19th Centuries* (Munich: Prestel, 2004)
Wheeler, Stephen, *History of the Delhi Coronation Durbar Held on the First of January 1903 to Celebrate the Coronation of His Majesty King Edward VII, Emperor of India/Compiled from Official Papers by Order of the Viceroy and Governor-General of India* (London: John Murray, 1904)
Worsthorne, Peregrine, *In Defence of Aristocracy* (London: HarperCollins, 2004)
Yallnd, Zoë, *Boxwallahs: The British in Cawnpore 1857-1901* (Wilby, Norwich: Michael Russell, 1994)

■第4章

飯塚キヨ『植民都市の空間形成』大明堂、1985年
君塚直隆『ジョージ五世―大衆民主政治時代の君主』日本経済新聞出版、2011年
桑島昭「第一次世界大戦とアジア―シンガポールにおけるインド兵の反乱（1915）」『大阪外国語大学学報』69号、1985年
綜合インド月報編「前大戦におけるインドの対英貢献」『綜合インド月報』2巻10号、1942年
中村元、田辺祥二『ブッダの人と思想』NHKブックス、1998年

Hailey, William, 'The Coronation Delhi Durbar and Its Political Importance', *Asiatic Quarterly Review,* April, 1903

Heffer, Simon, *The Age of Decadence: Britain 1880 to 1914* (London: Random House Books, 2017)

Hobbes, John Oliverhuf [pseud.], *Imperial India: Letters from the East* (London: T. Fisher Unwin, 1903)

Hoffenberg, Peter H., *An Empire on Display: English, Indian, and Australian Exhibitions from the Crystal Palace to the Great War* (Berkeley, CA: University of California Press, 2001)

Hopkirk, Peter, *On Secret Service East of Constantinople* (London: John Murray, 1994)

Hopkirk, Peter, *Quest for Kim: In Search of Kipling's Great Game* (London: John Murray, 1996)

Hufbauer, Benjamin, *Presidential Temples: How Memorials and Libraries Shape Public Memory* (Lawrence, KS: University Press of Kansas, 2006)

Kavuri-Bauer, Santhi, *Monumental Matters: The Power, Subjectivity, and Space of India's Mughal Architecture* (Durham: Duke University Press, 2011)

Khan, Syed Sirdar Ali, *Lord Curzon's Administration of India: What He Promised; What He Performed* (Bombay: The Times Press, 1905)

King, Peter, *The Viceroy's Fall: How Kitchener Destroyed Curzon* (London: Sidgwick & Jackson, 1986)

Lambert, David, and Alan Lester (eds.), *Colonial Lives Across the British Empire: Imperial Careering in the Long Nineteenth Century* (Cambridge: Cambridge University Press, 2006)

Lawrence, Walter Roper, *The India We Served* (London: Cassell, 1928)

Lipsett, H. Caldwell, *Lord Curzon in India 1898-1903* (London: R.A. Everett & Co., 1903)

MacMillan, Margaret, *Women of the Raj* (London: Tames & Hudson, 1988)

Madden, Frederick, and D.K. Fieldhouse (eds.), *Oxford and the Idea of Commonwealth* (London: Croom Helm, 1982)

Metcalf, Thomas R., *An Imperial Vision: Indian Architecture and Britain's Raj* (London: Faber and Faber, 1989)

Michell, George, *The Majesty of Mughal Decoration: The Art and Architecture of Islamic India* (London: Thames & Hudson, 2007)

Monroe, Elizabeth, 'Gertrude Bell (1868-1926)', *Bulletin (British Society for Middle Eastern Studies),* 7-1, 1980

Morris, Jan, and Simon Winchester, *Stones of Empire: The Buildings of the Raj* (Oxford : Oxford University Press, 1983)

Nagai, Kaori, 'The Writing on the Wall: The Commemoration of the Indian Mutiny in the Delhi Durbar and Rudyard Kipling's "The Little House at Arrah"', *interventions,* 7-1, 2005

Neilson, Keith, 'Kitchner, Horatio Herbert', in H.C.G. Matthew and Brian Harrison (eds.), *Oxford Dictionary of National Biography* (Oxford: Oxford University Press, (eds.), *The History of the University of Oxford, Volume VI, Nineteenth-Century Oxford, Part I* (Oxford: Oxford University Press, 1997)

Curzon, George Nathaniel, *Speeches on India, Delivered by Lord Curzon of Kedleston, Viceroy and Governor-General of India, While in England in July-August, 1904* (London: John Murray, 1904)

Curzon, George Nathaniel, *Lord Curzon in India: Being a Selection from His Speeches as Viceroy and Governor-General of India, 1898-1905, with a Portrait, Explanatory Notes and an Index and with an Introduction by Sir Thomas Raleigh* (London: Macmillan, 1906)

Curzon, George Nathaniel, *British Government in India,* Volumes 1 & 2 (London: Cassell and Company, 1925)

Datta, Arindam, *The Bureaucracy of Beauty: Design in the Age of its Global Reprodncibility* (New York: Routledge, 2007)

David, Hugh, *Heroes, Mavericks and Bounders: The English Gentleman from Lord Curzon to James Bond* (London: Michael Joseph, 1991)

Deslanders, Paul R., *Oxbridge Men: British Masculinity and the Undergraduate Experience, 1850-1920* (Bloomington, IN: Indiana University Press, 2005)

Dutt, Romesh C., *Open Letters to Lord Curzon on Famines and Land Assessments in India* (London: Kegan Paul, 1900)

Fisher, John, *Curzon and British Imperialism in the Middle East 1916-19* (London: Frank Cass, 1999)

Fraser, Lovat, *India under Curzon and After* (London: William Heinemann, 1911)

French, Patrick, *Younghusband: The Last Great Imperial Adventurer* (London: HarperCollins, 1994)

Garnett, Oliver, *Kedleston Hall, Derbyshire* (Swindon: National Trust, 1999)

Ghose, Sankar (ed.), *First Rebels: A Strictly Confidential Police Report* (Calcutta: Riddhi-India, 1981)

Ghosh, Nityapriya, and Ashoke Kumar Mukhopadhyay (eds.), *Partition of Bengal* (Kolkata: Shishu Sahitya Samsad, 2005)

Gilbert, Martin (ed.), *Servant of India: A Study of Imperial Rule from 1905 to 1910 as Told through the Correspondence and Diaries of Sir James Dunlop Smith* (London: Longmans, 1966)

Gilmour, David, *Curzon* (London: John Murray, 1994)

Goldman, Lawrence, *Dons and Workers: Oxford and Adult Education since 1850* (Oxford: Oxford University Press, 1995)

Goradia, Nayana, *Lord Curzon: The Last of the British Moghuls* (Delhi: Oxford University Press, 1993)

Green, E.H.H., *The Crisis of Conservatism: The Politics, Economics and Ideology of the British Conservative Party, 1880-1914* (London: Routledge, 1995)

Guha-Thakurta, Tapati, *The Making of a New 'Indian' Art: Artists, Aesthetics and Nationalism in Bengal, c. 1850-1920* (Cambridge: Cambridge University Press, 1992)

歴史学研究会編『性と権力関係の歴史』青木書店、2004年
和田春樹他編『世界戦争と改造―1910年代 (岩波講座 東アジア近現代通史 第3巻)』岩波書店、2010年
和田応樹「キッチナーと英領インドにおける軍制改革―1902-1909年」『経済学論叢（同志社大学)』62巻4号、2011年
和田応樹「キッチナー改革の意義―第一次世界大戦における英領インドの軍事的貢献をめぐって」『軍事史学』48巻3号、2012年

Agricole Publishing Academy (ed.), *Report of the Indian Famine Commission 1901* (New Delhi: Agricole Publishing Academy, 1979)
Arthur, George, *Life of Lord Kitchener,* Volume II (London: Macmillan, 1920)
Bennett, G.H., and Marion Gibson, *The Later Life of Lord Curzon of Kedleston: Aristocrat, Writer, Politician, Statesman: An Experiment in Political Biography* (Lampeter: The Edwin Mellen Press, 2000)
Berinstain, Valérie, translated by Paul G. Bahn, *Mughal India: Splendours of the Peacock Throne* (London: Thames & Hudson, 1998)
Binoy, Jiban Ghosh, *Murder of British Magistrates* (Calcutta: Jayanta Basu, 1962)
Bottomore, Stephen, '"An Amazing Quarter Mile of Moving Gold, Gems and Genealogy": Filming India's 1902/03 Delhi Durbar', *Historical Journal of Film, Radio and Television,* 15-4, 1995
Bradley, John (ed.), *Lady Curzon's India: Letters of a Vicerine* (New York, NY: Beaufort Books, 1985)
Butt, Ikram Ahmed, *Lord Curzon and the Indian States 1899-1905* (Bloomington, IN: AuthorHouse, 2007)
Cannadine, David, *The Decline and Fall of the British Aristocracy* (New Haven, CT: Yale University Press, 1990)
Cannadine, David, *Aspects of Aristocracy: Grandeur and Decline in Modern Britain* (New Haven, CT: Yale University Press, 1994)
Carter, Matt, *T.H. Green and the Development of Ethical Socialism* (Exeter: Imprint Academic, 2003)
Coleman, Leo Charles, 'Delhi in the Electrical Age: Technologies of Rule and Rites of Power in India's Capital', Ph D dissertation submitted to Princeton University, 2008
Cory, Charlotte, 'The Delhi Durbar 1903 Revisited', *Sunday Times,* 29th December 2002
Courcy, Anne de, *The Viceroy's Daughters: The Lives of the Curzon Sisters* (London: Weidenfeld & Nicolson, 2000)
Courcy, Anne de, *The Fishing Fleet: Husband-Hunting in the Raj* (London: Weidenfeld & Nicolson, 2015)
Courtney, W.L., and J.E. Courtney, *Pillars of Empire: Studies and Impressions* (London: Jarrolds, 1920)
Curthoys, M. C., 'The Careers of Oxford Men', in M.G. Brock and M.C. Curthoys

明の登場』法政大学出版局、1997年
島田雄次郎『ヨーロッパの大学』玉川大学出版部、1994年
杉恵惇広『英国カントリー・ハウス物語―華麗なイギリス貴族の館』彩流社、1998年
ディヤン・スジック（東郷えりか訳）『巨大建築という欲望―権力者と建築家の20世紀』紀伊國屋書店、2007年
鈴木健二『在外武官物語』芙容書房、1979年
鈴木博之他編『シリーズ　都市・建築・歴史　8　近代化の波及』東京大学出版会、2006年
田隅恒生『荒野に立つ貴婦人―ガートルード・ベルの生涯と業績』法政大学出版局、2005年
千葉功『旧外交の形成―日本外交一九〇〇～一九一九』勁草書房、2008年
箱田恵子「英露対立と薛福成―パミール交渉への対応を中心に」『宮城教育大学紀要』49巻、2015年
イザベラ・バード『イザベラ・バードの日本紀行 (上・下巻)』講談社学術文庫、2008年
林洋子「明治神宮聖徳記念絵画館について」『明治聖徳記念学会紀要』復刊11号、1994年
半藤一利他『歴代陸軍大将全覧　明治篇』中公新書ラクレ、2009年
F・S・G・ピゴット（長谷川才次訳）『断たれたきずな―日英外交六十年』時事新報社、1951年
ガートルード・ベル（田隅恒生訳）『シリア縦断紀行（上・下巻)』平凡社東洋文庫、1994・1995年
ガートルード・ベル（田隅恒生訳）『ペルシアの情景』法政大学出版局、2000年
ヴァルター・ベンヤミン（久保哲司編訳）『図説　写真小史』ちくま学芸文庫、1998年
ピーター・ホップカーク（京谷公雄訳）『ザ・グレート・ゲーム―内陸アジアをめぐる英露のスパイ合戦』中央公論社、1992年
ピーター・ホップカーク（今枝由郎他訳）『チベットの潜入者たち―ラサ一番乗りをめざして』白水社、2004年
本田毅彦「1903年インペリアル・ダーバーにカーゾンが託した夢」『帝京史学』30号、2015年
本田毅彦「英領インド帝国の「建国の母」を記憶させる試み―ヴィクトリア・メモリアル・ホール（カルカッタ）の消長」『史窗』79号、2022年
萬田悦生『近代イギリス政治思想研究―T・H・グリーンを中心にして』慶應通信、1986年
宮原辰夫『インド・イスラーム王朝の物語とその建築物―デリー・スルターン朝からムガル帝国までの五〇〇年の歴史をたどる』春風社、2016年
宮原靖郁「日本はなぜ日英同盟を持続させたのか―国際政治学の仮説を援用して」『戦史研究年報』17号、2014年
薬師義美『大ヒマラヤ探検史―インド測量局とその密偵たち』白水社、2006年
安原義仁『イギリス大学史―中世から現代まで』昭和堂、2021年
山口輝臣『明治神宮の出現』吉川弘文館、2005年
山田勝『イギリス貴族たちの美学と生活』創元社、1994年
吉村道男「日露戦争期における英領インド駐在陸軍武官報告」『外交史料館報』18号、2004年
四元忠博『ナショナル・トラストの軌跡―1895～1945年』緑風出版、2003年
ジョン・ラスキン（井上義夫編訳)『ヴェネツィアの石』みすず書房、2019年

Press, 1994)
Smith, Bosworth, *Life of Lord Lawrence* (London: Thomas Nelson & Sons, 1883)
Sotnick, Richard, *The Coburg Conspiracy: Victoria and Albert: Royal Plots and Manoeuvres* (London: Ephesus Publishing, 2008)
Subrahmanyam, Sanjay, *Europe's India: Words, People, Empires, 1500-1800* (Cambridge, MA: Harvard University Press, 2017)
Talbot, Ian, *Punjab and the Raj 1849-1947* (Riverdale, MD: The Riverdale Company, 1988).
Taylor, Miles, *Empress: Queen Victoria and India* (New Haven, CT: Yale University Press, 2018)
Thorburn, S.S., *The Punjab in Peace and War* (New Delhi: USHA, 1987).
Wedderburn, William, *Allan Octavian Hume, C.B., "Father of the Indian National Congress", 1829 to 1912* (New Delhi: Vanity Books, 1988)
Weintraub, Stanley, *Uncrowned King: The Life of Prince Albert* (New York, NY: The Free Press, 1997)
Wenzlhuemer, Roland, *Connecting the Nineteenth-Century World: The Telegraph and Globalization* (Cambridge: Cambridge University Press, 2012)
Williams, Donovan, *The India Office 1858-1869* (Hoshiapur: Vishveshvaranand Vedic Research Institute, 1983)
Williams, Richard, *The Contentious Crown: Public Discussion of the British Monarchy in the Reign of Queen Victoria* (Aldershot, Hampshire: Ashgate, 1997)
Windscheffel, Alex, *Popular Conservatism in Imperial London, 1868-1906* (Woodbridge, Suffolk: Boydell Press, 2007)

■第3章

井野瀬久美惠『女たちの大英帝国』講談社現代新書、1998年
井野瀬久美惠『植民地経験のゆくえ―アリス・グリーンのサロンと世紀転換期の大英帝国』人文書院、2004年
今泉宜子『明治神宮―「伝統」を創った大プロジェクト』新潮社、2013年
ジャネット・ウォラック（内田優香訳）『砂漠の女王―イラク建国の母ガートルード・ベルの生涯』ソニー・マガジンズ、2006年
金子民雄『ヤングハズバンド伝―激動の中央アジアを駆け抜けた探検家』白水社、2008年
神谷武夫『インド建築案内』TOTO出版、1996年
神谷武夫『インドの建築』東方出版、1996年
木畑洋一他編『日英交流史　1600-2000　1　政治外交I』東京大学出版会、2000年
木畑洋一他編『日英交流史　1600-2000　2　政治外交II』東京大学出版会、2000年
君塚直隆『ベル・エポックの国際政治―エドワード七世と古典外交の時代』中央公論新社、2012年
君塚直隆『貴族とは何か―ノブレス・オブリージュの光と影』新潮社、2023年
黒田甲子郎『奥元帥伝』国民社、1933年
佐藤一伯『明治聖徳論の研究―明治神宮の神学』国書刊行会、2010年
W・シヴェルブシュ（小川さくえ訳）『光と影のドラマトゥルギー―20世紀における電気照

MacDonald, Alan, illustrated by Clive Goddard, *Queen Victoria and Her Enormous Empire* (London: Scholarstic, 2002)
Marston, Daniel P. and Chandar S. Sundaram (eds.), *A Military History of India and South Asia: From the East India Company to the Nuclear Era* (Bloomington, IN: Indiana University Press, 2006)
Moore, R.J., *Sir Charles Wood's Indian Policy 1853-66* (Manchester: Manchester University Press, 1966)
Pakula, Hannah, *An Uncommon Woman: The Empress Frederick* (London: Phoenix, 1995)
Plunkett, John, *Queen Victoria: First Media Monarch* (Oxford: Oxford University Press, 2003)
Prochaska, Frank, *The Eagle and the Crown: Americans and the British Monarchy* (New Haven, CT: Yale University Press, 2008)
Putnis, Peter, Chandrika Kaul and Jürgen Wilke (eds.), *International Communication and Global News Networks* (New York, NY: Hampton Press, 2011)
Radforth, Ian, *Royal Spectacle: The 1860 Visit of the Prince of Wales to Canada and the United States* (Toronto: University of Toronto Press, 2004)
Rakesh, V.P., *Sir William Wedderburn and Indian Freedom Movement* (New Delhi: Commonwealth Publishers, 1989)
Reed, Charles V., *Royal Tourists, Colonial Subjects and the Making of a British World, 1860-1911* (Manchester: Manchester University Press, 2016)
Reeve, John, *The Lives of the Mughal Emperors* (London: The British Library, 2013)
Regani, Sarojini, *Nizam-British Relations 1724-1857* (New Delhi: Concept Publishing, 1963)
Richmond, Charles, and Paul Smith (eds.), *The Self-Fashioning of Disraeli, 1818-1851* (Cambridge: Cambridge University Press, 1998)
Ridley, Jane, *Bertie: A Life of Edward VII* (London: Chatto & Windus, 2012)
Robinson, Francis, 'The Indian National Congress', *History Today,* October 1982
Roy, Tirthankar, *Natural Disasters and Indian History* (New Delhi: Oxford University Press, 2012)
Roy, Tirthankar, *The East India Company: The World's Most Powerful Corporation* (New Delhi: Allen Lane, 2012)
St. John, Ian, *The Making of the Raj: India Under the East India Company* (Santa Barbara, CA: Praeger, 2012)
Schimmel, Annemarie, translated by Corinne Attwood, *The Empire of the Great Mughals: History, Art and Culture* (London: Reaktion Books, 2004)
Seal, Anil, *The Emergence of Indian Nationalism: Competition and Collaboration in the Later Nineteenth Century* (Cambridge: Cambridge University Press, 1968)
Seeley, J.R., *The Expansion of England: Two Courses of Lectures* (London: Macmillan, 1925)
Sharar, Abdul Halim, translated and edited by E.S. Harcourt and Fakhir Hussain, *Lucknow: The Last Phase of an Oriental Culture* (New Delhi: Oxford University

with Disraeli than with Churchill', *The Economist*, 27th March 2021
Fari, Simone, *Victorian Telegraphy before Nationalization* (London: Palgrave Macmillan, 2015)
Feuchtwanger, Edgar, *Disraeli* (London: Hodder Education, 2000)
Fox, Richard G., *Lions of the Punjab: Culture in the Making* (Berkeley, CA: University of California Press, 1985)
Graff, Violette (ed.), *Lucknow: Memories of a City* (New Delhi: Oxford University Press, 1997)
Griffiths, Andrew, *The New Journalism, the New Imperialism and the Fiction of Empire, 1870-1900* (London: Palgrave Macmillan, 2015)
Hahn, H. Hazel, 'Indian Princes, Dancing Girls and Tigers: The Prince of Wales's Tour of India and Ceylon, 1875-1876, *Postcolonial Studies,* 12-2, 2009
Hall, Catherine, *Civilising Subjects: Metropole and Colony in the English Imagination 1830-1867* (Chicago, IL: The University of Chicago Press, 2002)
Hawkins, Angus, *Victorian Political Culture: 'Habits of Heart & Mind'* (Oxford: Oxford University Press, 2015)
Hibbert, Christopher, *Disraeli: A Personal History* (London: Harper Perennial, 2005)
Hibbert, Christopher, *Edward VII: The Last Victorian King* (New York, NY: Palgrave Macmillan, 2007)
Homans, Margaret, *Royal Representations: Queen Victoria and British Culture, 1837-1876* (Chicago, IL: The University of Chiago Press, 1998)
Jasanoff, Maya, *Edge of Empire: Lives, Culture, and Conquest in the East 1750-1850* (New York, NY: Alfred A. Knopf, 2005)
Jenkins, T.A., *Disraeli and Victorian Conservatism* (London: Palgrave Macmillan, 1996)
Kaminsky, Arnold P., *The India Office, 1880-1910* (Westport, CT: Mansell Publishing, 1986)
Kaul, Chandrika, 'Monarchical Display and the Politics of Empire: Princes of Wales and India 1870-1920s', *Twentieth Century British History,* 17-4, 2006
Kendle, John Edward, *The Colonial and Imperial Conferences 1887-1911: A Study in Imperial Organization* (London: Longmans, 1967)
Kling, Blair B., *Partner in Empire: Dwarkanath Tagore and the Age of Enterprise in Eastern India* (Berkeley, CA: University of California Press, 1976)
Lee, Harold, *Brothers in the Raj: The Lives of John and Henry Lawrence* (Oxford: Oxford University Press, 2002)
Llewellyn-Jones, Rosie (ed.), *Lucknow: City of Illusion* (Munich: Prestel, 2006)
Llewellyn-Jones, Rosie, *The Last King in India: Wajid Ali Shah, 1822-1887* (London: Hurst & Company, 2014)
Losty, J.P, *Delhi 360° : Mazhir Ali Khan's View from the Lahore Gate* (New Delhi: Roli Books, 2012)
Lyden, Anne M., *A Royal Passion: Queen Victoria and Photography* (Los Angeles, CA: The J. Paul Getty Museum, 2014)

Ball, Stuart, and Ian Holliday (eds.), *Mass Conservatism: The Conservatives and the Public since the 1880s* (London: Routledge, 2002)

Banerjee, Sumanta, *The Parlour and the Streets: Elite and Popular Culture in Nineteenth Century Calcutta* (Calcutta: Seagull Books, 1989)

Bayly, C.A., *Imperial Meridian: The British Empire and the World 1780-1830* (London: Longman, 1989)

Bayly, C.A., *Empire and Information: Intelligence Gathering and Social Communication in India, 1780-1870* (Cambridge: Cambridge University Press, 1996)

Beer, Peter J., *The Playboy Princes: The Apprentice Years of Edward VII and Edward VIII* (London: Peter Owen, 2015)

Borgstede, Simon Beate, *All Is Race: Benjamin Disraeli on Race, Nation and Empire* (Zürich: LIT, 2011)

Bowen, H.V., *The Business of Empire: The East India Company and Imperial Britain, 1756-1833* (Cambridge: Cambridge University Press, 2006)

Brake, Laurel, Chandrika Kaul and Mark W. Turner (eds.), *The News of the World and the British Press, 1843-2011: 'Journalism for the Rich, Journalism for the Poor'* (London: Palgrave Macmillan, 2015)

Bulwer Lytton, Edward Robert, *The Life, Letters and Literary Remains of Edward Bulwer, Lord Lytton,* Vols. 1 & 2 (London: Kegan Paul, Trench, & Co, 1883)

Bulwer Lytton, Edward Robert, *Personal Literary Letters of Robert, First Earl of Lytton,* Vols. 1 & 2 (London: Longmans, 1906)

Cadbury, Deborah, *Queen Victoria's Matchmaking: The Royal Marriages that Shaped Europe* (London: Bloomsbury, 2017)

Cannadine, David, *The Decline and Fall of the British Aristocracy* (New Haven, CT: Yale University Press, 1990)

Cannadine, David, *Victorious Century: The United Kingdom, 1800-1906* (New York, NY: Viking, 2017)

Cesarani, David, *Disraeli: The Novel Politician* (New Haven, CT: Yale University Press, 2016)

Chakravorty, Swapan, and Abhijit Gupta (eds.), *Print Areas: Book History in India* (Hyderabad: Orient Blackswan, 2004)

Dalrymple, William, *The Last Mughal: The Fall of a Dynasty: Delhi, 1857* (New York, NY: Alfred A. Knopf, 2006)

Darnton, Robert, 'Literary Surveillance in the British Raj: The Contradictions of Liberal Imperialism', *Book History,* 4, 2001

Darnton, Robert, *Censors at Work: How State Shaped Literature* (London: British Library, 2014)

Davies, A.J., *We, the Nation: The Conservative Party and the Pursuit of Power* (London: Little, Brown and Company, 1995)

Dunlop, Tessa, 'The Indelible Legacy of a Seafaring Heritage', *History Today,* June 2012

Economist, the (ed.), 'Bagehot: Dizzy Rascal, Boris Johnson Has Far More in Common

小林隆夫『19世紀イギリス外交と東アジア』彩流社、2012年
重富公生『産業のパクス・ブリタニカ―1851年ロンドン万国博覧会の世界』勁草書房、2011年
ジャン＝フランソワ・ソルノン（神田順子他訳）『ロイヤルカップルが変えた世界史（上・下巻）』原書房、2021年
ジャレド・ダイアモンド、ジェイムズ・A・ロビンソン編著（小坂恵理訳）『歴史は実験できるのか―自然実験が解き明かす人類史』慶應義塾大学出版会、2018年
ウィリアム・ダルリンプル（小坂恵理訳）『略奪の帝国―東インド会社の興亡（上・下巻）』河出書房新社、2022年
羽田正『［興亡の世界史］東インド会社とアジアの海』講談社、2007年
ケイト・ハバード（橋本光彦訳）『ヴィクトリア女王の王室―側近と使用人が語る大英帝国の象徴の真実』原書房、2014年
浜渦哲雄『イギリス東インド会社―軍隊・官僚・総督』中央公論新社、2009年
原武史『可視化された帝国―近代日本の行幸啓』みすず書房、2001年
ニーアル・ファーガソン（仙名紀訳）『マネーの進化史』早川書房、2009年
ニーアル・ファーガソン（山本文史訳）『大英帝国の歴史（上・下巻）』中央公論新社、2018年
福岡アジア美術館編『インド近代美術の夜明け―カンパニー絵画：ニューデリー国立近代美術館コレクションによる』福岡アジア美術館、2009年
T・フジタニ（米山リサ訳）『天皇のページェント―近代日本の歴史民俗誌から』NHKブックス、1994年
D・R・ヘッドリク（原田勝正、多田博一、老川慶喜訳）『帝国の手先―ヨーロッパ膨張と技術』日本経済評論社、1989年
D・R・ヘッドリク（原田勝正、多田博一、老川慶喜、濱文章訳）『進歩の触手―帝国主義時代の技術移転』日本経済評論社、2005年
C・B・マクファースン（谷川昌幸訳）『バーク―資本主義と保守主義』御茶の水書房、1988年
松平乗昌監修『霞会館資料第三十五輯　明治天皇百年祭記念　第一回　明治天皇六大巡幸』霞会館、2012年
リチャード・ロバーツ、デーヴィッド・カイナストン編（浜田康行他訳）『イングランド銀行の300年―マネー・パワー・影響』東洋経済新報社、1996年
フランシス・ロビンソン（小名康之監修）『ムガル皇帝歴代誌―インド、イラン、中央アジアのイスラーム諸王国の興亡（1206-1925年）』創元社、2009年
S・ワイントラウブ（平岡緑訳）『世紀の女王誕生―ヴィクトリア女王　1』中公文庫、2006年
S・ワイントラウブ（平岡緑訳）『覇権の極みに―ヴィクトリア女王　2』中公文庫、2006年
S・ワイントラウブ（平岡緑訳）『産業革命の母―ヴィクトリア女王　3』中公文庫、2006年
脇村孝平「インド一九世紀後半の飢饉と植民地政府の対応――八八〇年飢饉委員会報告書を中心として」『社会経済史学』50巻2号、1984年

Mountbatten, Louis, *Time Only to Look Forward: Speeches of Rear Admiral, the Earl Mountbatten of Burma as Viceroy of India and Governor-General of the Dominion of India 1947-48: Including Related Addresses* (London: Nicholas Kaye, 1949)

Owen, Nicholas, '"More Than a Transfer of Power": Independence Day Ceremonies in India, 15 August 1947', *Contemporary Record,* 6-3, 1992

Qureshi, Saleem, *Jinnah: The Founder of Pakistan in the Eyes of His Contemporaries and His Documentary Records at Lincoln's Inn and the Inner Temple* (Karachi: Oxford University Press, 1999)

Roberts, Andrew, *Eminent Churchillians* (London: Weidenfeld & Nicolson, 1994)

Roberts, Andrew, *Hitler and Churchill: Secrets of Leadership* (London: Weidenfeld & Nicolson, 2003)

Roberts, Andrew, *Churchill: Walking with Destiny* (London: Allen Lane, 2018)

Robinson, Francis, 'Jinnah, Mohamed Ali', in H.C.G. Matthew and Brian Harrison (eds.), *Oxford Dictionary of National Biography* (Oxford: Oxford University Press, 2004)

Romanus, Charles, and Riley Sunderland, *Stilwell's Mission to China* (Washington, D.C.: Office of the Military History, Department of the Army, 1953)

Smith, Adrian, *Mountbatten: Apprentice War Lord, 1900-1943* (London: Bloomsbury Academic, 2010)

Talbot, Ian, *Khizr Tiwana: The Punjab Unionist Party and the Partition of India* (London: Routledge, 1996)

Talbot, Ian, and Gurharpal Singh (eds.), *Region and Partition: Bengal, Punjab and the Partition of the Subcontinent* (Oxford: Oxford University Press, 1999)

Talbot, Philip, 'The Critical Masses', *Hindustan Times,* 14 August 2007

Tharoor, Shashi, '1947, First-Hand', *The Hindu,* 15 August 2004

Trevelyan, Humphrey, *Public and Private* (London: Hamish Hamilton, 1980)

Tunzelmann, Alex von, *Indian Summer: The Secret History of the End of an Empire* (London: Pocket Books, 2007)

Wolpert, Stanley, *Shameful Flight: The Last Years of the British Empire in India* (Oxford: Oxford University Press, 2006)

Ziegler, Philip, *Mountbatten: The Official Biography* (London: Collins, 1985)

Ziegler, Philip, 'Mountbatten, Louis Francis Albert Victor Nicholas', in H.C.G. Matthew and Brian Harrison (eds.), *Oxford Dictionary of National Biography* (Oxford: Oxford University Press, 2004)

■第2章

板垣雄三他『国家と革命』岩波書店、1991年

川本静子、松村昌家編著『ヴィクトリア女王―ジェンダー・王権・表象』ミネルヴァ書房、2006年

神田さやこ『塩とインド―市場・商人・イギリス東インド会社』名古屋大学出版会、2017年

君塚直隆『ヴィクトリア女王―大英帝国の"戦う女王"』中公新書、2007年

Viceroy in India (Karachi: Oxford University Press, 2012)
Clarke, Peter, *The Cripps Version: The Life of Sir Stafford Cripps, 1889-1952* (London: Allen Lane, 2002)
Dennis, Peter, *Troubled Days of Peace: Mountbatten and South East Asia Command, 1945-46* (Manchester: Manchester University Press, 1987)
Fergusson, Bernard, rev., Robert O'Neil, Judith Brown, 'Wavell, Archibald Percival', in H.C.G. Matthew and Brian Harrison (eds.), *Oxford Dictionary of National Biography* (Oxford: Oxford University Press, 2004)
Gadihoke, Sabeena, *India in Focus: Camera Chronicles of Homai Vyarawalla* (Ahmedabad: Mapin, 2010)
Hicks, Pamela, *Daughter of Empire: Life as a Mountbatten* (London: Weidenfeld & Nicolson, 2012)
Hitchcock, Eric, *Making Waves: Admiral Mountbatten's Radio SEAC 1945-49* (Solihull, West Midlands: Helion & Company, 2014)
Holland, Robert, Susan Williams and Terry Barringer (eds.), *The Iconography of Independence: 'Freedoms at Midnight'* (London: Routledge, 2010)
Iengar, H.V., 'Recalling the Historic Midnight Scene', *The Hindu,* 15 August 1972
Jackson, Ashley, *The British Empire and the Second World War* (London and New York, NY: Hambledon Continuum, 2006)
Jones, Stephanie, *Merchants of the Raj: British Managing Houses in Calcutta Yesterday and Today* (London: Macmillan, 1992)
Khan, Yasmin, *The Great Partition: The Making of India and Pakistan* (New Haven: Yale University Press, 2007)
Kirpalani, S.K., *Fifty Years with the British* (London: Sangam Books, 1993)
Kolakowski, Christopher, *Nations in the Balance: The India-Burma Campaigns, December 1943-August 1944* (Havertown, PA: Casemate, 2022)
Kwarteng, Kwasi, *Ghosts of Empire: Britain's Legacies in the Modern World* (London: Bloomsbury, 2011)
Lownie, Andrew, *The Mountbattens* (London: Blink, 2019)
MacArthur, Brian, *Surviving the Sword: Prisoners of the Japanese in the Far East* (London: Random House, 2005)
Macmillan (ed.), *Mountbatten: Eighty Years in Pictures* (London: Macmillan, 1979)
Mansergh, Nicholas (ed.), *Constitutional Relations between Britain and India: The Transfer of Power, 1942-7,* 12 Volumes (London: The Stationery Office, 1970-1983)
Marston, Daniel P., *Phoenix from the Ashes: The Indian Army in the Burma Campaign* (Westport, CT: Praeger, 2003)
Menon, V.P., *The Transfer of Power in India* (Madras: Orient Longman, 1957)
Moon, Penderel (ed.), *Wavell: The Viceroy's Journal* (London: Oxford University Press, 1973)
Morgan, Janet, *Edwina Mountbatten: A Life of Her Own* (London: HarperCollins, 1991)

綜合印度研究室編『印度の抗戦力』東晃社、1942年
田中宏編『日本軍政とアジアの民族運動』アジア経済研究所、1983年
中島岳志『中村屋のボース―インド独立運動と近代日本のアジア主義』白水社、2005年
根本敬『抵抗と協力のはざま―近代ビルマ史のなかのイギリスと日本　戦争の経験を問う』岩波書店、2010年
波多野澄雄『太平洋戦争とアジア外交』東京大学出版会、1996年
平間洋一他編『日英交流史 1600-2000　3　軍事』東京大学出版会、2001年
藤原岩市『F機関―アジア解放を夢みた特務機関長の手記』バジリコ、2012年
ウルワシー・ブターリア（藤岡恵美子訳）『沈黙の向こう側―インド・パキスタン分離独立と引き裂かれた人々の声』明石書店、2002年
マークス寿子『戦勝国イギリスへ―日本の言い分』草思社、1996年
山本武利『特務機関の謀略―諜報とインパール作戦』吉川弘文館、1998年
ドミニク・ラピエール、ラリー・コリンズ (杉辺利英訳)『今夜、自由を（上・下巻)』ハヤカワ文庫、1981年
ウォルター・ラフィーバー（中嶋啓雄他訳）『アメリカVSロシア―冷戦時代とその遺産』芦書房、2012年

Ahmad, Syed Nur (edited by Craig Baxter, from a translation from the Urdu by Mahmud Ali), *From Martial Law to Martial Law: Politics in the Punjab, 1919-1958* (Boulder, CO: Westview Press, 1985)
Ali, Rabia Umar, *Empire in Retreat: The Story of India's Partition* (Karachi: Oxford University Press, 2012)
Arnold, Michael, *Hollow Heroes: An Unvarnished Look at the Wartime Careers of Churchill, Montgomery, and Mountbatten* (Haverstown, PA: Casemate, 2015)
Bayly, Christopher, and Tim Harper, *Forgotten Wars: The End of Britain's Asian Empire* (London: Allen Lane, 2004)
Beckett, Francis, *Clem Attlee* (London: Richard Cohen Books, 1997)
Best, Antony, *Britain's Retreat from Empire in East Asia, 1905-1980* (London: Routledge, 2017)
Bhattacharya, Sanjoy, *Propaganda and Information in Eastern India 1939-45: A Necessary Weapon of War* (London: Curzon Press, 2001)
Brown, Judith M., *Nehru: A Political Life* (New Haven, CT: Yale University Press, 2003)
Bryant, Chris, *Stafford Cripps: The First Modern Chancellor* (London: Hodder & Stoughton, 1997)
Butler, David, *Lord Mountbatten: The Last Viceroy* (London: Methuen, 1985)
Campbell-Johnson, Alan, *Mission with Mountbatten* (London: Robert Hale, 1951)
Carter, Lionel (ed.), *Mountbatten's Report on the Last Viceroyalty, 22 March–15 August 1947* (New Delhi: Manohar, 2003)
Chatterji, Joya, *Bengal Divided: Hindu Communalism and Partition, 1932-1947* (Cambridge: Cambridge University Press, 1994)
Chawla, Muhammad Iqbal, *Wavell and the Dying Days of the Raj: Britain's Penultimate*

Scott, David, *Leviathan: The Rise of Britain as a World Power* (London: Harper Collins, 2013)

Spangenberg, Bradford, 'The Problem of Recruitment for the Indian Civil Service during the Late Nineteenth Century', *Journal of Asian Studies*, 30-2, 1971

Spangenberg, Bradford, *British Bureaucracy in India: Status, Policy, and the I.C.S., in the Late Nineteenth Century* (Delhi: South Asia Books, 1976)

Tharoor, Shashi, *Inglorious Empire: What the British Did to India* (London: Penguin Books, 2018)

Thompson, Andrew S. (ed.), *Writing Imperial Histories* (Manchester: Manchester University Press, 2013)

Tomlinson, Richard, *Divine Right: The Inglorious Survival of British Royalty* (London: Abacus, 1994)

Trevelyan, G.O., *Competition Wallah* (London: Macmillan, 1864)

Trevithick, Alan, 'Some Structural and Sequential Aspects of the British Imperial Assemblages at Delhi: 1877-1911', *Modern Asian Studies*, 24-3, 1990

Wilentz, Sean (ed.), *Rites of Power: Symbolism, Ritual, and Politics Since the Middle Ages* (Philadelphia, PA: University of Pennsylvania Press, 1985)

Wilson, Jon, *India Conquered: Britain's Raj and the Chaos of Empire* (London: Simon & Schuster, 2016)

Wooldridge, Adrian, *The Aristocracy of Talent: How Meritocracy Made the Modern World* (London: Allen Lane, 2021)

Yule, Henry, A.C. Burnell and William Crooke (eds.), *Hobson-Jobson* (London; John Murray, 1903)

Zwart, Frank de, translated by Gregor Benton, *The Bureaucratic Merry-go-round: Manipulating the Transfer of Indian Civil Servants* (Amsterdam: Amsterdam University Press, 1994)

■第1章

池田清『海軍と日本』中公新書、1981年

D・エジャトン（坂出健監訳）『戦争国家イギリス―反衰退・非福祉の現代史』名古屋大学出版会、2017年

川島真、貴志俊彦編『資料で読む世界の8月15日』山川出版社、2008年

倉沢愛子他編『岩波講座　アジア・太平洋戦争　8　20世紀の中のアジア・太平洋戦争』岩波書店、2006年

小菅信子『戦後和解―日本は〈過去〉から解き放たれるのか』中公新書、2005年

小谷賢『イギリスの情報外交―インテリジェンスとは何か』PHP新書、2004年

小谷賢『日本軍のインテリジェンス―なぜ情報が活かされないのか』講談社、2007年

参謀本部編『杉山メモ（上）《普及版》』原書房、1989年

アーイシャ・ジェラール（井上あえか訳）『パキスタン独立』勁草書房、1999年

杉山元帥伝記刊行会編『杉山元帥伝』原書房、1969年

アマルティア・セン（東郷えりか）『アマルティア・セン回顧録（上・下巻）』勁草書房、2022年

Maconochie, Evan, *Life in the Indian Civil Service* (London: Chapman and Hall, 1926)
Marshall, P.J. (ed.), *The Cambridge Illustrated History of the British Empire* (Cambridge: Cambridge University Press, 1996)
Mason, Philip (pseud. Philip Woodruff), *The Men Who Ruled India: The Founders* (London: Schocken, 1953)
Mason, Philip (pseud. Philip Woodruff), *The Men Who Ruled India: The Guardians* (London: Schocken, 1954)
Merck, Mandy (ed.), *The British Monarchy on Screen* (Manchester: Manchester University Press, 2016)
Metcalf, Thomas R., *Ideologies of the Raj* (Cambridge: Cambridge University Press, 1995)
Misra, B.B., *The Bureaucracy in India: An Historical Analysis of Development up to 1947* (Delhi: Oxford University Press, 1977)
Misra, Maria, *Vishnu's Crowded Temple: India since the Great Rebellion* (London: Allen Lane, 2007)
Moore, Robin, 'The Abolition of Patronage in the Indian Civil Service and the Closure of Haileybury College', *Historical Journal*, 7-2, 1964
Morris, Jan, *The Spectacle of Empire: Style, Effect and the Pax Britannica* (London: Faber and Faber, 1982)
Murphy, Philip, *Monarchy and the End of Empire: The House of Windsor, the British Government, and the Post-war Commonwealth* (Oxford: Oxford University Press, 2013)
O'Dwyer, Michael, *India as I Knew It, 1885-1925* (London: Constable, 1925)
Olechnowicz, Andrzej (ed.), *The Monarchy and the British Nation, 1780 to the Present* (Cambridge: Cambridge University Press, 2007)
O'Malley, L.S.S., *Indian Civil Service, 1601-1930* (London: Routledge, 1931)
Pandey, B.C. (ed.), *Narrative of an Ex-British Governor Sir W.S. Marris* (Lucknow: Shivam Arts, 2011)
Paxman, Jeremy, *Empire: What Ruling the World Did to the British* (London: Viking, 2011)
Potter, D.C., 'Manpower Shortage and the End of Colonialism: The Case of the Indian Civil Service', *Modern Asian Studies*, 7-1, 1973
Potter, D.C., 'The Shaping of Young Recruits in the Indian Civil Service', *Indian Journal of Public Administration*, 33-4, 1977
Potter, D.C., *India's Political Administrators, 1919-1983* (Oxford: Oxford University Press, 1986)
Rojek, Chris, *Celebrity* (London: Reaktion Books, 2001)
Roy, N.C., *The Civil Service in India* (Calcutta: K.L. Mukhopadhyay, 1960)
Roy, Tirthankar, *India in the World Economy: From Antiquity to the Present* (Cambridge: Cambridge University Press, 2012)
Sanghera, Sathnam, *Empireland: How Imperialism Has Shaped Modern Britain* (London: Viking, 2021)

Series, 17, 1875
Hall, Catherine, and Sonya O. Rose (eds.), *At Home with the Empire: Metropolitan Culture and the Imperial World* (Cambridge: Cambridge University Press, 2006)
Hayden, Ilse, *Symbol and Privilege: The Ritual Context of British Royalty* (Tuscan, AZ: University of Arizona Press, 1987)
Holland, Robert, Susan Williams and Terry Barringer (eds.), *The Iconography of Independence: 'Freedoms at Midnight'* (London: Routledge, 2010)
Holmes, Richard, *Sahib: The British Soldier in India, 1750-1914* (London: HarperCollins, 2005)
Hunt, Roland, and John Harrison, *The District Officer in India 1930-1947* (London: Scolar Press, 1980)
Jackson, Will, and Emily J. Manktelow (eds.), *Subverting Empire: Deviance and Disorder in the British Colonial World* (London: Palgrave Macmillan, 2015)
Jeffery, Keith (ed.), *'An Irish Empire'?: Aspects of Ireland and the British Empire* (Manchester: Manchester University Press, 1996)
Kaul, Chandrika, *Reporting the Raj: The British Press and India, c. 1880-1922* (Manchester: Manchester University Press, 2003)
Kaul, Chandrika (ed.), *Media and the British Empire* (London: Palgrave Macmillan, 2006)
Kaul, Chandrika, *Communications, Media and the Imperial Experience: Britain and India in the Twentieth Century* (London: Palgrave Macmillan, 2014)
Keith, Arthur Berriedale, *A Constitutional History of India 1600-1935* (London: Methuen, 1936)
Khilnani, Sunil, *The Idea of India* (London: Hamish Hamilton, 1997)
Kincaid, Dennis, *British Social Life in India, 1608-1937* (London: Routledge & Kegan Paul, 1973)
Kirk-Greene, Anthony, *Britain's Imperial Administrators 1858-1966* (New York, NY: St. Martin's Press, 2000)
Lambert, Andrew, *Seapower States: Maritime Culture, Continental Empires and the Conflict That Made the Modern World* (New Haven, CT: Yale University Press, 2018)
Lieven, Dominic, *In the Shadow of the Gods: The Emperor in World History* (London: Viking, 2022)
Lloyd-Jones, Hugh, Valerie Pearl and Blair Worden (eds.), *History and Imagination: Essays in Honour of H. R. Trevor-Roper* (New York, NY: Holmes & Meier Publishers, 1981)
Low, D.A., *Lion Rampant: Essays in the Study of British Imperialism* (London: Frank Cass & Company, 1973)
Mackenzie, John M., and T.M. Devine (eds.), *Scotland and the British Empire* (Oxford: Oxford University Press, 2011)
Mackenzie, John M., *Propaganda and Empire: The Manipulation of British Public Opinion, 1880-1960* (Manchester: Manchester University Press, 1984)

Press, 1993)
Cobain, Ian, *The History Thieves: Secrets, Lies and the Shaping of a Modern Nation* (London: Portobello Books, 2016)
Codell, Julie F. (ed.), *Imperial Co-Histories: National Identities and the British and Colonial Press* (Cranbury, NJ: Associated University Press, 2003)
Codell, Julie F. (ed.), *Power and Resistance: The Delhi Coronation Durbars* (Ahmedabad: Mapin, 2012)
Cohn, Bernard S., *Colonialism and Its Forms of Knowledge* (Princeton, NJ: Princeton University Press, 1996)
Compton, J.M., 'Open Competition and the Indian Civil Service, 1854-1876', *English Historical Review*, 83, 1968
Cook, Scott B., 'The Irish Raj: Social Origins and Careers of Irishmen in the Indian Civil Service, 1855-1914', *Journal of Social History*, 20-3, 1987
Copland, Ian, *India 1885-1947: The Unmaking of an Empire* (Harlow, Essex: Longman, 2001)
Crane, R.I., and N.G. Barrier (eds.), *British Imperial Policy in India and Sri Lanka 1858-1912* (Columbia, MO: Heritage Publishers, 1981)
Darling, Malcolm, *Apprentice to Power: India, 1904-1908* (London: The Hogarth Press, 1966)
Darwin, John, *The Empire Project: The Rise and Fall of the British World-System, 1830-1970* (Cambridge: Cambridge University Press, 2009)
Darwin, John, *Unfinished Empire: The Global Expansion of Britain* (London: Allen Lane, 2012)
Das, Durga, *India from Curzon to Nehru and After* (New York, NY: The John Day Company, 1970)
Dewey, Clive, 'The Education of a Ruling Caste: The Indian Civil Service in the Era of Competitive Examination', *English Historical Review*, 88, 1973
Dewey, Clive, *Anglo-Indian Attitudes: The Mind of the Indian Civil Service* (London: Bloomsbury Academic, 1993)
Edwardes, Michael, *The Sahibs and the Lotus: The British in India* (London: Constable, 1988)
Ewing, A., 'The Indian Civil Service, 1919-1942', Ph D dissertation submitted to the University of Cambridge, 1980
Ewing, A., 'The Indian Civil Service 1919-1924: Service Discontent and the Response in London and Delhi', *Modern Asian Studies*, 18-1, 1984
Fedrowich, Kent, and Andrew S. Thompson (eds.), *Empire, Migration and Identity in the British World* (Manchester: Manchester University Press, 2013)
Gilmour, David, *The Ruling Caste: Imperial Lives in the Victorian Raj* (New York, NY: Farrar, Straus and Giroux, 2005)
Gilmour, David, *The British in India: Three Centuries of Ambition and Experience* (London: Allen Lane, 2018)
Griffin, Lepel, 'The Indian Civil Service Examinations', *Fortnightly Review*, New

ジャン・モリス（椋田直子訳）『パックス・ブリタニカ―大英帝国最盛期の群像』講談社、2006年
ジャン・モリス（椋田直子訳）『ヘブンズ・コマンド―大英帝国の興隆』講談社、2008年

Abraham, Itty, *How India Became Territorial: Foreign Policy, Diaspora, Geopolitics* (Stanford, CA: Stanford University Press, 2014)
Alexander, H.M.L., 'The Ruling Servants: The Indian Civil Service, 1878-1923', Ph D dissertation submitted to University of Sydney, 1977
Alexander, H.M.L., 'Discarding the "Steel Frame": Changing Images Among Indian Civil Servants in the Early Twentieth Century', *South Asia*, 5-2, 1982
Allen, Charles, *Plain Tales from the Raj* (London: Century Publishing, 1985)
Anderson, David M., and David Killingray (eds.), *Policing the Empire: Government, Authority and Control, 1830-1940* (Manchester: Manchester University Press, 1991)
Arnold, W.D., 'Competitive Examinations', *Edinburgh Review*, 139, 1874
Ballhatchet, K., *Race, Sex and Class under the Raj: Imperial Attitudes and Policies and Their Critics, 1793-1905* (London: Palgrave Macmillan, 1980)
Barua, Pradeep P., *Gentlemen of the Raj: The Indian Army Officer Corps, 1817-1949* (New Delhi: Praeger, 2003)
Bayly, C.A. (ed.), *The Raj: India and the British 1600-1947* (London: National Portrait Gallery, 1991)
Bernard Porter, 'Cutting the British Empire Down to Size', *History Today*, October 2012
Bickers, Robert (ed.), *Settlers and Expatriates: Britons over the Seas* (Oxford: Oxford University Press, 2010)
Billig, Michael, *Talking of the Royal Family* (London: Routledge, 1992)
Blackwood's Edinburgh Magazine (ed.), 'The Competition System and the Public Service', *Blackwood's Edinburgh Magazine*, 85/523, 1859
Blunt, Edward, *The I.C.S., The Indian Civil Service* (London: Faber, 1937)
Bradley, Ian, *God Save the Queen: The Spiritual Dimension of Monarchy* (London: Darton, Longman and Todd, 2002)
Briggs, Asa, and Peter. Burke, *A Social History of the Media: From Gutenberg to the Internet, Third Edition* (Cambridge: Polity Press, 2005)
Brown, Judith M., *Modern India: The Origins of an Asian Democracy* (Oxford: Oxford University Press, 1985)
Brown, Michele, *Ritual of Royalty: The Ceremony and Pageantry of Britain's Monarchy* (Englewood Cliffs, NJ: Prentice Hall, 1982)
Caine, Barbara, *Bombay to Bloomsbury: A Biography of the Strachey Family* (Oxford: Oxford University Press, 2005)
Chakravarty, Suhash, *The Raj Syndrome: A Study in Imperial Perceptions* (Delhi: Chanakya Publications, 1989)
Chatterjee, Partha, *The Nation and Its Fragments* (Princeton, NJ: Princeton University

名古屋大学出版会、2009年
アマルティア・セン（東郷えりか訳）『人間の安全保障』集英社新書、2006年
ジョン・ダーウィン（秋田茂他訳）『ティムール以後―世界帝国の興亡　1400-2000年（上・下巻）』国書刊行会、2020年
竹内真人編著『ブリティッシュ・ワールド―帝国紐帯の諸相』日本経済評論社、2019年
V・W・ターナー（冨倉光雄訳）『儀礼の過程』新思索社、1976年
ダニエル・ダヤーン、エリユ・カッツ（浅見克彦訳）『メディア・イヴェント―歴史をつくるメディア・セレモニー』青弓社、1996年
ジョセフ・S・ナイ（山岡洋一訳）『アメリカへの警告―21世紀国際政治のパワー・ゲーム』日本経済新聞社、2002年
ジョセフ・S・ナイ（山岡洋一訳）『ソフト・パワー―21世紀国際政治を制する見えざる力』日本経済新聞社、2004年
ジョセフ・S・ナイ（北沢格訳）『リーダー・パワー―21世紀型組織主導者のために』日本経済新聞出版社、2008年
ジョセフ・S・ナイ（山岡洋一、藤島京子訳）『スマート・パワー―21世紀を支配する新しい力』日本経済新聞出版社、2011年
西川長夫『[増補]国境の越え方―国民国家論序説』平凡社ライブラリー、2001年
西川長夫『〈新〉植民地主義論―グローバル化時代の植民地主義を問う』平凡社、2006年
ロナルド・ハイアム(本田毅彦訳)『セクシュアリティの帝国―近代イギリスの性と社会』柏書房、1998年
浜渦哲雄『英国紳士の植民地統治―インド高等文官への道』中公新書、1991年
浜渦哲雄『大英帝国インド総督列伝―イギリスはいかにインドを統治したか』中央公論新社、1999年
D・J・ブーアスティン（星野郁美、後藤和彦訳）『幻影の時代―マスコミが製造する事実』東京創元社、1964年
古谷大輔、近藤和彦編『礫岩のようなヨーロッパ』山川出版社、2016年
C・A・ベイリ（平田雅博他訳）『近代世界の誕生―グローバルな連関と比較 1780-1914（上・下巻）』名古屋大学出版会、2018年
ベルニエ（関美奈子訳）『ムガル帝国誌（一）（二）』岩波文庫、2001年
E・ホブズボウム、T・レンジャー編(前川啓治, 梶原景昭他訳)『創られた伝統』紀伊國屋書店、1992年
本田毅彦『インド植民地官僚―大英帝国の超エリートたち』講談社、2001年
本田毅彦「英領インド帝国によるソフト・パワーの構築と崩壊、そしてその余波―デリー・ダーバーに関わったキー・パーソンたちの系譜」『帝京史学』28号、2010年
本田毅彦「デリー・ダーバーをどのように考えるか―研究史の整理と今後の展望」『帝京史学』27号、2012年
本田毅彦「一九七〇年代のイギリス王室ソープ・オペラを読み解く」『京都メディア史研究年報』7号、2021年
ジョン・M・マッケンジー（平田雅博訳）『大英帝国のオリエンタリズム―歴史・理論・諸芸術』ミネルヴァ書房、2001年
バーバラ・D・メトカーフ、トーマス・R・メトカーフ（河野肇訳）『インドの歴史』創土社、2006年

参考文献

■序章

青木保『境界の時間―日常性をこえるもの』岩波書店、1985年
青木保『儀礼の象徴性』岩波現代文庫、2006年
秋田茂『イギリス帝国とアジア国際秩序―ヘゲモニー国家から帝国的な構造的権力へ』名古屋大学出版会、2003年
秋田茂『イギリス帝国の歴史―アジアから考える』中公新書、2012年
ダロン・アセモグル、ジェイムズ・A・ロビンソン（鬼澤忍訳）『国家はなぜ衰退するのか（上・下巻）』早川書房、2013年
網野善彦他編『岩波講座　天皇と王権を考える　第5巻　王権と儀礼』岩波書店、2002年
荒松雄『多重都市デリー―民族、宗教と政治権力』中公新書、1993年
井野瀬久美惠編『イギリス文化史』昭和堂、2010年
岩井淳編『複合国家イギリスの宗教と社会―ブリテン国家の創出』ミネルヴァ書房、2012年
岡本幸治『インド世界を読む』創成社新書、2006年
金澤周作編『海のイギリス史―闘争と共生の世界史』昭和堂、2013年
川北稔、木畑洋一編『イギリスの歴史―帝国＝コモンウェルスのあゆみ』有斐閣、2000年
川端康雄他編『愛と戦いのイギリス文化史―1951-2010年』慶應義塾大学出版会、2011年
木畑洋一『第二次世界大戦―現代世界への転換点』吉川弘文館、2001年
木畑洋一『イギリス帝国と帝国主義―比較と関係の視座』有志舎、2008年
木畑洋一、南塚信吾、加納格『帝国と帝国主義』有志舎、2012年
木畑洋一『二〇世紀の歴史』岩波新書、2014年
木村雅昭『大英帝国の盛衰―イギリスのインド支配を読み解く』ミネルヴァ書房、2020年
D・キャナダイン(平田雅博、細川道久訳)『虚飾の帝国―オリエンタリズムからオーナメンタリズムへ』日本経済評論社、2004年
ラナジット・グハ、ギャーネンドラ・パーンデー、パルタ・チャタジー、ガヤトリ・スピヴァック（竹中千春訳）『サバルタンの歴史―インド史の脱構築』岩波書店、1998年
A・J・クリストファー（川北稔訳）『景観の大英帝国―絶頂期の帝国システム』三嶺書房、1995年
桑島昭「南アジアの近代―自らを表現する歴史と語られない歴史」『大阪外国語大学アジア太平洋論叢』7号、1997年
小関隆編『記念日の創造』人文書院、2007年
小林恭子『英国メディア史』中央公論新社、2011年
小山啓子『フランス・ルネサンス王政と都市社会―リヨンを中心として』九州大学出版会、2006年
櫻田智恵『国王奉迎のタイ現代史―プーミポンの行幸とその映画』ミネルヴァ書房、2023年
佐藤卓己他編『ソフト・パワーのメディア文化政策―国際発信力を求めて』新曜社、2012年
佐藤卓己『増補　八月十五日の神話―終戦記念日のメディア学』ちくま学芸文庫、2014年
S・スブラフマニヤム（三田昌彦、太田信宏訳）『接続された歴史―インドとヨーロッパ』

著者略歴

本田毅彦（ほんだ・たけひこ）

1961年、愛知県生。オックスフォード大学よりD Phil (Modern History) を取得。京都女子大学文学部教授。[主要著作]「イギリス君主制のメディア化とロイヤル・ソープ・オペラ」（『メディア史研究』53号、2023年)、「「イギリス国王＝インド皇帝」のソフト・パワー構築プロセス」(『ソフト・パワーのメディア文化政策—国際発信力を求めて』佐藤卓己・渡辺靖・柴内康文編集、新曜社、2012年)、『インド植民地官僚——大英帝国の超エリートたち』（講談社、2001年）など。

装丁・ブックデザイン　森裕昌

叢書パルマコン・ミクロス m 09

インドの八月十五日
——帝国の儀式と記念日から見たインド近現代史

2024年11月20日　第1版第1刷発行

著　者　本田毅彦
発行者　矢部敬一
発行所　株式会社創元社
https://www.sogensha.co.jp/
〔本　　社〕〒541-0047 大阪市中央区淡路町 4-3-6
Tel. 06-6231-9010 Fax. 06-6233-3111
〔東京支店〕〒101-0051 東京都千代田区神田神保町 1-2 田辺ビル
Tel. 03-6811-0662
印刷所　株式会社太洋社

ISBN978-4-422-70179-0 C0022

叢書パルマコン・ミクロス
—叢書パルマコンの四六判姉妹シリーズ

pharmakon micros

01 偏愛的ポピュラー音楽の知識社会学
愉しい音楽の語り方
長﨑励朗［著］　216頁・定価（本体1,700円＋税）

02 近代日本の競馬
大衆娯楽への道
杉本竜［著］　344頁・定価（本体2,500円＋税）

03 コンスピリチュアリティ入門
スピリチュアルな人は陰謀論を信じやすいか
横山茂雄、竹下節子、清義明、堀江宗正、栗田英彦、辻隆太朗、雨宮純［著］　296頁・定価（本体2,200円＋税）

04 心理療法の精神史
山竹伸二［著］　304頁・定価（本体2,600円＋税）

05 怪異と妖怪のメディア史
情報社会としての近世
村上紀夫［著］　250頁・定価（本体2,400円＋税）

06 前田久吉、産経新聞と東京タワーをつくった大阪人
松尾理也［著］　336頁・定価（本体2,500円＋税）

07 オカルト2.0
西洋エゾテリスム史と霊性の民主化
竹下節子［著］　200頁・定価（本体2,200円＋税）

08 アニメ・エクスペリエンス
深夜アニメ研究の方法
川口茂雄［著］　336頁・定価（本体2,500円＋税）

pharmakon

叢書パルマコン
——書物、それは薬にして毒

01 **大衆の強奪**
全体主義政治宣伝の心理学
セルゲイ・チャコティン［著］　佐藤卓己［訳］
312頁・定価（本体3,500円＋税）

02 増補 **聖別された肉体**
オカルト人種論とナチズム
横山茂雄［著］
382頁・定価（本体3,800円＋税）

03 **農の原理の史的研究**
「農学栄えて農業亡ぶ」再考
藤原辰史［著］
360頁・定価（本体3,500円＋税）

04 **〈趣味〉としての戦争**
戦記雑誌『丸』の文化史
佐藤彰宣［著］
248頁・定価（本体2,800円＋税）

05 **大阪時事新報の研究**
「関西ジャーナリズム」と福澤精神
松尾理也［著］
408頁・定価（本体4,200円＋税）

06 **忘却された日韓関係**
〈併合〉と〈分断〉の記念日報道
趙相宇［著］
264頁・定価（本体3,200円＋税）

07 **観光と「性」**
迎合と抵抗の沖縄戦後史
小川実紗［著］
240頁・定価（本体3,200円＋税）